解码

“八八战略”为什么行

之江轩 编著

浙江人民出版社

图书在版编目（CIP）数据

解码 ：“八八战略”为什么行 / 之江轩编著. —
杭州 ：浙江人民出版社，2023.6
ISBN 978-7-213-11089-4

Ⅰ. ①解… Ⅱ. ①之… Ⅲ. ①社会主义建设-研究-
浙江 Ⅳ. ①D619.55

中国国家版本馆CIP数据核字(2023)第093527号

解码 ——“八八战略”为什么行

之江轩 编著

出版发行 浙江人民出版社（杭州市体育场路347号 邮编 310006）
市场部电话:(0571)85061682 85176516
责任编辑 丁谨之 高辰旭 陶辰悦等
助理编辑 尚咪咪
营销编辑 陈雯怡 张紫懿 陈芊如
责任校对 杨 帆 陈 春 王欢燕
责任印务 程 琳
封面设计 王 芸
电脑制版 杭州兴邦电子印务有限公司
印 刷 杭州钱江彩色印务有限公司
开 本 710毫米×1000毫米 1/16
印 张 25.5
字 数 369千字
插 页 2
版 次 2023年6月第1版
印 次 2023年6月第1次印刷
书 号 ISBN 978-7-213-11089-4
定 价 78.00元

目 录

10 心无百姓莫为“官”

11 秉持浙江精神，干在实处、走在前列、勇立潮头

01

“八八战略”不是拍脑瓜的产物

“八八战略”从何而来

2023年是“八八战略”实施20周年。

回溯20年前的2003年，时任浙江省委书记习近平在省委十一届四次全体（扩大）会议上，首次系统阐释了浙江发展的“八个优势”，提出了指向未来的“八项举措”，简称“八八战略”。以“八八战略”为总纲，20年来，浙江经济社会发展实现了精彩蝶变。

众所周知，国家层面的战略，或是国家赋予地方的战略有很多，如“创新驱动发展战略”“乡村振兴战略”“长三角一体化发展战略”等。但对于一个省份来说，主动谋划一项战略，并且一任接一任、一届接一届地抓下去，着实不多见。

我们不禁思考，“八八战略”的“源头活水”从哪里来？“八八战略”为何具有如此强大的生命力？

一

习近平同志一到浙江就强调：要问计于民、问计于基层。“八八战略”首先来自大量的调查研究。

《干在实处　勇立潮头——习近平浙江足迹》一书记载，2002年10月，履新浙江的第一天，习近平同志就言辞恳切地说，“这次来浙江工作，我的首要任务是学习”，“我初来乍到，对浙江的情况不熟悉，首先要深入基层调查研究，全面了解情况、熟悉工作”。

接下来的两个月，他用一半以上的时间到市、县（市、区）和省直部门调研，每天工作超过12个小时，有时甚至在16个小时以上，还经常利用周末到各地各部门跑。

在他的带领下，浙江省委、省政府领导带头开展调查研究，仅2003年至2006年，省领导主持并完成的重点调研课题就有86项，调研成果转化为了100多个政策性文件和有关工作部署。

在深入调研的过程中，习近平同志既看到了成绩，也发现了不足。比如，在研究“块状经济如何转型升级”这一课题时，他肯定了乐清低压电器产业、桐庐制笔产业的块状特色。同时，块状经济存在的素质性、结构性矛盾也没有逃过他的双眼。

比如，在调研“义乌发展经验”时，他为义乌商贸城建得有档次、市场发展快感到振奋，同时也敏锐觉察到融资、进出口通关等方面存在的体制机制障碍。

至2003年7月省委全会召开前，习近平同志已经走过全省11个市、69个县（市、区）和大部分省直部门、单位。就是在一次次的调研中，他对浙江各地区各方面各领域的优势和劣势、经验和问题有了更多的感性认识和更准确的把握，进而通过表面的东西发现了背后的机理，然后把“聚光灯”精准地打在“如何发挥优势、如何补齐短板”这两个关键问题上，“八八战略”也逐渐在他心中酝酿成型。

可见，“八八战略”绝不是拍脑瓜的产物，而是建立在深入调查研究、摸清吃透情况、掌握第一手资料的基础上。

二

“八八战略”源于与时代“同频共振”。

“穿越”到21世纪之初，浙江正经历一场“高速发展”。从1978年到2002年，浙江全省地区生产总值（GDP）从124亿元猛增到8004亿元，年均增长13%左右；人均GDP从331元增长到16841元，年均增长12%左右；

财政总收入从27亿元增长到1166亿元，年均增长12%左右。

然而，“个子”长得太快，也让浙江比其他地区提前遇到了“成长的烦恼”。比如，经济发展中高投入、高消耗、高排放、低效益的粗放型格局尚未根本改变，人多地少、资源紧缺，能源、土地、水等资源要素和环境承载力的制约不断加大，社会公正、社会治安和社会矛盾问题，公共安全和安全生产问题，市场经济秩序问题等都亟待解决。

面对这些问题，习近平同志深刻指出：“无论在任何条件下，遇到任何困难，发展的意识不能淡化，发展的热情不能降低，发展的干劲不能减少。但是，发展也不是盲目蛮干，不能再走‘高投入、高消耗、高污染’的老路。”

谋划战略的过程，其实也是取舍的过程。“八八战略”的提出，就是要与过去的突出问题来一个“断舍离”，同时将新的发展理念、新的增长方式“收入囊中”，追求健康可持续的有氧运动，而规避无氧呼吸带来的酸痛。比如，“八八战略”统筹兼顾，协调城乡发展，推进“生态大搬迁”，创造绿色之“肺”，为的就是营造一个良好的发展环境。

进入21世纪，浙江也面临着重要战略机遇期。《干在实处　走在前列——推进浙江新发展的思考与实践》一书记载，我们面临着经济全球化进程加快、国际产业结构调整和产业转移加速的机遇，新技术革命迅猛发展的机遇，以上海为龙头的长江三角洲地区经济一体化发展的机遇等。

如何把握这些机遇，习近平同志在《之江新语》一书中指出：“能否把战略机遇期提供的可能性变为现实性，主要取决于人的主观能动性特别是宏观的战略决策。”

“八八战略”不是简单的八句话，而是紧扣浙江实际，步步前行。比如，十一届浙江省委以“八八战略”为总纲，一年部署一个主题，形成了“平安浙江”“法治浙江”、文化大省、生态省建设和加强党的执政能力建设等一系列战略部署；又如，十二届浙江省委在深入实施“八八战略”的基础上，提出了“创业富民、创新强省”的打法；再如，十三届浙江省委大力推进“八八战略”深化细化具体化，提出了建设“两富”“两美”的现代化浙江目标……

可见，“八八战略”在浙江大地上之所以取得巨大成功，正是因为它聆听了时代的声音，触摸了时代的脉搏，回应了时代的呼唤。

“八八战略”不是管一时一域的，也不是管五年十年的，而是管方向、管全局、管长远的。随着发展不断推进，“八八战略”也会与时俱进。

三

“八八战略”是为浙江“量身定制”的，是确保浙江“干在实处、走在前列”的战略。

浙江是改革开放先行地，始终要为全国大局贡献浙江经验。世纪之初，党中央要求浙江在树立和落实科学发展观、构建社会主义和谐社会、加强党的先进性建设等方面走在全国前列。

可以说，贯穿“八八战略”制定和实施整个过程的思想主线，就是习近平同志在浙江工作期间一再强调的“干在实处、走在前列”，体现的就是积极主动地为推动中国发展模式的全面转型升级探路。

习近平同志将“八八战略”的探索实践，定位为“探路者”。他指出：“我们要充分认识到，先发地区必然遭遇先发问题，某些方面走在前列并不意味着所有问题都能迎刃而解。必须具有探路者直面荆棘的勇气，正视矛盾和问题，不使‘癣疥之忧’变成‘心腹之患’，不因局部问题影响发展全局，不让绊脚之石阻挡前进步伐。”

正是因为考虑到“走在前列”是对浙江工作的总体要求，是一个全面、系统、有机联系的整体，浙江省委审时度势，着眼让经济更加发展、民主更加健全、科教更加进步、文化更加繁荣、社会更加和谐、人民生活更加殷实……顺势而为提出了“八八战略”。

2018年7月8日，习近平总书记在浙江省委关于“八八战略”实施15周年情况报告上作出重要指示：“八八战略”来自大量的调查研究，体现出中央精神与浙江实际的结合，见效于浙江广大党员干部群众的共同奋斗。

“落其实者思其树，饮其流者怀其源。”“八八战略”之所以能够彰显历久弥新的生命力，秘诀就在于，它从调研中来，从时代中来，从群众中来，它是“浙江今天”的奠基石，未来更将是向着“中国明天”进发的助推器。

（郑思舒　沈於婕　执笔）

“八八战略”的分量有多重

对于浙江的广大干部群众而言，“八八战略”这个词并不陌生。不过尽管如此，倘若真要讲清楚、说明白“八八战略”是什么，可能还真会难倒一部分人。

“八八战略”跟我们每个人有什么关系？它的分量到底有多重？这或许是每个浙江人、每个关注浙江的人都想要追问的问题。

一

“战略”，在《辞海》里的一种解释是“对社会、经济、文化、科技和外交等领域全局、高层次、长远重大问题的筹划与指导”，说白了，就是一张寻宝的路线图。这张图清晰地标注着朝哪个方向走、怎么走稳走好、最终要走到哪里。

可以说，“八八战略”是从10万余平方千米的之江大地上生长出来的；浙江能走到今天，这一战略起了关键的引领和支撑作用。

浙江有着“先天的不足”，也曾面临“成长的烦恼”。《干在实处　走在前列——推进浙江新发展的思考与实践》一书中记载，21世纪之初，一些老问题未从根本上得到解决，一些新问题又不同程度地比全国先期遇到。比如，经济发展中高投入、高消耗、高排放、低效益的粗放型格局尚未根本改变，人多地少、资源紧缺，能源、土地、水等资源要素和环境承载力的制约不断加大，社会公正、社会治安和社会矛盾问题，公共安全和安全生产问题，市场经济秩序问题等都亟待解决。

习近平同志到浙江工作后，就是向着这些问题“横刀直入”，在2003年7月举行的省委十一届四次全体（扩大）会议上提出了“八八战略”这一治省方略。

20年来，历届省委带领全省人民“一张蓝图绘到底”。“八八战略”潜移默化地运行于浙江经济、社会、生活的方方面面，中国特色社会主义在浙江的实践也不断闪耀着光芒。

不妨看几组数据：2002年浙江GDP8004亿元，人均GDP0.2万美元，一般公共预算收入570亿元，城镇居民人均可支配收入1.17万元，农村居民人均可支配收入4940元。

再看2022年，全省GDP77715亿元，人均GDP1.78万美元，一般公共预算收入8039亿元，城镇常住居民人均可支配收入7.13万元，农村常住居民人均可支配收入3.76万元。每一项指标都实现了数倍增长。

如果说这些数据还比较抽象，那么教育、医疗等方面的变化是老百姓实实在在感受得到的。据2023年浙江省政府工作报告，浙江15年基础教育普及率超过99%，高等教育毛入学率相比于5年前提高8.1个百分点；医疗卫生机构每千人床位数提高到5.65张；人均预期寿命达82.3岁。城乡低保标准率先实现市域同标，11个设区市全部突破1000元/月。

说到底，贯穿“八八战略”的一条主线就是为了让人民过上更加美好的生活。浙江作为“八八战略”的实践地，生于斯长于斯的每个人都尝到了改革发展的甜头。

二

“八八战略”中有两个“八”，含义各不相同。第一个“八”是指浙江发展过程中的“八个优势”，比如有“市场先发”的体制机制优势、“连接大上海”的区位优势、“七山一水”的生态优势、“向东是大海”的山海资源优势等。这些优势并不是简单的已经直观体现出来的优势，具体来说，至少包括三个层面：优上加优、培育新优、化劣为优。

第二个“八”是围绕优势而提出的“八项举措”，比如坚持“两个毫不动摇”，积极参与长江三角洲地区合作与交流，打造“绿色浙江”，发展海洋经济，等等。这些举措是针对进一步发挥、培育和转化优势提出的，不是某一方面的单打独斗，而是覆盖了经济社会各个领域，是具体的工作方法。

除了这八条之外，习近平同志走遍浙江山山水水留下的殷殷嘱托，以及党的十八大以来习近平总书记对浙江的一系列重要指示批示都是从“八八战略”延伸开来的，共同构成了具有战略指导意义的有机整体。

不谋一时、不为一事，“八八战略”打开了浙江发展的新境界。比如“千村示范、万村整治”工程造就了万千美丽乡村，“美丽浙江”、美好生活正在成为现实；又如政府甘当“店小二”，“亲”“清”新型政商关系不断构建，一些改革经验走向全国，营商环境满意度全国第一。比如杭州成为数字经济重镇，一批享誉海内外的知名企业脱颖而出；又如经济后发地区丽水多年来坚持走绿色发展道路，站在发展的新风口上；再如原本孤悬东海的舟山，借着大陆连岛工程成为开放高地。

放到今天，“八八战略”的分量还是沉甸甸的。2015年5月，习近平总书记视察浙江时曾说过，他在浙江工作时，省委就提出了“八八战略”。这不是拍脑瓜的产物，而是经过大量调查研究提出来的发展战略，聚焦如何发挥优势、如何补齐短板这两个关键问题。他还进一步指出，“八八战略”和“四个全面”在精神上是契合的。

回望这张蓝图，从“美丽浙江”到美丽中国，从“法治浙江”到法治中国，从“平安浙江”到平安中国，从“海洋强省”到海洋强国，从加快建设文化大省到建设社会主义文化强国……从浙江到中央，一系列战略布局、重大改革发展举措及创新实践理念一脉相承。

换句话说，习近平新时代中国特色社会主义思想在浙江有着重要的萌发实践，“八八战略”是这一指导思想的重要理论源头。如果要问浙江何以能够走在前列，密码要从“八八战略”中寻找。

三

“八八战略”蕴含着“怎么看、怎么办”的大智慧，学习“八八战略”，不能只是挂在口头喊一喊，需要从中学会科学的思维方法、工作方法，以帮助我们在实践中拨开迷雾，摸清门路。笔者认为学习“八八战略”，至少要学会以下方法。

第一，站得高方能看得远。“八八战略”之所以具有长久的生命力，就是因为它不是囿于浙江一省，也不是着眼于一时来谋划，而是基于全国和全球视野，以及长期的时间线来谋划发展浙江，这种高瞻远瞩的战略格局和战略视野对于每一个地方执政者施政执政，甚至是每一个个体谋划自身发展都具有现实的指导意义。

第二，直奔矛盾和问题去。问题是时代的先声，离开了问题意识，说再多都是空谈。“八八战略”就是为了解决“发展起来以后”的突出矛盾和问题而提出来的。事实上，社会要发展就一定要应对挑战，一个人要往前走也免不了碰到困难。路是走出来的，迎着问题去，好的办法总是要在披荆斩棘的实践探索中才能找到。

第三，做事情需久久为功。“八八战略”在浙江实施了20年，历届省委、省政府既不“兜底翻”，也不去“另搞一套”，而是一锤一锤接着敲，一颗一颗钉钉子。试想，如果做事情东一榔头西一棒子，三天打鱼两天晒网，对于政府来说，可能是劳民伤财、民怨载道；对于个人来说，可能就是劳而无功、一事无成。

2023年全省“新春第一会”上，省委就强调，要实施数字经济创新提质“一号发展工程”、营商环境优化提升“一号改革工程”、“地瓜经济”提能升级“一号开放工程”。这三个“一号工程”，正是在“八八战略”指引下推动浙江在中国式现代化新征程上创造更大成绩的举措。

第四，好成绩是靠干出来的。在实施“八八战略”的过程中，习近平同志特别强调，“只有干在实处，才能走在前列”，“抓而不紧，等于不抓；抓而不实，等于白抓”。干工作，不需要空洞的新口号满天飞，而是要踏踏实实地把事情一件一件落实下去。尽管条条大路通罗马，但实践证明，通向成功的捷径只有实干一条。

第五，想问题、做决策需系统看、辩证办。“八八战略”的核心要义就是扬长避短、取长补短、统筹兼顾、协调平衡。改革要讲“两只手”、转型要讲“两只鸟”、环境要讲“两座山”、统筹城乡要讲“两种人”，其中都充满了辩证的智慧。现实中，我们在解决一些矛盾和问题时，往往面临两难选择，已不再是非此即彼，这个时候就需要学会将两点论与重点论统一起来。

总之一句话，“八八战略”既是浙江的，也是全国的，说一千道一万，不如学会方法努力干。

（王人骏　执笔）

浙江是什么颜色的

2023年入春以来，很多人的朋友圈“春意”盎然，先是梅花，再是樱花、玉兰，郁金香、桃花、梨花也将接续跟上。乱花渐欲迷人眼，让人感觉浙江的“调色盘”被打翻了。

如果问起哪种花最美丽，可能会有多种答案。恩格斯与众不同，他在《自然辩证法》中亮出观点，“地球上最美丽的花朵”是“思维着的精神”。

“八八战略”自20年前提出以来，这朵思想之花就绽放在之江大地上，引领演绎出一个五彩缤纷的浙江。今天，笔者带大家透过“八八战略”看看浙江的颜色。

一

浙江是中国革命红船起航地，是习近平新时代中国特色社会主义思想重要萌发地。所以，首先要说的色彩无疑是“红色”。

中共一大会议是在嘉兴南湖红船上闭幕的。中国共产党从烟雨楼前启航，小小红船承载人民重托，穿越历史的烟雨，成为领航中国行稳致远的巍巍巨轮。

此后，在风雨如磐的革命岁月里，浙江人在党的领导下，开展了轰轰烈烈的工人运动、农民运动、学生运动，掀起了土地革命的风暴。1939年7月，中共浙江省委第一次代表大会在平阳召开。抗日战争期间，浙东、浙西抗日根据地诞生……

在浙江工作期间，习近平同志数次瞻仰南湖红船，提出并阐释“红船精神”：开天辟地、敢为人先的首创精神，坚定理想、百折不挠的奋斗精神，立党为公、忠诚为民的奉献精神。他指出，红船起航于浙江，既有历史的偶然性，也有历史的必然性。这是浙江的光荣，也是推进浙江发展的精神力量所在。

习近平同志为浙江量身定制的“八八战略”，涵盖经济、政治、文化、社会、生态文明建设和党的建设方方面面，作为习近平新时代中国特色社会主义思想在省域层面的先行探索实践，受到各方瞩目。从体制机制创新到全面深化改革、从美丽乡村建设到乡村振兴战略、从创建生态省到建设美丽中国、从“八八战略”到“四个全面”……浙江春潮涌动，生机勃发。

浙江的另一种颜色是绿色。“七山一水二分田”的浙江，山海并利、山水兼优。“八八战略”其中一条就是，进一步发挥浙江的生态优势，创建生态省，打造“绿色浙江”。《干在实处　走在前列——推进浙江新发展的思考与实践》记载，2003年，习近平同志在与省委党校部分学员座谈时指出，“生态环境是资源，是资产，是潜在的发展优势和效益”，“环境保护和生态建设，早抓事半功倍，晚抓事倍功半，越晚越被动”。2005年8月15日，习近平同志在安吉余村调研时提出了“绿水青山就是金山银山”理念。这一理念后来影响了全国乃至世界。

从2003年成为全国第五个生态省建设试点省份开始，浙江经过16年接力长跑，终于在2019年建成了全国首个生态省。此前，“千村示范、万村整治”工程也获得联合国“地球卫士奖”。如今的浙江，推窗可见绿，出门即入园，全省森林覆盖率达61.24%，国家森林城市18个，数量居全国首位；省森林城镇752个，实现省森林城镇中心镇创建全覆盖，绿色成为发展最动人的色彩。

早春三月，西湖边游人如织，“间株杨柳间株桃”的白堤，桃红柳绿，如诗如画，让人看不够。从红色旅游到绿色经济，红绿相融的浙江分外美丽。

二

作为沿海省份，浙江海岸线总长约6700千米，居全国首位；舟山渔场是我国最大的渔场。但20年前的浙江，经济发展还局限于陆域经济。

从《干在实处　勇立潮头——习近平浙江足迹》可以看出，履新浙江不久的习近平同志，就展现出经略海洋的雄心，很有远见地分析道："新世纪新阶段浙江经济进一步发展的天地在哪里？在海上！"他在"八八战略"里有这样的论断："积极参与长江三角洲地区合作与交流，不断提高对内对外开放水平"，"大力发展海洋经济，推动欠发达地区跨越式发展，努力使海洋经济和欠发达地区的发展成为我省经济新的增长点"。

从此，浙江进军"深蓝"之境，开启建设"海洋强省"的宏伟篇章。这些年，舟山告别"海岛时代"，进入"大桥时代"，舟山群岛新区设立，浙江自由贸易区全域落地舟山并扩区，宁波舟山港跃居世界第一大港。当前，沪浙正联手开发小洋山深水港，深化建设上海国际航运中心，以提升在世界航运体系的话语权。

如果说进军海洋、逐浪深蓝，给浙江披上了一层蓝色，那么浙江的文化则泛着青色光泽。青简、青衫、青瓷……作为一种文化意义上的虚指颜色，"青色"成为中国文化的一个缩影。2022年春节联欢晚会上，脱胎于《千里江山图》的舞蹈《只此青绿》煞是动人，青绿色传递出的传统文化的高级美感、质感，让亿万观众如痴如醉。

浙江是中华文明的发祥地之一，文化名人群星璀璨，文化传统绵延不绝。有人说，"一部中国现代文学史，半部在浙江"。《干在实处　走在前列——推进浙江新发展的思考与实践》一书中，习近平同志曾对浙江文化的特点作了精要概括："洋溢着浓郁的经济脉息"；"融会了多元文化的精神特质，兼具内陆文化与海洋文化之长处，融合了吴越文化与中原文化之精髓，反映了中国文化与西方文化之激荡"。

怎样看待文化的作用？在浙江工作期间，习近平同志就指出："文化的力量是民族生存和强大的根本力量。”文化是“经济发展的‘助推器’、政治文明的‘导航灯’、社会和谐的‘黏合剂’”。如何激发文化的力量?“八八战略”作出明确部署:“进一步发挥浙江的人文优势，积极推进科教兴省、人才强省，加快建设文化大省。”从文化大省，到文化强省、文化浙江，浙江开启了文化建设的“进阶”之路。

如今的浙江，散发着更加迷人的魅力，不负“诗画江南、活力浙江”的美誉。比如，“无中生有”的东阳横店影视城，既是全球规模最大的影视实景拍摄基地，也是AAAAA级旅游景区，正在打造横店国际影视文化创新中心。再如，走进杭州国家版本馆，你会遇见一排排高大的青瓷屏扇门。穿越光影缝隙，渐变的梅子青让建筑更显灵动、雅致，与馆内的水榭楼台交相辉映，远看如一幅《千里江山图》。

“青出于蓝，而胜于蓝”。向海而生的战略格局，赋予浙江开放大气的文化品格；追求卓越的文化基因，助推浙江不断驶向“蓝海”更远处。

三

如果在秋天来到浙江，原野上金灿灿的稻田肯定是拍视频的好素材。金色，是收获的标志，也是“鱼米之乡”浙江的重要色调之一。

从资源小省到经济大省，浙江何以能?如果说有“金手指”的话，那“金手指”就藏在“八八战略”里。笔者以为，它激活并放大了浙江的三大优势。

第一，敢为人先的改革优势。改革是浙江潮涌的活力之源。浙江通过走体制创新之路、走民本经济之路、走内源发展之路，实现了改革开放后的崛起。这些年，浙江不断深化实施“八八战略”，从“四张清单一张网”，到“最多跑一次”改革、数字化改革，都是升温加热锻造浙江的“金手指”。

第二，以“三老经济”为特色的体制优势。人们常说，浙江经济是“老祖宗”经济，自古以来就有工商皆本、义利双行的文化传统；是“老天爷”经济，资源贫乏倒逼必须学会“无中生有”，走出去“闯世界”；是“老百姓”经济，广大民众有强烈的创业欲望和浓厚的市场经济意识。迈向新的发展阶段，根本的动力还是做好再创浙江体制机制新优势的大文章。

第三，“内外兼修”的环境优势。诗画江南是“颜值”，活力浙江是“气质”。“环境”既包括能源、交通、通信等基础设施在内的“硬环境”，更包括政策、服务、金融、社会信用和法治建设等在内的“软环境”。“硬环境”容易提升，“软环境”才是“软实力”，属于学不走、带不去的核心竞争力。

2023年新春伊始，省委提出实施数字经济创新提质“一号发展工程”、营商环境优化提升“一号改革工程”、“地瓜经济”提能升级“一号开放工程”，就是希望“金手指”再铸造，“百尺竿头”更进一步。

从经济体量上看，浙江在全国不算最拔尖，但如果从发展质量上比较，浙江很有“含金量”。

我们继续从“八八战略”里找答案。比如，浙江注重城乡协调发展，持续推进城乡一体化。截至2022年，浙江城乡居民人均可支配收入分别连续22年和38年居全国各省区第一。浙江具有块状特色产业的“家底”，如柯桥的轻纺、永康的小五金、乐清的低压电器等举世闻名。块状经济、产业集群进而支撑县域经济蓬勃发展、特色小镇全国首创，目前全省“千亿元县（市、区）”达到25个。当然，随着产业结构调整、投资驱动向创新驱动转变，浙江一直在加快产业“腾笼换鸟”“凤凰涅槃”，接力打造高水平创新型省份。

2021年，中央赋予浙江高质量发展建设共同富裕示范区的重大使命。实现“共富”金色梦，浙江沿着“八八战略”指引的路子，不断提升发展成色。比如“点绿成金”，不断拓宽“绿水青山就是金山银山”的转化通道，让土地上长出金元宝，让生态变成摇钱树；“绿蓝交汇”，打造山海协作升级版，山海一起奔赴远方。

江山美如画，五色怎能穷尽？随四季流转，浙江颜色呈现千变万化。一笔一画，天地铺展，等待我们共绘。

（徐伟伟　执笔）

“八八战略”为何能“出圈”

20年前，浙江省委作出发挥八个方面优势和推进八个方面举措的决策部署——“八八战略”，一举开启了新世纪浙江高质量发展的新通道。

20年来，浙江发挥现有优势、发掘潜在优势、变劣势为优势，曾经的资源小省牢牢稳居中国经济第一方阵。

作为打开浙江发展的“金钥匙”，伴随浙江取得的发展成就，“八八战略”也为人们所津津乐道。聊起浙江，不少人第一时间就会提到“八八战略”。“八八战略”为何能够“出圈”，我们来试着理一理。

一

“出圈”，首先因为它是科学的，是为浙江量体裁衣定制的发展“秘籍”。

2015年5月，习近平总书记在浙江考察时指出，“八八战略”不是拍脑瓜的产物，而是经过大量调查研究提出来的发展战略，聚焦如何发挥优势、如何补齐短板这两个关键问题。

时间回拨到20年前。怎样在更高水平上谋划浙江发展的战略布局？习近平同志到浙江工作后一直思考这一问题，最终他将突破口落在了调查研究上。

2003年，习近平同志赴市、县（市、区）调研25次，53天；赴省直单位调研20次，15.5天；赴上海、江苏和西部地区调研3次，18天；陪同中央及兄弟省市领导考察41次。

“十月怀胎，一朝分娩”，2003年7月10日，在履新浙江的第十个月，习近平同志在浙江省委十一届四次全体（扩大）会议上正式提出“八八战略”。

《习近平在浙江》提到了一个细节：当天会议上，习近平同志围绕发挥八个方面优势和推进八个方面举措，结合大量调研的实际，脱稿展开讲了很多“插话”，原先准备的讲话稿，这一部分只有3000多字，可他脱稿讲了9000多字，整整多了两倍。

这不仅体现了习近平同志的思想智慧，而且充分显示出“八八战略”完全是习近平同志根据浙江实际制定的科学战略。

没有调查，就没有发言权，更没有决策权。正是因为有了深入的调查研究，习近平同志对浙江当时的情况了然于胸，因此他才能够在会议上脱稿侃侃而谈；正是因为他对浙江未来的发展成竹在胸，他才能为浙江的经济社会发展量身定制出“八八战略”。

“八八战略”科学把握了浙江发展的基本规律，找到了符合省情和时代发展特点的宽广道路，看到的是10年、20年甚至30年后的景象，因而具有重大的战略意义。

二

“八八战略”能够“出圈”，不仅是因为习近平同志站在更高层次上全面系统谋划了浙江发展的战略布局，更是因为它符合浙江人民群众的根本利益。

习近平总书记曾说：“群众拥护不拥护是我们检验工作的重要标准。党中央制定的政策好不好，要看乡亲们是哭还是笑。”

同理，一个政策好不好，要看它在基层中的“知名度”和“传颂度”。

《习近平在浙江》提到了一个细节：“八八战略”这个名称，其来源也很有趣。当时习近平同志提出的是“发挥八个方面优势”“推进八个方面举措”，结果基层的干部们在工作中将其简称为“八八战略”，最后因为这个叫法简洁明了、朗朗上口，全省一致都叫“八八战略”了。

这从一个侧面说明了“八八战略”在浙江基层的认可程度和实践深度。“八八战略”实施20年来，依然具有强劲的生命力，讲到底，就是切中了浙江经济社会发展的脉搏，让浙江老百姓的获得感、幸福感与日俱增。

数据最为直观：截至2022年，浙江城乡居民人均可支配收入分别连续22年、38年居全国各省区第一，城乡居民收入比降至1.90以内；浙江群众安全感达到99.19％，成为群众最有安全感的省份之一；省政府民生实事完成率达130.39％，群众总体满意度达99.47％。

群众的口碑是最好的宣传。“八八战略”用老百姓的切身体会说话，用实实在在的民生数据说话，才能不断“出圈”“破圈”。

三

“八八战略”能够“出圈”，还因为它不只属于浙江。

从体制机制创新到全面深化改革、从美丽乡村建设到乡村振兴战略、从创建生态省到建设美丽中国、从“创新强省”到创新强国、从“海洋强省”到海洋强国、从“平安浙江”到平安中国、从文化大省到文化强国、从“健康浙江”到健康中国、从“法治浙江”到法治中国……

“八八战略”尽管研究的是省域发展的课题，但它站得高、看得远、想得深，因此也回答了国家发展、时代发展的命题。

从全局意义上看，“八八战略”实施20年，给出的是“马克思主义为什么行”的浙江答案，书写的是习近平新时代中国特色社会主义思想从萌发到全面实践的浙江篇章，展现的是一任接着一任干、一张蓝图绘到底的生动缩影，从省域层面印证了科学战略决定远大前景、战略定力制胜未来发展的大道理。

“八八战略”还蕴含着许多具有普遍意义的世界观与方法论，比如扬长补短的优势论、统筹兼顾的系统论、内外联动的开放论、走在前列的先行论、转劣为优的机遇论等，对于我们今天做好任何工作来说，都是科学管用的“智慧学”“聪明学”。

任何战略都不会一成不变，但贵在守住灵魂、用好战略背后的科学思维方法。从“先行先试”到“改革样本”，再到“重要窗口”，20年后再出发，“八八战略”引领下的浙江又会展现怎样的精彩？我们拭目以待。

（倪佳凯　执笔）

循迹读懂现代化

现代化是近代以来中国人民孜孜以求的美好愿景，一代又一代仁人志士为此进行了不懈探索。

党的二十大报告指出，中国式现代化是人口规模巨大的现代化，是全体人民共同富裕的现代化，是物质文明和精神文明相协调的现代化，是人与自然和谐共生的现代化，是走和平发展道路的现代化。

一条成功道路不是从天上掉下来的，也不是移植舶来的，而是从历史中走来、从实践中走来、从经验中走来的。

阅读《干在实处　勇立潮头——习近平浙江足迹》，不难发现，习近平同志在浙江工作期间，就促进全体人民共同富裕、物质文明和精神文明相协调、人与自然和谐共生等作出了一系列重要部署，采取了一系列重要举措。

一条清晰主线浮现在眼前：浙江波澜壮阔的实践历程，可以说是党带领人民探索中国式现代化道路的一个生动缩影。

一

“楼上楼下，电灯电话”，耳熟能详的一句话，承载了一代人对社会主义美好生活的共同愿景。

如今，这些早已成为现实，我们也有了更高的目标。实现共同富裕，作为社会主义的本质要求，被提上了日程。

推进社会主义现代化，一个地区也不能落下。

2002年底，浙江成为全国第一个没有贫困乡镇的省份。但是，平均数下的不平衡现象引人深思。

尤其是革命老区、欠发达地区等，困难群众最多，习近平同志很挂念他们。上高山，入海岛，走在田埂上，进到渔民家，山里人的苦、海边人的难，他都记在心里。

习近平同志指出，全面建成小康社会，强调的不仅是“小康”，更重要的也是更难做到的是“全面”。2003年全省农村工作会议召开后不久，农历新年将至。天寒地冻，习近平同志从余姚市区出发，车程3个小时，来到四明山革命老区考察。

当时，四明山深处的梁弄镇横坎头村，连条像样的水泥路都没有，当地人发出“横坎横坎，横看竖看看不到头”的感叹。

习近平同志与镇里、村里的同志围坐在一起谋划发展之路，对梁弄镇提出建设“全国革命老区全面奔小康样板镇”的殷切期望。一晃20年过去了，在全体村民的努力下，如今的横坎头村早已经旧貌换新颜。

2018年，横坎头村还收到了习近平总书记的回信，他在信中说：“15年前到你们村的情景我都记得，我一直惦记着乡亲们。”

社会主义现代化进程中，一个人也不能少。

访贫问苦、问计于欠发达地区干部群众，是习近平同志在浙江工作期间调研的重点方向。

2003年6月，他专程来到武义县调研下山脱贫经验，其间开了个座谈会。村支书们掏出准备好的汇报材料，习近平同志注意到了，笑着说，今天来就是想看看你们下山后的生活怎么样，最喜欢听你们讲讲心里话。

见省委书记如此亲民，新九龙山村村支书邓寿明干脆把稿子放在一边，深有感触地说：“我们下山前在高山村时，都是一根藤上的苦瓜。现在下山脱贫了，我们都是一根藤上的甜瓜！”

一根藤，藤上结满甜瓜，生动传达出中国式现代化之路的目标所系、旨归所在。

二

《管子》有言：“君子使物，不为物使。”为何人类步入现代社会，反而离这一目标越来越遥远？

习近平同志深刻洞察和反思资本主义社会以“物”为中心的现代化模式，一针见血地指出：人，本质上就是文化的人，而不是物化的人；是能动的、全面的人，而不是僵化的、单向度的人。

2005年5月，习近平同志来到“浙江百强镇”之首杨汛桥镇考察调研。那段时间，“杨汛桥现象”是众多专家学者关注的话题。

让很多人没想到的是，习近平同志来到杨汛桥后，选的第一站竟然是新落成的文化中心。

他一边饶有兴致地察看文化中心，一边嘱咐身边的人，现在群众生活逐渐富裕起来，对精神文化生活提出新的更高要求，我们在抓好物质文明建设的同时，要高度重视精神文明建设。

文化建设需要代代相传，绝不能急功近利。随着经济社会快速发展，一些文化遗存被湮没在钢筋水泥的丛林里，这是许多历史文化名城在现代化进程中的惨痛教训。

2006年6月，习近平同志在“文化遗产日”调研时说：“城市化率的提高往往意味着‘建新拆旧’，意味着农村变城市，意味着现代化的过程。但是在这个过程中，也隐藏着对文化遗产进行破坏的危险，在现实中就存在着对城市文化个性的轻视甚至埋没，造成文脉的断裂，造成‘千城一面’的现象。”

从良渚古城遗址、西湖综保工程、京杭大运河综保工程、大禹祭典，到文化建设“八项工程”，习近平同志在浙江工作期间，尤其重视将浙江优秀历史文化发扬光大。

文化的力量润物无声，深刻改变着浙江人的精神面貌和发展模式，正在成为现代化之路上源源不断的内在动力。

三

在21世纪初的浙江，生态环境保护与现代化建设之间的矛盾十分突出。

作为经济大省、出口大省，于内，浙江水污染、大气污染、海洋污染和农业面源污染问题较为突出；于外，浙江出口贸易越来越多地面临发达国家“绿色壁垒”的挑战。

“内外夹击”下的痛苦，是浙江现代化进程中“成长的烦恼”之一。如何在经济发展中为生态发展抢时间，关系到经济社会的可持续发展。

2002年12月，习近平同志正式提出建设生态省。这个新鲜的概念，为未来的浙江定下了绿色的底色。

习近平同志对生态省建设有多重视？一个细节，至今为浙江干部所津津乐道。当时，省委、省政府有许多领导小组，但由主要负责同志担任组长的不多。习近平同志亲自担任生态省建设工作领导小组组长，而且一当就是五个年头。

为什么要亲自担任组长？在考察南太湖开发治理工作时，习近平同志解释说，“因为这些工作都是要为子孙后代负历史责任的”。

在景宁畲族自治县，习近平同志勉励当地干部：“任何时候都要看得远一点，生态的优势不能丢。千万不要以牺牲环境为代价换取一点经济的利益。”

在开化金星村，习近平同志对村支书郑初一说，这里山好、水好、空气好，将来通过山海协作，空气也能卖钱。

在安吉余村，习近平同志首提“绿水青山就是金山银山”理念：“过去我们讲既要绿水青山，又要金山银山，其实绿水青山就是金山银山，本身，它有含金量。”

“保护生态，生态也会回馈你”。中国式现代化不是竭泽而渔、焚林而猎的现代化，而是绿水青山向金山银山的转化之路。

一路走来，一个信念无比坚定——我们所追求的现代化，最终反映在每个人的真切感受上。让老百姓的口袋鼓起来，脑袋富起来，生活美起来，是中国式现代化孜孜以求的初心坐标，也是伟大民族走向未来的永恒追求。

（何诗航　谢滨同　执笔）

一步一履总关情

下姜村的传奇故事，相信人们听多了。但这个细节，熟悉的人可能不多：

那是2003年4月，时任浙江省委书记习近平来到下姜村村民姜德明家中走访。

可没想到，习近平同志刚坐定，女主人将一杯热茶递上前，手一抖，热水竟洒在了客人身上。

“不要紧，不要紧，我的衣服穿得比较厚。”习近平同志毫不在意，继续谈笑风生。临走前，他还暖心地邀请大伙儿合影。

不经意间的细节，流露的正是至深至浓的人民情怀。

为民爱民，不是抽象、空洞的口号，不是靠嘴巴说出来的，而是一步一个脚印“走”出来的。

2022年6月，《干在实处　勇立潮头——习近平浙江足迹》一书出版发行。像这样的细节，书中还有很多。

为什么书名中有个关键词——足迹？

细节的背后是什么？令人回味的又有什么？

一

习近平同志爱调研、爱下乡。在浙江工作的那些年，这片10.55万平方千米的地儿，他几近跑遍。

从面积上说，浙江不大。可要是绕着转，从东海之滨到钱江两岸，从城镇社区到海岛山村，跑跑还是很费工夫的。

从福建到浙江不久，习近平同志就为自己定下个目标：当年春节前把11个市都跑遍。很快，目标就完成了。

而接下来一整年，他的日程又是满满当当：

2003年，习近平同志赴基层、省直单位以及兄弟省份调研近50次，时间近90天。此外，他还陪同考察、参加会议和各种会见420多次。

“浙江的省情、民情要了解，全省的干部要尽快熟悉，一些事关浙江发展的重大战略问题需要省委、省政府尽快决策，等不及啊！”他曾这样对记者说。

在浙江期间，他还提出，当县委书记一定要跑遍所有的村，当市委书记一定要跑遍所有的乡镇，当省委书记应该跑遍所有的县市区。

马不停蹄的背后，是只争朝夕的紧迫感和来自人民、为了人民、依靠人民的信念。

那是中华民族历史深处的精神追求；是《尚书》中的箴言“民惟邦本，本固邦宁”；是朱熹的“国以民为本，社稷亦为民而立”。

那是红色火种的代代相传。1845年，马克思、恩格斯与青年黑格尔派论战：“历史活动是群众的活动。”1918年，李大钊则在天安门前慷慨呐喊：为了“庶民的胜利”！

二

群众的眼睛是雪亮的。谁是真心实意，谁掏心窝子、跑深了，他们自然看得见，也感应得着。

《干在实处　勇立潮头——习近平浙江足迹》一书中的很多细节和插图，都是习近平同志在社区巷陌、乡野村舍中与群众在一起的画面。

他曾说：“几年下来，我几乎跑遍了浙江的山山水水，也跑深了与浙江广大干部群众的真切感情。”

深在哪里？在内心深处。

杭州28路公交车司机孔胜东还记得，在《干在实处　勇立潮头——习近平浙江足迹》的新书首发现场，红色幕布揭开的一刹那，看到封面上那张朴素的照片，他不禁心头一暖。

画面上，习近平同志的双手紧紧地与两位老人相握。他被拥在中间，三人笑得灿烂。那是2006年9月，习近平同志在舟山市普陀区东极镇慰问驻岛官兵后，特意去看望当地渔民时被拍下的一幕。三人会心相视，心手相连。

深在哪儿？在群众最需要的地方。

江南多雨，台风也不少，习近平同志常冒雨外出。

2004年8月，台风“云娜”在温岭登陆。他24小时内多次前往省防汛防旱指挥部，又顶风冒雨，执意坐上挂机船去看望被洪水围困的群众。

当被记者问及，台风还没有完全过去，是否意识到当时的危险时，习近平同志说：“我并不觉得危险，防御危险的应急能力我们还是有的。过去我们什么都经历过，包括在水里漂上半天、一天，问题也不大。而且真正困难的地方、危险的地方，恰恰是我们共产党员、各级领导干部要出现的地方，这也是责任所在。”

这一幕不禁让人想起，2013年，已是党和国家领导人的习近平总书记，卷着裤腿打着伞，在大雨中考察武汉新港的形象。

风里来雨里去，步履中有深情。在正定、福建、浙江、上海，大江南北，足迹深深嵌入这片土地。

三

多跑，不是走马观花，而是要跑透，实打实地跑。

深入人民，更是问计于民，听实话、摸实情，透彻了解困难和问题，“跑”出思考和方法。

习近平同志考察调研有个风格：只是“去过”不能算数，必须有明确的主题，做好充分的准备，安排专门的时间，沉下心来蹲几天，并且要有成果。

2004年6月，他到湖州调研“八八战略”落实情况，一路上不忘关注各种民生“小事”：在长兴的福利院，他特意查看为老年人、伤残和复员军人、残疾儿童服务的综合性社会福利设施；在吴兴织里镇矛盾纠纷调解中心座谈，他又着重了解了当地就业再就业、社会保障、扶贫济困等举措。

行程快结束时，他还抛出自己主持的关于建立健全为民办实事长效机制的课题，与当地干部探讨。

后面的事情，就跟所有浙江人有最直接的联系了：浙江很快提出要“突出抓好十个方面实事”。

这项举措，浙江一直延续至今，每年两会都在强调。

人民情怀，是对民生冷暖的关切，解决的是与老百姓最相关的问题。

不仅如此，从以人民为中心的“原点”出发，它还落在了省域治理实践的方方面面。

比如，提出统筹城乡发展；又如，建设“平安浙江”“法治浙江”“美丽浙江”；再如，叮嘱党员干部要拎着“乌纱帽”为民干事……

步履铿锵中的种种探索与实践，无不归结于一句话——

“我将无我，不负人民”。

（郑梦莹　执笔）

跟着“八八战略”学优势论

中国有句古话叫“授人以鱼不如授人以渔”，意思是说传授给人既有的东西，不如传授给人获得东西的方法。对浙江来说，“八八战略”就是一份既“授人以鱼”又“授人以渔”的“战略资产”。

在地方发展的跑道上，浙江为什么能持续跑出高质量发展的加速度？答案就在“八八战略”中。

从哲学视角看，“八八战略”闪耀着与时俱进的马克思主义光芒，贯穿着辩证唯物主义和历史唯物主义的立场观点方法。它不仅为我们打开高质量发展大门提供了一把“金钥匙”，而且为浙江以“两个先行”打造“重要窗口”找到了过河的“船”和“桥”。

今天，我们来聊一聊“八八战略”蕴含的优势论。

一

很多人都知道田忌赛马的故事。这个故事正说明了“尺有所短，寸有所长”，找准自己的优势至关重要。

每个人都有长处和短处，每个省份也都有自己的优势和短板。如何对待自身的优势和短板不是小事，因为这可能带来不同的发展“剧情”。

“八八战略”的内容就是发挥“八大优势”、推进“八大举措”，其核心和精髓就在于充分认识和把握浙江的优势，并结合实际把长板做得更长，努力把原有的劣势转化为新的优势。

一方面，“八八战略”就像一面放大镜，条分缕析地阐明了浙江长期积淀的体制机制优势、区位优势、块状特色产业优势、城乡协调发展优势、生态优势、山海资源优势、环境优势、人文优势等，提供了一份非常有针对性的发展“优势指南”。

以体制机制优势为例，在《干在实处　走在前列——推进浙江新发展的思考与实践》一书中，习近平同志就曾总结，正因为多种所有制经济在市场竞争中相互促进，共同发展，才形成了浙江的体制机制优势。

知道了优势在哪、优势从何而来，就能更明确“做长长板”的方向。这些年来，浙江始终坚持市场化改革基本方向，探索“有为政府”和“有效市场”这“两只手”更好地配合，不断创造体制机制新优势。浙江凭着这份“优势指南”埋头赶路，2022年，浙江107家企业上榜“中国民营企业500强”，连续24年居全国第一；省内各类市场主体超900万户，有人说，浙江每7个人里面就有1个是老板，每20个人中就拥有1家企业。

另一方面，“八八战略”就像一台显微镜，毫不回避“先天的不足”和存在的问题，想方设法补齐木桶中最短的那块板，努力把原有的劣势转化为新的优势。

比如，作为资源小省的浙江，山多、岸长，一条“清大线”将“山海”分割，也划分出了省内欠发达的区块。针对这块短板，浙江创新提出“山海协作工程”这本专为浙江撰写的“山海经”，让山与海优势互补。在二十年如一日的深入推进下，山区26县放大特色、转换优势，走出一条山区高质量发展的蝶变之路。2022年，山区26县实现GDP7404.0亿元，占全省的比重为9.5%，比上年增长4.1%，增速比全省高1.0个百分点。

由此可见，“八八战略”就是以辩证的眼光，为浙江对症下药开出了一剂“扬长补短”的“药方”，用足了优势论。

二

用辩证的眼光来看，无论“优势”还是“劣势”，都是一个相对的、动态的概念。

现在的浙江不乏优势，比如，通江达海的区位优势、集群配套的产业优势、内联外通的市场优势、活力迸发的主体优势、绿水青山的生态优势、协调发展的布局优势、国家战略的叠加优势等，这些优势既源于自身付出的不懈努力，也离不开时代赋予的宝贵机遇。

但这绝不意味着可以一劳永逸、自我满足。要清醒地看到，优势不会自己变成胜势，过去有优势不意味着今天有优势，今天有优势也不意味着永远有优势。随着时代的发展变化，既有优势如果不顺应时势进行强化，则可能会慢慢减弱甚至消失。

在2023年全省“新春第一会”上，浙江“三箭齐发”，一口气亮出了数字经济创新提质“一号发展工程”、营商环境优化提升“一号改革工程”、“地瓜经济”提能升级“一号开放工程”三个大招，很重要的一个目的就是在高质量发展中塑造优势，依托优势持续争先。

比如，在数字经济这条赛道上，浙江被称作“领跑者”。数据显示，“十三五”期间，全省数字经济核心产业增加值年均增长15.2%。2022年，浙江数字经济核心产业增加值占GDP的比重提高到11.7%。2023年浙江省政府工作报告明确提出，到2027年，数字经济核心产业增加值超过1.6万亿元。目标很“丰满”，但如果不解决有高原无高峰、新技术不突出、技术与产业融合不够等问题，浙江抢占数字经济发展“C位”就要打上一个问号。

比如，在营商环境优化方面，浙江的营商环境有口皆碑。2022年11月，全国工商联公布的万家民营企业评价营商环境年度排名中，浙江位居第一。然而，经济发展形势和企业发展环境在不断变化，稳预期、强信心的关键所在就是不断深化改革，进一步破除藩篱，营造市场化、法治化、国际化一流营商环境，让政府的“有形之手”和市场的“无形之手”更加协同高效。

再如，面对日益复杂的开放环境，要打造更具韧性、更具活力、更具竞争力的“地瓜经济”，让“地瓜”越生越大、越来越甜，浙江就必须构建全方位全要素、高能级高效率双循环，高质量参与“一带一路”建设，主动参与国际竞争和合作，实现双循环战略枢纽地位再提升、制度型开放再提升。

事实证明，只有将“继往”与“开来”统一起来，把既有优势与新兴优势融会贯通、相互加持、叠加放大，不断蓄积优势、放大优势，推进优势集成，才能形成胜势、巩固胜势。

三

学习的目的在于运用。如何坚持和运用好优势论？笔者以为，至少有四点值得考虑：

第一，保持头脑清醒。在优势面前切不可自我陶醉，而要始终对现状和趋势有清醒认知。无论发展到什么阶段，始终要怀着强烈的忧患意识，真正弄清楚现有优势在哪、潜在优势在哪、哪些优势在削弱、哪些优势能再造、哪些优势能培育。只有把这些问题想明白、搞透彻，才能做到有的放矢。就像《干在实处　走在前列——推进浙江新发展的思考与实践》中习近平同志当年所强调的，面对激烈的市场竞争，我们决不能有丝毫懈怠，不能满足于现状，必须树立不进则退、慢进也是退的竞争意识。

第二，贴着大地思考。对优势劣势的科学判断不是靠坐在办公室里想出来的，而是要建立在对省情深入了解的基础上。习近平同志在浙江工作期间，坚持调研开局、调研开路。他说：“几年下来，我几乎跑遍了浙江的山山水水，也跑深了与浙江广大干部群众的真切感情，并在实践中逐渐跑透了浙江的省情市情县情。”2015年5月，习近平总书记在浙江考察时强调，他在浙江工作时，省委就提出了“八八战略”。这不是拍脑瓜的产物，而是经过大量调查研究提出来的发展战略，聚焦如何发挥优势、如何补齐短板这两个关键问题。

第三，善于化劣为优。浙江省第十五次党代会在全面总结过去五年工作成就的同时勇于“自我揭短”，鲜明指出了浙江当前发展中的一些问题和短板：科创、人才支撑还不够强，新旧动能转换还不够快，产业链供应链韧性和竞争力有待提升；持续缩小“三大差距”任重道远，优质公共服务供给不足……绿色低碳转型任务艰巨，生态文明建设不平衡问题依然存在；等等。每一项问题和短板，都需要我们运用优势论的方程式予以解答。

第四，因地制宜用好优势。根据《干在实处　走在前列——推进浙江新发展的思考与实践》一书，习近平同志在浙江工作期间，曾根据各地特色和优势，量体裁衣式进行支招指路，提出港口是宁波最大的资源，开放是宁波最大的优势；嘉兴是浙江推进城乡一体化的先导地区；金华的中心城市形态是组团式城市群的形态；舟山要把海洋经济这篇文章做深做大；丽水的发展一定要围绕生态做文章；等等。时至今日，这些“强筋壮骨方”依然具有极强的针对性和指引性，需要各地结合新的时代特点做好优上加优的文章。

其实说到底，发展就是一场充满辩证法的赛跑。谁能用足优势、转化劣势，谁就能在这场激烈竞争中赢得先机、领跑未来。做好工作是如此，过好我们每个人的生活也是如此。

（陈培浩　执笔）

跟着“八八战略”学先行论

喜欢下围棋的人都知道，对弈非常讲究“先手”。《兵经百言》曰：“兵有先天，有先机，有先手，有先声……先为最，先天之用尤为最，能用先者，能运全经矣。”这告诉我们：抢占先机是赢得战斗的关键，也是兵法中的首要原则。下棋、用兵是这样，一个地方的发展同样如此。

习近平同志在浙江工作期间，将“八八战略”的探索实践定位为“探路者”，将“干在实处、走在前列”贯穿于所有工作的始终。

今天，我们就来聊一聊“八八战略”蕴含的先行论。

一

“先”，是指时间或次序在前，表示预先、提前，或者说叫先机。

从时间次序看，“先行”首先是走在前面，因为没有现成的经验可以借鉴，没有现成的答案可以参考，这就意味着面临更多未知与挑战。从标准要求看，“先行”还意味着要走在前列，要求以“领跑”姿态为后来者提供路径或样板，从而起到示范和带动作用。

敢为人先，是浙江最鲜明的特征之一。伴随着波澜壮阔的改革开放浪潮，浙江用一次次“第一”率先挣脱计划体制束缚，走在了改革开放的最前沿。一段时期以来，“浙江现象”一词不胫而走，成为浙江“敢于第一个吃螃蟹”的生动写照。

21世纪以来，经济全球化深度发展，科技革命日新月异。此时的浙江不仅发展先行，矛盾和问题也来得更早一些。比如，经济结构存在的“低小散弱”问题日益突出，“高投入、高增长、高污染、低效益”的粗放型发展方式越来越难以为继。

面对新阶段新形势，走在前列怎么走？这是习近平同志在浙江工作期间一直孜孜以求地思考和探索的中心课题。在大量调查研究的基础上，“八八战略”应运而生。

一方面，“八八战略”率先解题：牢牢扣住时代脉搏，针对浙江富民强省建设中遇到的长期积累的深层次矛盾和问题，率先破解“成长的烦恼”和“转型的阵痛”，为全国积累了宝贵经验。

另一方面，“八八战略”率先探题：从省域层面对中国共产党为什么能、马克思主义为什么行、中国特色社会主义为什么好作出了探索，对如何全面建设小康社会、如何跨越“中等收入陷阱”等重大实践课题给出了浙江方案。

可以看出，“八八战略”着眼一个“先”字来引领浙江前行发展，其中蕴含的先行论直到今天依然有着强大的生命力和指导性。

二

“先行”一次、两次或许可以靠运气，那十次、百次呢？

浙江之所以能够次次都领时代之先、领风气之先、领潮流之先，这背后有着深层次的大逻辑。

第一，文化特质使然。

在历史上，浙江名人辈出。有学者曾梳理总结过浙江文化特质的六大“精神基石”：“卧薪尝胆，坚忍不拔”；“实事求是，讲究实效”；“经世致用，义利并举”；“内圣外王，知行合一”；“经史应务，工商皆本”；“开放包容，通变创新”。可以看出，六个方面虽然指向不尽相同，但有着“知行合一、经世致用、与时俱进”的最大公约数，这是浙江文化精神历经风雨沧桑的不变追求，也是浙江人“一有雨露就发芽，一有阳光就灿烂”的根本所在。

第二，红色基因使然。

浙江是马克思主义曙光最早照耀到的地方之一。在党的创建初期，浙江就涌现出一批先进知识分子和创办共产主义小组的活动骨干。当时全国50多名早期党员中，浙江籍党员就有7位。我们所熟知的《共产党宣言》首个中文全译本的翻译者陈望道，新文化运动的多位旗手蔡元培、钱玄同等，都是浙江人。百年前，中国革命的红船从浙江嘉兴南湖扬帆起航，从此，这种“开天辟地、敢为人先”的首创精神就深深铭刻进浙江人的血液中，成为激励浙江人民砥砺前行的不竭力量。

第三，政治担当使然。

习近平同志在《干在实处　走在前列——推进浙江新发展的思考与实践》一书中指出：“世界通过我们浙江看到的，是一个历史悠久的伟大民族、一个马克思主义的先进政党和一个13亿人口的泱泱大国。我们取得的成就，是中国改革开放全景中的一个缩影，也是社会主义制度优越性的重要体现。”从“中国改革开放全景中的一个缩影”到“秉持浙江精神，干在实处、走在前列、勇立潮头”的新要求，从“干在实处永无止境，走在前列要谋新篇，勇立潮头方显担当”的新期望到“努力成为新时代全面展示中国特色社会主义制度优越性的重要窗口”的新目标新定位，再到高质量发展建设共同富裕示范区的光荣使命，浙江“打头阵、当先锋、作示范”的政治担当可以说是前后相承、一以贯之。

今天的浙江，早已将“先行”的使命、“先行”的思维、“先行”的打法融入灵魂、浸入血脉、付诸行动。

三

“先行”二字，讲起来容易，做起来何其难。

发展如棋局，浙江如何在高质量发展中实现共同富裕先行和省域现代化先行？笔者想到了习近平同志在浙江工作期间的三句话。

第一句话：树立不进则退、慢进也是退的竞争意识。

比之于昨日，慢进虽然也是进，但比之于“前方标兵”“后方追兵”“左右强兵”，人家大步流星，你却只是慢吞吞地爬行，结果必然是落后于人。

习近平同志在浙江工作期间曾强调，抢抓战略机遇期要有历史紧迫感，“不是错过了前五年还有后十五年，而是赶不上这个时间表，耽误了前五年就没有后十五年的机会和境遇”。浙江要勇立潮头，就必须与最优者“对标”、与最强者“比拼”、与最快者“赛跑”，时时、事事、处处都奋勇争先、唯旗是夺，不断在高质量发展中跑出“加速度”。

第二句话：用“欣赏”的眼光看别人、用“挑剔”的心理看自己。

他山之石，可以攻玉。以浙江引以为傲的数字经济为例，其实我们还有很多东西要向别人学习。比如，中国信息通信研究院发布的《中国数字经济发展报告（2022年）》就列举了一众顶尖“高手”：北京是国家数字产业化的创新策源地和火车头，是国家产业数字化的方案输出地；上海定位于建设成为国际数字之都，是国内数字人才流动的枢纽；深圳定位于建设成为全球数字经济先锋城市，是国内第一个实现5G独立组网的城市。浙江要想站到数字经济发展“C位”，就要有世界眼光，时刻洞悉全球数字经济发展大势，学会“吃着碗里、看着锅里、望着灶台”，善于取人之长、补己之短，用国际国内先进标准来衡量和要求自己，不断发展和壮大自己。

第三句话：没有创新就不可能发展，不可能前进。

当今世界，创新已越来越成为社会生产力解放和发展的关键。有学者提出，回顾人类科技史，大概每百年会爆发一次科技进步，每次持续时间大概是60年，以此类推，2010年到2050年会是第四次科技革命爆发的窗口期。机遇稍纵即逝，从浙江来看，尽管目前区域创新能力上升到全国第四位，但在创新平台、关键核心技术攻关能力、创新型企业数量和产业规模、高层次创新人才、经费投入等方面，与一些兄弟省份仍然存在差距。

浙江要想抢占发展先机，就要“不走寻常路”，在创新深化上下“怎么也不为过”的功夫，变“路径依赖”为“模式创新”，变“事事找惯例”为“大胆创先例”，努力把一个个“不可能”变成“可能”，依靠点石成金的“妙手”应变局、开新局、塑胜局。

（陈培浩　执笔）

跟着“八八战略”学机遇论

互联网行业曾有一句名言：“站在风口上，猪都能飞起来。”这里的“风口”，说的就是时代的机遇。

机遇广泛存在却又因时因地因人而异，正所谓时代有时代的机遇，国家有国家的机遇，省有省的机遇，沿海有沿海的机遇，内地有内地的机遇，行业有行业的机遇，个人有个人的机遇。

人们在谈论机遇时，往往会在前面加上“千载难逢”这样一个词，并常常用“机不可失，时不再来”形容机遇难得、不容错过。

那么，机遇为何如此重要？如何判定机遇？怎样更好地抓住机遇？今天，我们就来聊一聊“八八战略”蕴含的机遇论。

一

机遇又被称为契机、时机或机会，通常是指对某一特定事物的发展而言并非必定出现，但一经出现就可能促进事物加速发展的事件和条件。其实说“机遇”也好，说“契机”“时机”“机会”也罢，关键就在于一个“机”字。

有人说：“机遇就像直升梯，只要你抓住了，轻而易举就能到达人生巅峰。”这说的是机遇的重要性。也有人说：“机遇就像一阵风，来无影，去无踪，当你想要去抓的时候，却扑了个空。”这说的是机遇的偶然性和非常驻性。

阿基米德有句名言：给我一个支点，我可以撬动地球。对于每个人的人生来说，机遇就相当于那个支点。对于人类社会发展而言，机遇是一种极其重要的稀缺资源。毫不夸张地说，在历史关键节点，能否判断准、利用好机遇，对地方发展，乃至一个国家、一个民族的前途命运，都将产生全局性、长远性、决定性影响。

比如，17世纪中叶的荷兰，凭借创立一系列金融和商业制度，造就了商业帝国，而这离不开地理大发现提供的历史机遇；19世纪末的美国，以重大科技发明为基础，实现了跳跃式发展，迅速赶上并超越了欧洲强国，背后是第二次工业革命浪潮的机遇；而近代中国错失了机遇，在鸦片战争中被西方殖民者用坚船利炮轰开了国门，国家命运跌入谷底。

历史一再证明，机不可失，时不再来。抓住了机遇，就能赢得战略主动，犹如猛虎添翼，工作迎来新突破新进展；抓不住或者错失发展机遇，就可能陷入战略被动，事倍功半，甚至被时代之轮整个甩下，而时代连声“再见”都不会说。

二

从“八八战略”的提出和实施过程看，“八八战略”实际上就是抢抓机遇的产物。

据《干在实处　勇立潮头——习近平浙江足迹》一书记载，2003年2月10日，习近平同志在省委理论学习中心组学习会上一口气给大家出了七个调研“题目”，第一个就是“关于重要战略机遇期”。可以说，正是基于对21世纪初浙江面临重要战略机遇期宏观背景的科学判断和准确把握，“八八战略”才应运而生。

对地方发展来说，比如，经济全球化进程加快、国际产业结构调整和产业转移加速的机遇，中国“入世”带来的机遇，西部大开发战略全面实施的机遇，长江三角洲地区经济一体化发展的机遇，等等，各种各样的机遇可谓利好尽出。

这些机遇虽然客观存在，但都是“雨露均沾”，并非“独宠”浙江一地。至于能否把战略机遇期提供的可能性变为现实性，关键还在于是否能够敏锐地认识和有效地把握机遇，而这主要取决于人的主观能动性，特别是宏观的战略决策。

对此，习近平同志在《之江新语》中这样论述：“二十年的重要战略机遇期易失难得，稍纵即逝。不是错过了前五年还有后十五年，而是赶不上这个时间表，耽误了前五年就没有后十五年的机会和境遇，失之交臂，悔之晚矣。对新世纪头二十年的重要战略机遇期，我们一定要有一种强烈的历史紧迫感。”

面对改革和发展中遇到的各种困难，习近平同志非常善于运用唯物辩证法来寻找机遇，他鲜明指出：“困难是压力，困难是挑战，困难中往往也蕴藏着机遇，克服困难也就意味着抓住了机遇，赢得了先机。”

可见，在提出和深入实施“八八战略”的过程中，习近平同志以强烈的历史紧迫感抢抓战略机遇期，鲜明体现了时不我待的机遇意识和深邃的历史洞察力。

三

机遇虽然客观存在，但很多时候都穿着一件“隐身衣”，要发现机遇、抓住机遇并不是一件容易的事。这让笔者想到三句话。

第一句话：发现机遇的前提在于擦亮一双“慧眼”。

往大了看，当前我国所处的发展环境可以说是“乱花渐欲迷人眼”，就如同党的二十大报告作出的新的重大判断——我国发展进入战略机遇和风险挑战并存、不确定难预料因素增多的时期，各种“黑天鹅”“灰犀牛”事件随时可能发生。

与过去相对平稳的大环境相比，现在“不确定性”已经成为常态，世界形势动荡复杂，地缘政治挑战风高浪急，前进路上充满惊涛骇浪，潜在的风险挑战不少，我们发现机遇的难度自然也在水涨船高。

所以，要想在错综复杂的局面中捕捉机遇，我们就要抓住关键的环节，立足自身的条件，透过纷繁的表象，看得远、想得深，用前瞻性眼光来扫描机遇，看到时势于我们有利的地方，坚定信心、放大优势。

第二句话：机遇很喜欢“串门”，若不敏捷地抓住，就会失之交臂。

犹太人的智慧之书《塔木德》中有这样一句话：“每个人的机遇是一样多，但每个人对机遇的认识与把握的能力是不同的。”很多人都说过类似的话：“机遇只偏爱有准备的头脑。”

比如，最近淄博烧烤火得不能再火。其实对于淄博来说，烧烤原本算不上特色优势，新疆等地也堪称“烧烤胜地”，但淄博能抓住机遇一飞冲天，这靠的不仅仅是烧烤本身，更是其一以贯之优化营商环境的不懈努力。

日复一日的努力，也许一时见不到成效，但在某一天，很可能就会起到重要作用。当暂时看不到机遇时，不妨保持耐心、接续努力，多集中精力做好眼前的事情。不少地方、不少人可能有过这样的经历，当被机遇“撞了一下腰”时没有及时抓住，等到反应过来时机遇早已跑远，最后只能空留一声叹息，感慨“曾经有一个大好的机遇放在我面前，我没有抓住，等我失去的时候，我才后悔莫及，人世间最痛苦的事莫过于此”。

第三句话：机遇很擅长“易容”，往往打扮成困难来到人们面前。

任何一项工作，都是机遇与挑战并存，没有完美无缺的状况，也不存在一无是处的境遇。倘若不抓机遇，抓不住机遇，剩下的就真的只有挑战了。历史经验也表明，机遇和危机从来都是一对孪生兄弟，如影随形、相伴而生，可谓危机并存、危中有机、危可转机。很多时候，机遇本身并非尽指肉眼可见的有利条件，而是藏在一系列的矛盾、困难、风险、挑战之中。

有句话说得好，智者创造的机会比他得到的机会要多。所以，我们需要增强忧患意识、风险意识，变压力为动力、化挑战为机遇，多为成功想办法，不为失败找借口，在审时度势、因势利导中把握机遇、维护机遇、用好机遇，甚至主动塑造机遇。

“来而不可失者，时也；蹈而不可失者，机也。”今天的中国，无疑充满了各种各样的机遇。机遇不会从天而降，守株待兔是等不来机遇的，唯有主动出击的“猎人”，才有可能得到机遇的垂青。

（陈培浩　执笔）

浙江发展的大逻辑是什么

人们常用“小、中、大”三个字概括浙江。

先说“小”，浙江是陆域面积和资源小省，是名副其实的“七山一水二分田”。再说“中”，浙江是人口规模中等省份，2022年末全省常住人口6577万，居全国第八位，是人口净流入省。最后说“大”，浙江是经济总量大省，2022年全省GDP7.77万亿元，居全国第四位；一般公共预算收入8039亿元，居全国第三位。

浙江凭借什么实现“小、中、大”的段位切换？浙江又如何在新的赶考路上攻坚破题、闯关探路，进一步找准浙江改革发展的“坐标系”？

习近平总书记指出，一个国家、一个民族要振兴，就必须在历史前进的逻辑中前进、在时代发展的潮流中发展。并不具备先天优势的浙江，正是遵循了逻辑、把握了潮流，在一点点奋斗、一步步创造中发展起来的。

大道至简。浙江省委十五届二次全会提炼总结了“六个一”：一个“根本指引”，即以习近平新时代中国特色社会主义思想为根本指引；一个“主题主线”，即以忠实践行“八八战略”、努力打造“重要窗口”为主题主线；一个“目标任务”，即以推进“两个先行”为目标任务；一个“基本路径”，即以推动创新发展、转型升级和改革攻坚、开放提升为基本路径；一个“精神动力”，即以干在实处、走在前列、勇立潮头为精神动力；一个“根本保障”，即以全面从严治党和高素质干部队伍建设为根本保障。这“六个一”，揭示了浙江全部工作的逻辑体系，打开了应变局、育先机、开新局的前行之道，形成了浙江勇挑大梁的坚实支撑。

这个逻辑体系，使我们更进一步解码浙江、读懂浙江；坚持好运用好这个逻辑体系，为我们推进浙江实现“两个先行”提供了遵循。

一

一艘在风高浪急中前行的航船，有足够分量的压舱石、标注航线的定盘星，才能战风斗浪、行稳致远。

有人说，当今世界面临的最大风险就是不确定性。应对方法千条万条，最根本、最牢靠、最确定性的一条，就是科学理论的指引、思想旗帜的引领。

一位西方媒体记者曾感慨地说，这十年，中国办成的任何一件大事，放在其他国家都需要几十年甚至遥遥无期；中国化解的任何一个重大风险，放在其他国家都有可能引发政权崩溃。一个外部视角，印证了习近平新时代中国特色社会主义思想就是我们应对挑战的最强武器、制胜未来的最大法宝。

浙江是习近平新时代中国特色社会主义思想的重要萌发地。习近平同志在浙江工作6个年头、1600多个日日夜夜，形成了许多新思想、新观点、新决策，在省域层面对中国特色社会主义进行了理论创新和实践创新。浙江干部群众强烈感受到新思想是怎么来的，是怎么改变了浙江、改变了中国。

《干在实处　勇立潮头——习近平浙江足迹》写道，2005年8月15日，习近平同志在安吉余村的村委会议室里，针对当时余村发展何去何从的困惑，指出：“过去我们讲既要绿水青山，又要金山银山，其实绿水青山就是金山银山，本身，它有含金量”，“要坚定不移地走自己的路，有所得有所失。在熊掌与鱼不可兼得的时候，要知道放弃，要知道选择。发展有多种多样，要走可持续发展的道路，绿水青山就是金山银山”。这就是家喻户晓的“绿水青山就是金山银山”理念，它从小山村传遍浙江、走向中国、影响世界。

诸如此类的思想观点还有很多，从再创体制机制新优势到全面深化改革，从“腾笼换鸟”“凤凰涅槃”到高质量发展，从“千村示范、万村整治”

工程到乡村振兴战略，从山海协作、城乡统筹到实施区域协调发展战略，从“民生为重”到“以人民为中心”的发展思想，从“法治浙江”到法治中国，从“平安浙江”到平安中国，从文化大省到文化强国，从生态省建设到美丽中国建设，等等。浙江干部群众不仅知道新思想是怎么来的，更懂得怎样去创造性地坚持和实践，不断打开从理论到实践、再从实践到理论的螺旋式上升通道。

二

凡谋大事者，都善于用战略眼光分析问题，从战略全局排兵布阵，以获得举一纲而万目张的效果。

当前，外界对浙江很关注，学界业界纷纷研究浙江发展的打法、浙江做事的章法、遵循规律的办法。对浙江干部群众来说，始终不变的主题主线就是忠实践行“八八战略”、努力打造“重要窗口”。“八八战略”造起了过河的“桥”与“船”，“重要窗口”则标注了使命必达的前景和彼岸。

2023年，是“八八战略”实施20周年。这一战略为什么好？20年实践，已经并正在从三个方面进行回答。

第一，“八八战略”到底是什么？2015年5月，习近平总书记在浙江考察时专门讲到，省委提出的“八八战略”，聚焦如何发挥优势、如何补齐短板这两个关键问题。

20年前的浙江，那时既有经济全球化和世界科技革命带来的重要战略机遇，也面临着能否顺利跨越“中等收入陷阱”的严峻考验；既遇到资源短缺等“先天的不足”的制约，也经历着生态环境压力、资源要素制约、内外市场竞争带来的“成长的烦恼”。

针对这些问题，“八八战略”提出了破难之道，像《之江新语》里写道，从“两只手”看深化改革，从“两只鸟”看结构调整，从“两座山”看生态环境，从“两种人”看“三农”问题。而今，面对外部复杂环境、内部种种困难，“八八战略”仍然给当下的浙江提供解题要诀、破难良策、突围之道。

第二，“八八战略”给浙江带来什么？2018年，有这样一句话说出了浙江干部群众的心声：“八八战略”实施15年来，浙江经济社会发展取得了巨大成就，发生了全面深刻的变化、影响深远的变化、鼓舞人心的变化。

这“三个变化”，字字千钧。数字最有说服力：浙江全省GDP从2012年的34606亿元跃升至2022年的77715亿元；一般公共预算收入从3441.2亿元增加到8039亿元；2022年全省城乡居民人均可支配收入分别为7.13万元和3.76万元，分别连续22年和38年居全国各省区首位。

第三，“八八战略”将把浙江引向哪里？任何战略，不仅有具体的战术战法，更有清晰的方向指向。2020年春，习近平总书记到浙江考察调研，赋予浙江“努力成为新时代全面展示中国特色社会主义制度优越性的重要窗口”的新目标新定位。“重要窗口”，正是迭代深化“八八战略”的基本指向。

通过一任接着一任干、一张蓝图绘到底，以“浙江之窗”展示“中国之制”和“中国之治”，以“浙江之答”回应“时代之问”和“历史之问”，告诉世人中国共产党为什么能、马克思主义为什么行、中国特色社会主义为什么好。

由此可见，忠实践行“八八战略”、努力打造“重要窗口”，不是管一时管一域的，而是管方向、管全局、管长远的。

三

俗话说，“没有目标的船，任何方向的风都不是顺风”。长期以来，浙江干部群众不仅养成了逆风而行的秉性，而且拥有抵达目标使命快人一步的自觉。

浙江省第十五次党代会提出了在高质量发展中奋力推进共同富裕先行和省域现代化先行这一新的目标任务。这不是脱离实际的自我加压，也不是轻轻松松就能实现的任务安排，这是浙江长期的奋斗目标。

实现“先行”没有目标倒逼不行。2015年5月，习近平总书记考察浙江时强调，希望浙江努力“在提高全面建成小康社会水平上更进一步，在推进改革开放和社会主义现代化建设中更快一步，继续发挥先行和示范作用”；2021年5月，习近平总书记又亲自谋划、亲自部署、亲自定题，支持浙江高质量发展建设共同富裕示范区。如此看来，推进“两个先行”，不只是浙江自己的事，更要为全国探路。

实现“先行”没有高质量发展也不行。2011年，浙江全面小康实现程度为92%，高于全国10多个百分点，成为全国率先基本实现全面建设小康社会目标的省份之一。2015年底，浙江全面消除家庭人均年收入4600元以下的贫困现象，率先在全国高标准完成脱贫攻坚任务。2022年，浙江城乡居民收入比降至1.90，是全国城乡发展协调性最好的省份。推进“两个先行”，高质量发展依然是强大支撑和动力。

所谓“先行”，不只是几个指标领先，更为关键的是理念的创新、模式的探索，用“新鞋”走出一条“新路”，不断满足人民对美好生活的向往，其意义远不止在浙江。

四

当前，世界之变、时代之变、历史之变正以前所未有的方式展开，准确识变、主动求变、科学应变才有出路。

历史之浙江，之所以能逆袭为“模范生”，主要就是靠率先推进市场取向改革，通过体制机制创新，全面激发和释放了大众创业创新的活力，创造了“莫名其妙、无中生有、点石成金”的发展奇迹。

今日之浙江，正处在全球经济企稳回升的战略机遇期、使命任务协同推进的红利叠加期、发展动能层次变革的瓶颈突破期、共同富裕新题难题的破题深化期和人民美好生活向往的加快实现期。如何在时代变革中，把握大机遇、站上大风口？

答案已经明确，唯有加速超车，甚至是变道超车、换车超车，才能真正抢占先机、抢占主动。打法也已经指明，要找准基本路径不折腾，以创新驱动增添动能、以产业升级优化结构、以改革攻坚增添活力、以开放提升拓展空间。

对于产业变革来说，创新发展、转型升级始终是王道。

在2004年的全省经济工作会议上，习近平同志曾一针见血地指出浙江进一步发展面临的资源危机：正在生产的缺电、正在建设的缺钱、正在招商的缺地。他强调，要痛下决心，以“腾笼换鸟”的思路和“凤凰涅槃”“浴火重生”的勇气，加快经济增长方式的转变，让吃得少、产蛋多、飞得高的“俊鸟”引领浙江经济。

“腾笼换鸟”“凤凰涅槃”为浙江带来了高新企业的成长、数字经济的起飞，不断续写产业经济新的跃迁之路。如今，浙江的数字经济增加值占GDP的比重已近五成，数字经济核心产业制造业增加值以年均两位数的速度增长。

对于体制机制创新来说，改革攻坚、开放提升在任何时候都不应止步。

浙江是靠改革开放起家的。根据《2022年“万家民营企业评营商环境”报告》，营商环境最好的十个省份中浙江位列第一，最好的十个城市中杭州位列第一，温州、宁波也进入十强，这无疑是改革开放持续深化的结果。

这些年，浙江通过“最多跑一次”改革、数字化改革以及自贸区建设等，以高效政务服务优化营商环境，圈了不少“粉”。但这并不意味着浙江将会停止前进的步伐。最近提出的营商环境优化提升“一号改革工程”，发出了进一步深化改革、扩大开放的强烈信号。

五

浙江是资源小省，主要指的是土地、矿产等物质资源少。就文化而言，浙江则是资源大省，万年上山、五千年良渚、千年宋韵、百年红船，资源无比丰厚，特别是千百年来流淌下来的人文精神是浙江最为宝贵的资源。

习近平同志在浙江工作期间，对浙江人的这种“文化基因”给予很高评价，提出了“干在实处、走在前列”的要求。《干在实处　勇立潮头——

习近平浙江足迹》中讲到，“浙江老百姓聪明，干部精明，出的招数很高明。其背后是浙江的人文优势，是深厚的文化底蕴和‘浙江精神’在起作用”。

2015年，习近平总书记考察浙江，赋予浙江“干在实处永无止境，走在前列要谋新篇”新使命；2016年G20杭州峰会期间，习近平总书记对浙江工作提出了“秉持浙江精神，干在实处、走在前列、勇立潮头”新要求；2018年在“八八战略”实施15周年时提出了“干在实处永无止境，走在前列要谋新篇，勇立潮头方显担当”新期望。

从“没有走在前列也是一种风险”，到“不在上游、就是下游，不争第一、就是落后”，浙江人那股不服输和自我加压的劲儿，是一以贯之的。

怎样走在前列？归根结底靠的是主动求新求变、勇于打破常规。像最近很火的出海“抢订单”，浙江启动了“千团万企拓市场抢订单行动”，联动企业赴境外参展、开展商务洽谈，助力企业拓展海外市场，打响了后疫情时代组团出海“第一枪”。

毫无疑问，今后浙江的发展，仍需不断汇聚干在实处、走在前列、勇立潮头的强大动能，真正让干部敢为、地方敢闯、企业敢干、群众敢首创在浙江成为一种自觉、一份特质、一道风景。

六

外界经常评论，浙江工作走在前列，与浙江党员干部思想比较解放、工作务实担当是分不开的。这很大程度上在于全面从严治党和高素质干部队伍建设的不断加持。

好风气得益于好传统。《习近平新时代中国特色社会主义思想在浙江的萌发与实践》课题研究成果里写道，习近平同志在浙江工作时就强调，要坚持严字当头抓党建，提出“巩固八个基础，增强八种本领”，大力推进机关效能建设。

浙江党员干部有个说法，无论做什么工作，都要来个“三问”：一问是否符合习近平总书记和党中央的要求，二问是否有利于本地区本部门长远发展，三问是否有利于增加人民群众福祉。这“三问”，问出了“功成不必在我”的精神境界、“功成必定有我”的使命担当。

事在人为。浙江省委提出的争当“排头兵”、勇当“领跑者”、敢当“弄潮儿”、善当“挑担人”、竞当“急先锋”、乐当“勤务员”的要求，确立的“想就想明白、做就做极致、干就干出彩”“事事马上办、人人钉钉子、个个敢担当”“分秒等不起、时刻坐不住、处处慢不得”“用数字说话、凭实绩交卷、以成效检验”“干事且干净、干净加干事、干事能成事”的标准，正是对“巩固八个基础，增强八种本领”的坚持和发展，必将汇聚起推动“浙江号”航船破浪前进的强大动力。

征程万里当奋进，重整行装再出发。唯有把握好、坚持好发展的大逻辑，才能干好自己的分内事，闯出事业发展的新天地。

（沈世成　郑　毅　执笔）

02

浙江的活力之源就在于改革

“两个毫不动摇”的浙江答案

外有风高浪急的国际环境，内有艰巨繁重的发展任务，2022年的中央经济工作会议格外引人关注。

与往年一样，这次会议雷打不动地再次强调“两个毫不动摇”。心细者会发现，其中有这样一句话——“针对社会上对我们是否坚持‘两个毫不动摇’的不正确议论，必须亮明态度，毫不含糊”。这一立场坚定、态度鲜明的表述，释放出一个强烈信号：“两个毫不动摇”是一以贯之的大政方针、长久国策，任何质疑和非议都是不正确的。

改革开放40多年来，民营经济在缔造中国经济发展奇迹中功不可没，但直到今天，社会上确实还存在一些误区乃至偏见。那么，到底该如何正确看待民营经济的地位和作用？不妨到改革开放先行地、中国民营经济重要发祥地的浙江来找找答案。

一

1980年12月11日，19岁的温州人章华妹领到一份特殊的营业执照——工商证字第10101号。她压根想不到，自己竟是中国第一个拥有个体工商户合法身份的人。而在一年前，她还在为门口摆一个小摊提心吊胆。

民营经济作为浙江的金字招牌，今天早已名闻天下，但回头看一看浙商崛起的历程可以发现，从“草根”到“金名片”的段位升级，浙江是一路顶着压力不断突围的。

翻阅历史，不论是温州诞生中国第一个合法个体工商户、第一家股份合作企业、第一座农民城、第一个农民包机公司、第一个跨国农业公司的过程，还是义乌原县委书记谢高华冒着丢“乌纱帽”的风险，果断决策开放第一代市场、支持农民经商的历程，在脱贫求生存的原始冲动下，浙江人率先进行挣脱计划体制束缚的各方面探索，都是对社会主义怎么搞改革开放、怎么搞市场经济的一次“灵魂叩问”。

“领导姓什么在变，解放思想的共性不变”。正是在思想大解放的激励下，浙江充分尊重群众首创精神，把发展权交给民众，催生了一批在市场大潮中“胆大包天”“胆大包地”“胆大包海”“胆大包江”的“弄潮儿”典型，在全国率先构建起相对完善的区域市场经济体制。到20世纪90年代后期，全国每万人口的法人单位为40个，浙江则是78个；全国每万人口的产业活动单位是43.1个，浙江则达到93.5个。改革开放“模范生”的美誉由此奠定。

浙江民营经济从无到有、从小到大、从弱到强，成为省域经济的重要组成部分。其发展历程告诉我们，民营经济是社会主义经济制度的内在要素，它的历史贡献不可磨灭、地位作用不容置疑。

二

2002年，党的十六大首次明确提出“毫不动摇地巩固和发展公有制经济”，“毫不动摇地鼓励、支持和引导非公有制经济发展”，让千万民营企业家更加欢欣鼓舞。

可即便有了这样的定调，当时依然有不少人担忧：多种所有制经济共同发展，会不会动摇公有制的主体地位？非公有制经济的发展，会不会侵蚀社会主义公平？

可以说，这种质疑也笼罩在谋求跨越发展的浙江民营经济身上。

对于这种情况，时任浙江省委书记习近平高度重视。

2003年3月，习近平同志结合自己的调研和思考，在《经济日报》发表署名文章《坚持“两个毫不动摇” 再创浙江多种所有制经济发展新优势》，创造性地提出发展个私经济“四个不限”和“四个有”：对个私经济不限发展比例、不限发展速度、不限经营方式、不限经营规模；使个私经营者政治上有荣誉、社会上有地位、经济上有实惠、事业上有作为。

2003年7月，习近平同志再次在《经济日报》发表署名文章《鼓励引导民营企业推进体制和机制创新》，鲜明提出“三个一切”：破除一切影响民营经济发展的思想束缚，改变一切影响民营经济发展的做法和规定，消除一切影响民营经济发展的体制障碍和政策制约。

在习近平同志的亲自推动下，浙江注重顶层设计、抓好政策创新，“八八战略”第一条就提出“进一步发挥浙江的体制机制优势，大力推动以公有制为主体的多种所有制经济共同发展，不断完善社会主义市场经济体制”；2004年，全省首次民营经济工作会议召开，出台了《关于推动民营经济新飞跃的若干意见》；2006年，《关于鼓励支持和引导个体私营等非公有制经济发展的实施意见》以“浙政发〔2006〕1号”文件下发，当时很多企业家都说，这“非公32条”的出炉，让浙江民营经济发展又迎来一个新的春天。

值得一提的是，《中国经济周刊》2006年曾刊发过一篇题为《为浙江民间资本辩护》的文章。面对走在改革最前沿的浙江民间资本被质疑的问题，文章讲到，习近平同志旗帜鲜明地指出“资本跨区域流动其实是一种能够实现双赢的举动”，坚决为浙江民营企业“走出去”发展正名。

如今，有600多万名浙商在全国各地投资兴业，投资额超过6万亿元，解决了数千万人的就业问题；有200多万名浙商在境外投资创业，成为助推“一带一路”建设的独特资源。

“两个毫不动摇”在浙江的生动实践告诉我们，“一有雨露就发芽，一有阳光就灿烂”的民营经济非但不是社会主义市场经济的“对手”“敌手”，反而是促进中国区域经济协调发展和提升开放型经济水平的最好“助手”。

三

2018年9月，一篇题为《中国私营经济已完成协助公有经济发展的任务，应逐渐离场》的文章在舆论场掀起巨大波澜。近年来，还有人将国家对互联网领域饱受争议的多种垄断行为进行规范演绎为“打压民营经济”，热炒“民营经济离场论”。

为什么改革开放40多年来还会出现这些奇谈怪论？讲到底，是一些人在根子上对民营经济存在认知误区。

比如，有人认为民营经济终归是“资本主义经济”，与国有经济是对立的，会影响公有制的“成色”。对此，邓小平同志很早就指出，不要怕，得益处的大头是国家，是人民。

民营经济是中国特色社会主义市场经济的重要组成部分，发展民营经济，不仅不会动摇“根基”，反而有利于催促公有制经济“强身健体”。从浙江来看，习近平同志早在2006年就指出，“浙江形成了民营经济和国有经济比翼齐飞、相互融合、相得益彰、共同发展的局面”。

目前，在“2022中国民营企业500强”榜单中，浙江企业总数已连续24年居全国首位，而浙江国有经济的表现同样十分抢眼，省国有企业资产总额超16万亿元，发展活力、竞争力和影响力在全国走在前列。

比如，有人骨子里就残留着商人矮人一等的旧思想，认为发展民营经济不过是“权宜之计”，一有“风吹草动”就挑起“国进民退”等争论，将局部现象放大为整体趋势，企图动摇民营企业的发展信心。

对此，习近平总书记在民营企业座谈会上对“民营经济离场论”“新公私合营论”等错误言论予以坚决驳斥，指出“我国民营经济只能壮大、不能弱化，不仅不能‘离场’，而且要走向更加广阔的舞台”。2020年3月底，习近平总书记赋予浙江“努力成为新时代全面展示中国特色社会主义制度优越性的重要窗口”的新目标新定位，其中一个重要方面，就是建设展示坚持和完善社会主义市场经济体制、不断推动高质量发展的“重要窗口”。

当民营经济大省扛起展示“制度优越性”的重担，就是对“发展民营经济不是社会主义经济发展长期方针而是权宜之计”的重重“打脸”。

比如，有人认为民营经济只是企业家的个人财富，不利于实现共同富裕，甚至对“先富带动后富”的政策和“先富”企业家们抱有偏见。

为什么浙江城乡居民人均可支配收入能够分别连续多年居全国各省区第一？为什么外界普遍认为“浙江比较富、比较均衡”？这与浙江市场主体总量超过900万户、每7个浙江人中就有1个创业者是分不开的。“遍地是老板”的浙江历来是中国的“纳税大户”。从全国来看，我国民营经济在GDP中的占比已升至60%以上，贡献了五成以上的税收、七成以上的技术成果以及八成以上的城镇劳动就业岗位。

2021年，中央将高质量发展建设共同富裕示范区的战略任务交给浙江。一位学者这样评论：中央此举从一个侧面表明，中国民营经济绝不是只为企业家服务的“印钞机”，更是社会财富的基础；先富者是可以带动后富者，最终达到共同富裕的。

四

诚然，近年来，在世纪疫情、俄乌冲突、美西方国家快速加息等不利因素反复持续冲击下，我国民营经济发展遇到不少困难，民营企业特别是中小微企业遭遇前所未有的困境，市场预期和发展信心受到较大影响。

有困难，一起面对。在这样的背景下，作为民营经济大省的浙江，通过一系列实实在在的举措，表达出了一种确定和信心：民营企业和民营企业家永远是“自己人”，党委、政府始终是民营经济的坚强后盾，支持民营企业发展丝毫不会动摇。

从中央经济工作会议对稳定市场预期开出的六个“药方”，到新一届浙商大会对民营企业发展给出的“定心丸”，面对发展中的各种不确定性，只要坚持“两个毫不动摇”，营造好“大企业顶天立地、小企业铺天盖地”的一流营商环境，中国经济这艘“大船”就一定能够走得更好、走得更远。

（陈培浩　郑　毅　执笔）

浙江的“改革饭”怎样越吃越香

在浙江办理政务是种什么体验？许多网友亲测之后给出了三个字：没想到。

“没想到连迁户口都可以网上办理了，‘浙里办’属实牛！”

“企业注册线上办，没想到只需要半小时，当场可以下载电子证照。”

办事不求人、透明又方便，成为浙江老百姓和企业主们获得感和幸福感的重要来源。不少人夸浙江：“办事效率嘎嘎高！”

从效能革命到“最多跑一次”改革、数字化改革，再到如今的营商环境优化提升“一号改革工程”……浙江依靠一轮又一轮的改革，让办事少跑腿、不跑腿变成了常态，让社会各界真正享受到吃改革这口饭带来的便捷和舒心。

一

出路出路，谋出去了，总会有路。面对资源的“先天的不足”和“成长的烦恼”，浙江为自己谋了一条发展出路，那就是吃“改革饭”。

在《之江新语》中，习近平同志曾生动地阐述了他的“改革观”：“我们在各项改革中，经常通过试点的方法，取得若干经验后再推广。既然是做试点工作，前人没有做过，就要有‘敢为天下先’的精神，解放思想，大胆地闯，大胆地试，怎么有利于发展就怎么改革；就是要超越原有的体制，从根本上冲破束缚发展的桎梏。”

发展走到哪个阶段，改革就攻到哪个阶段。发展碰到问题，总有改革冲到前面为其开路，不断创造体制机制新优势，为发展保驾护航。对于浙江改革开放走过的道路，习近平同志曾总结：“就是一条在不断克服困难中前进的改革创新之路，就是一段‘发展出题目，改革做文章’的历程。”

《干在实处　勇立潮头——习近平浙江足迹》中记载，习近平同志在浙江工作时，要求给义乌这个“成长快的孩子换上一件大衣服”，破除制约其发展的融资、进出口等多方面的体制机制障碍；在全省推广温州机关效能建设的经验，向一些政府机关的“衙门痼疾”开刀……

吃改革这口饭难度系数不小。它“硬”，不好嚼，要打破旧有格局，冲破既得利益藩篱，克服行事作风的惯性惰性；还得因时因势而变，因为先人一步踏入“无人区”，并无参照物可供参考。

但正是从这口“硬”饭当中，浙江吃出了发展的优势与底气。边走边干，边改边看，浙江这个“小个子”，靠改革进入“找由头”“尝甜头”“有奔头”的发展正循环，逐渐长成了经济发达、活力十足的“大个子”。

二

回顾浙江吃“改革饭”的历程，能够品出几番味道。

喝“头啖汤”。只有敢于走别人没有走过的路，才能收获别样的风景。2006年，面对义乌超常规快速发展面临的新问题，浙江省委、省政府对义乌实行史无前例的扩权，总共下放131项经济社会管理权限，让义乌市政府一时被外界称为“中国权力最大的县级政府”。“义乌模式”成就“世界超市”，如今，“世界义乌”的名声早已深入人心。

义乌，只是浙江改革精神和改革成就的缩影。从农村工作指导员、科技特派员制度到“山海协作工程”，从合作制农业产业化经营到村务监督，从“千村示范、万村整治”工程到美丽乡村建设，从领导干部下访到坚持和发展新时代“枫桥经验”……每一个领域的尝试、每一项事业的突破，都缘于浙江敢做“第一个吃螃蟹的人”、敢啃“硬骨头”、敢涉“险滩”，无论遇到多大困难，都敢为天下先。

做“大众菜”。改革是人民的事业。一方面，浙江的老百姓从不是改革“局外人”，温岭的“民主恳谈”带给社会主义民主新内涵，温州烟具行业协会的“入世第一案”为市场经济体制注入新活力，人民的实践创造不断为改革注入源头活水。

另一方面，老百姓关心什么、期盼什么，改革就抓住什么、推进什么。浙江10多年来坚持为民办实事。不管是老百姓个人办业务，还是企业主开厂办企，浙江不断完善为群众、企业服务的体制机制，为市民和办事企业提供更加贴心、周到的服务，营造“办事不求人”的环境，率先形成了在全国具有示范效应的典型经验。

数据是最硬气的口碑。2022年，省政府民生实事完成率达130.39%，群众总体满意度达99.47%；全国工商联“2022年度万家民营企业评营商环境”中，浙江获得的营商环境满意度总得分在全国各省（区、市）中排名第一，实现三连冠。

尝“辛辣味”。绝大多数改革是要触动利益、打破舒适圈的。许多人认为，浙江在市场化改革、民营经济、城乡协调、绿色发展、社会治理、营商环境等方面走在全国前列，是“优等生”“模范生”。

这些成就并非凭空得来。每一次深化改革，都是对政府自身职能、理念、运行模式的一种重塑。正是在一次次辛辣的改革中，浙江“办事不用求人、办事依法依规、办事便捷高效、办事暖心爽心”和对企业“有求必应、无事不扰”的口碑才得以叫响。

三

很多人说，这个世界上唯一不变的就是变。这话不无道理。

当前，世界之变、时代之变、历史之变正以前所未有的方式展开，中国面临着更逆风逆水的外部环境；推进中国式现代化，浙江如何先行，面临新的更高要求；“后疫情时代”，走在前列的浙江，可能遇到意想不到的困难和挑战。正所谓好吃的肉很多都被吃掉了，剩下的大部分是难啃的“硬骨头”。

大变局对于浙江而言，意味着现阶段改革这口饭怎么吃，又有了新的要求和期待。笔者认为，以下几招很关键。

一需撬动支点。政策倾斜、资金扶持对一个地方的发展固然重要，但所谓的“政策洼地”“资金洼地”总会被市场竞争填平。不容忽视的是，营商环境恰恰是一个地方最具竞争力的核心优势。特别是在冲出疫情重围后，如何让“活下来”的市场主体在池塘里“活得好”，池塘的“水质”很重要。

浙江把营商环境优化提升作为“一号改革工程”，用优化营商环境这个支点来撬动思想观念、领导体制、市场机制、治理方式的全方位变革，政务环境、法治环境、市场环境、经济生态环境、人文环境都求一流。比如政务环境方面，让老百姓“办事不求人”，对企业“无事不扰”；又如市场环境方面，红灯停、绿灯行，人人公平、事事公正等。

二需顺应民意。改革攻坚不是一句口号，红利要让老百姓切切实实体会到、享受到，改革成不成功，群众说了算。所以，浙江的改革是紧盯民生福祉、围绕共同富裕先行示范进行的。比如深化“扩中”“提低”方案，把橄榄球做大做实；又如推进公共服务优质共享，让群众看到变化、得到实惠；再如让民生诉求件件有着落、事事有回音。

三需善利其器。数字化与现代化是连在一起的，数字之“器”是打开发展之“道”的一把钥匙。当前，浙江的数字化改革已经进入实战实效再突破的阶段，作为改革攻坚的主要工具和重要手段，需要在全面贯通、综合集成、建章立制上下更大的功夫，把数字效能转化为治理效能和发展效能。

改革只有进行时，没有完成时。历史的经验告诉我们，改革与发展，从来都不是简简单单的。没有“毕其功于一役”的发展，也没有哪一次改革不历经风雨。

路虽远，行则将至；事虽难，做则必成。大道向前，我们既要做好“斗争”的准备，也要鼓足“闯关”的勇气。当改革一子稳稳地落下去，发展必然能够满盘活起来。

（王人骏　倪佳凯　沈於婕　执笔）

再提"四千"精神有何深意

十四届全国人大一次会议闭幕后，国务院总理李强出席记者会并回答中外记者提问。在谈到民营经济的发展时，他特别提到了当年江浙等地发展个体私营经济、发展乡镇企业时所创造的"四千"精神，即走遍千山万水、说尽千言万语、想尽千方百计、吃尽千辛万苦。

在全世界的眼光都汇聚在此之时，特意点出"四千"精神，足见其分量之重。

那么，经过改革开放40多年，在推动高质量发展、构建新发展格局的今天，再提"四千"精神，深意何在?

一

有人说，精神看不见、摸不着，有点虚。实际上，精神力量是思想、文化、信念、志向、气魄等要素的组合，任何一种精神形成的背后，都凝结着经验、智慧、信心和优势。从发展经济学的角度看，正如法国学者佩雷斯特所指出的，"精神气质"在一个地区的发展过程中起着关键性作用。

回溯改革开放之路，有人说：如果要在大中国的"班级"里评选一个"最快进步奖"，浙江一定位居前列。

40多年前，浙江被称为典型的"三无"省份，在自然资源、国家扶持、政策优惠方面无任何优势可言。当时，浙江土地面积仅占全国的1.1%，人口为全国的3.8%，人均资源拥有量仅相当于全国平均水平的11.5%，居全国倒数第三。短短几十年间，浙江经济总量就从全国十多位跃升到如今的第四位，成为我国经济最发达的省份之一。浙江之所以“能”，既是靠改革开放的时代机遇，也是靠浙江人敢闯敢拼敢干的一股子气、一股子劲。而这其中，“四千”精神就是最令人称道的。

所谓“四千”精神，是指浙江人民在特定历史阶段勇闯改革大潮的一种精神状态。“走遍千山万水”，才能穷尽一切发展的机会；“说尽千言万语”，才能寻求一切合作的可能；“想尽千方百计”，才能找到各种成功的办法；“吃尽千辛万苦”，才能看到风雨过后的彩虹。这些是智慧，也是经验。

想当初，温州民营企业创业时，很多人“白天当老板，晚上睡地板”是常有的事；绍兴很多乡镇企业创办伊始，缺少资金、设备、技术、人才等，广大厂长和供销人员攻克了一个又一个难关；为了解决资金难题，台州人靠“出硬股、打天下”，开了中国股份合作办企业的先河；为了突破技术瓶颈，萧山、慈溪一带乡镇企业聘请“星期日工程师”，让先进理念和先进技术流动起来；在义乌、永康等地，很多人勇闯天涯、四海为家，用“拨浪鼓摇出大市场”，在“五金工匠走四方、府府县县不离康”中把手艺传遍天下。

不忘来时路是为了走好奋进路。“四千”精神虽然只有短短的四句话，却生动反映了浙江人在极其艰苦的条件下筚路蓝缕、披荆斩棘的创业创新历程，这也是中国改革开放大潮中所有民营企业奋发向前、敢拼敢闯的集体写照。

一种精神就是一段历史。今天，我们重温“四千”精神，既是要回望曾经走过的不凡之路，铭记那一段非凡历史，更是要深悟蕴藏其中的智慧和经验，汲取整装再出发的内在力量。

二

精神的主体是人。浙江民营经济“莫名其妙”“不合常理”的成功，是把人的主动性、创造性发挥到了极致。

浙江的家底可谓“又薄又不薄”。说它“薄”，是因为与周边省份比起来，浙江平原少、耕地少，也没有大片的黑土地和原始森林，老百姓靠山靠水根本吃不饱。说它“不薄”，主要在于其历史人文厚重，兼具内陆文化和海洋文化的特点：浙江人不尚空谈，不重形式，灵活多变，勤勤恳恳又敢于创新，人的潜能在地域文化的滋养下得到了“满级”释放，在资源不足的困境中，把“人”变成了最有优势的资源。

有浙江人的地方就有生意，有生意的地方就有浙江人，没有什么能阻挡浙江人把商品卖到全世界。他们不怕生意做得小，只要有得赚，几分几厘也不嫌少；他们不怕路途远，一根扁担也能把货挑到西北的戈壁滩；他们不怕有危险，冒着炮火也愿用脚步丈量世界。只要把人的主观能动性激发出来，什么事情都能做成，一切皆有可能。

正是秉持“四千”精神，浙江的老板们从一个个小生意做起，凭着对市场的灵敏嗅觉，敏锐发现商机、善于把握时机、主动捕捉契机，将“小生意”谈成了“大买卖”、“小商品”汇成了“大市场”、“小作坊”变成了“大企业”，赢得了把生意做遍天下的赞誉。

“四千”精神造就了鲁冠球、步鑫生、宗庆后、徐冠巨、南存辉、李书福等一大批叱咤商海的风云人物，同时也滋养了千千万万个开着小店网店的“草根”老板，书写了浙江民营经济发展的传奇。

可见，“四千”精神是浙江人民不可多得的宝贵精神财富。正如《之江新语》中《不畏艰难向前走》一文所说的，“浙江之所以能够由一个陆域资源小省发展成为经济大省，正是由于以浙商为代表的浙江人民走遍千山万水、说尽千言万语、想尽千方百计、吃尽千辛万苦，正是由于历届党委、政府尊重群众的首创精神，大力支持，放手发展”。

换句话说，不论是一个人的进步还是一个地方的发展，先天禀赋当然很重要，但绝不是决定性因素，人本身才是关键要素。今天，我们回顾“四千”精神，就是要强化改革发展的主体论，最大限度地把人的主观能动性保护好、激发好、运用好。

三

小到个人的工作与生活，大到国家的改革与发展，困难都无处不在、如影随形。

看全球，世界之变、时代之变、历史之变正以前所未有的方式展开，从乌克兰危机延宕发酵，到全球粮食、能源安全问题突出，世界正处在新的动荡变革期。新一轮的技术浪潮和产业变革接踵而至，单边主义和保护主义升温，高新技术“卡脖子”等难题仍横亘在前，各种不确定的风险挑战愈加剧烈。

再看国内，我们仍然是一个发展中国家，处于社会主义初级阶段的国情没有变，经济增长企稳向上的基础尚需巩固，需求不足仍是突出矛盾，民间投资和民营企业预期不稳，一些基层财政收支矛盾较大……

回头看，“四千”精神正是产生于改革开放初期从计划经济转向社会主义市场经济之时。走过那个年代的人都能感受到，尽管改革的春风已经吹进来了，但是计划经济的“惯性”力量仍然是很强大的，这就需要我们用精神的力量打破现实的“囚笼”、冲破思想的“藩篱”。

白手起家、“无中生有”，可以说，浙江民营企业家什么样的风浪没有经历过，什么样的困难没有碰见过。浙江民营经济的崛起史就是一部民营企业家不断激发精神力量，敢为人先、敢闯敢干、敢于胜利的拼搏史。

历史不止一次告诉我们：困难靠躲是躲不开的，靠绕也是绕不过的。现在，我们遇到的困难并不比以前少，难度系数也并不比以往低，反而会更趋复杂、更有挑战。越到冲波逆折处，越需要大力激发精神的力量，一次次打破现实的“囚笼”、冲破思想的“藩篱”。

就像习近平总书记说的，“同困难作斗争，是物质的角力，也是精神的对垒”。拿出新长征的豪情和斗志，不畏困难、保持定力，克难攻坚、闯关夺隘，我们才能在大战大考中“凤凰涅槃”“浴火重生”，在转危为机中打开事业的新天地。

四

虽然现在创业的模式、形态发生了很大的变化，但是当时那样一种筚路蓝缕、披荆斩棘的创业精神，是永远需要的。

可以说，企业家的使命就在于科学应对不确定、积极有为引领创新。有经济学家提出，没有不确定性，就没有经济学意义上的利润，利润是对不确定的补偿。创新是企业家的责任，创新是把发明变成一个对消费者有价值的东西。

当前，面对高质量发展的新时期，企业在考虑自身如何发展壮大、兴旺长隆的同时，也肩负着推进国家经济发展的责任使命。民营企业如何走得更远？“四千”精神无疑是一剂良药。笔者想到了三句话。

第一，商海沉浮，乐观自信的向上精神是最坚韧的“帆”。改革开放以来，浙商能达成今天这番成就，离不开朴素的实干精神，从办乡镇企业到建要素市场，再到建立现代企业制度，经受住一次次的市场洗礼，从无到有、从弱到强，山很高、路很长，但只要肯攀登。今时亦如此，无论面对怎么样的困难和挑战，只要乐观自信的态度还在，筚路蓝缕、披荆斩棘的创业精神还在，民营企业走出家门、跨出国门的发展机会就永远都在。

第二，时势造英雄，风浪当头更要勇做“弄潮儿”。百川赴海、大势所趋。只有顺势而为、借势发力，创业才能成功，企业也可以实现“弯道超车”。当下全球经济领域的“风口”如新一轮科技革命、产业革命和能源革命正兴起波澜，广大民营企业要牢牢把握大势、辩证看待形势，勇敢主动地站在“风口浪尖”，以新思维推动创新的百舸争流，方能再创发展新优势。

第三，登高才能望远，胸怀有多大，未来舞台就有多大。当前，丝绸之路经济带、21世纪海上丝绸之路建设成效愈显，新发展格局也为民营企业提供了更大的平台机遇。若不甘为只能低空飞行的“燕雀”，想成为腾空万里的“鸿鹄”，企业就应进一步拓宽自己的全球化视野，放眼世界、放大格局，把企业发展同国家富强、民族振兴、人民幸福紧密相连，以宽宏如海的胸怀开拓出一片新的发展天地。

（王云长　王人骏　陈培浩　张　俊　执笔）

浙江为何盛产“老板”

在很多人看来，浙江是一个盛产“老板”的省份。

截至2022年，浙江省在册市场主体达943万户。这意味着，每7个浙江人中就有1个老板。

在“2022中国民营企业500强”榜单中，浙江企业独占107席，总数居全国首位。这一纪录，浙江保持了24年。

浙江“老板”，既是登上富豪榜、叱咤商海的风云人物，也是奋斗烟火人生、开着小店网店的平凡面孔，他们有一个共同的名字——浙商。

风高浪急之下，浙商活力不减，敢想敢干敢闯的韧劲从何而来？浙江这片土地，又为何走出那么多“老板”？

一

答案，藏在历史脉络的深处。

天下浙商，独得“天下”二字，绝非偶然。

晋时，宁波“商贾已北至青、徐，南至交、广”。唐代，明州、温州已有著名的贸易港，浙江商人横渡东海，到达日本。南宋期间，临安、明州、温州等还设有市舶司，专管海外贸易。

历史上的浙江商帮，更是打下了轮廓清晰的“天下浙商”样板。

南浔商帮，依赖辑里（南浔镇辑里村）湖丝的出口贸易而走到舞台中央，产品经上海，远销日本、南洋等地，占全国生丝出口的三分之一以上，还在英国伦敦举办的第一届世博会中摘得了一金一银两块奖牌。南浔商人积累的财富，可匹敌清政府一年的财政收入，其中的佼佼者更是被冠以“四象八牛七十二金狗”的称谓。

龙游商帮，视质量和诚信如生命，主营珠宝、刻书贩书、纸张业，不仅活跃在江南、北京、湖南、湖北和闽粤等地，还深入西北、西南等省份，甚至把好口碑带到了日本、吕宋（菲律宾古国）等地。

宁波帮，则更浓墨重彩。孙中山先生给出了这样的评价：“凡吾国各埠，莫不有甬人事业，即欧洲各国，亦多甬商足迹，其能力与影响之大，固可首屈一指者也。”宁波帮，与极负盛名的徽商、晋商比肩，开办了第一家中国银行、第一家华商证券交易所、第一家汽车出租公司、第一家保险公司、第一家房地产公司……

车马缓慢，山海阻隔。当时的浙江人向世界要发展的难度，不亚于针尖挑土、指间起舞，但历经九九八十一难磨砺出的韧劲，如种子一般，埋藏在了这片土地的深处。

二

答案，还藏在“草根”奋斗里。

1978年以来，改革开放的春风唤醒沉睡的种子，一股更为强大的力量喷涌而出。农民穿鞋上岸，文人投笔下海，空气中弥漫着“白天当老板，晚上睡地板”的胆气和冲劲。

21岁的“修鞋匠”说干就干，用辛苦积攒的1.5万元，开启了温州新首富的漫漫商旅。

42岁的中年人也不“躺平”，蹬着三轮车开始商路征程，让娃哈哈家喻户晓。

凭着小小的万向节，万向集团成为全国第一家上市的乡镇企业、第一家进入国务院试点企业集团的乡镇企业、第一家拥有国家级技术中心的乡镇企业。

从“2000元买一勺盐”的教训中走来，传化集团靠一口大缸和一个大锅起家，在化工、物流等领域一路狂飙。

“造车狂人”把“四个轮子加两个沙发”的痴人说梦，变成收购奔驰母公司部分股权、成为其第一大股东的佳话。

类似的故事可谓车载斗量。在缺少顶层设计、没有参考样本的情况下，依靠“民办、民营、民有、民享”，凭借“走遍千山万水、说尽千言万语、想尽千方百计、吃尽千辛万苦”的劲头，千万浙商让“温州模式”“义乌模式”冲向世界，让块状经济活力四射。

全国第一张个体工商业营业执照、第一个农民包机公司、第一条民营控股铁路、第一家股份合作企业等，浙商创造的“第一”还在不断扩容。义乌中国小商品城是全球小商品的“宇宙中心”，绍兴中国轻纺城“布”满全球，全国每三部电视剧中就有一部在横店影视城拍摄……

“6789”，这四个数字一直被用来形容浙江民营经济的贡献——全省60%以上的GDP、70%以上的税收、80%以上的就业、90%以上的企业数量。

他们给市场经济带来彩霞满天，也让所有浙江人坚信，凡人可以不凡，未来的风云人物可能就在身边，也可能就是自己，“无中生有”、点石成金不是神话。

三

答案，也藏在精神绵延里。

党的二十大报告指出，要弘扬企业家精神。经济学家吴敬琏说过，浙江是一个具有炽热企业家精神的地方。浙商，则是承载并展现这一精神的主体。

“商圣”范蠡，不仅是“卧薪尝胆，三千越甲可吞吴”的总设计师，还变身“陶朱公”，倡导顺势而为、伺机而动、公平诚信等经商理念。

东汉哲学家王充、吴越国国王钱镠等，用思辨理论和治国实践，把“务实”二字描摹得浓墨重彩。“浙学”名家陈亮、叶适、黄宗羲等，让工商皆本、义利并举、经世致用等管理思想、经营理念生生不息。

改革开放以来，浙江人“干在实处、走在前列、勇立潮头”。今天，或许已很难用具象的词语来描述浙商精神，且让我们尝试用一些人、一些事去为它作注释。

丽水市莲都区的诚信奶奶，52岁创业、74岁扩张、80岁欠债、91岁还钱，靠摆地摊卖羽绒服还清2000余万元债务。大起大落的人生，因一个“信”字成为一座精神丰碑。

杭州街边的一家面馆，门口写着“当您遇到困难时，可以在这里免费吃上一碗热气腾腾的面”，成为环卫工人、外乡流浪者的避风港。

2020年新冠肺炎疫情发生后，遍布世界的浙商侨商连日奔走采购，向祖国捐赠大量医疗物资，书写了“情系故里、回报桑梓”的动人故事。

创业是一种修行。利润之外，还有更珍贵的信、义、爱。普通老板展现的人文品格和胸怀格局，让浙商精神成为时代注脚的精彩一笔。

四

答案，更藏在脚下的土壤里。

21世纪之初，浙商开始被称为“中国第一商帮”，但繁华背后，隐痛不断。

向内看，产业结构层次较低，价廉物美背后是低端制造，生态环境陷入“污染—发展—再污染”的恶性循环。

向外看，浙商勇闯天涯，国际化路线遭遇反倾销、绿色贸易壁垒等阻碍。

“生意不好做”，浙商的心里回荡着这句话，浙江经济遇上了“成长的烦恼”。

时任浙江省委书记习近平要求“给成长快的孩子换上一件大衣服”，“腾笼换鸟”“凤凰涅槃”“跳出浙江发展浙江”等重要论述引领浙商打开了“浴火重生”的新局面。

2011年，首届世界浙商大会召开之际，经历2008年全球金融危机后的浙江逐渐恢复元气。彼时的浙江“偏科”外向型经济，对外贸和全球经济的复苏依赖较重。

“生意不好做”再次回荡在浙商心中。

浙江持续发力，以“腾笼换鸟、机器换人、空间换地、电商换市”和培育“名企、名品、名家”的“四换三名”工程让浙商逐步摆脱要素瓶颈的制约，开启了下一个十年的高增长。这十年来，杭州城西科创大走廊等一个个科创新高地，梦想小镇、云栖小镇等一座座特色小镇的快速崛起让浙江逐步告别“低小散”的固有成色，开始有了“处变不惊”的底气，数字化改革让浙江实体经济与数字经济“双剑合璧”。

“生意不好做。”世纪疫情袭来，这样的喟叹又成了浙商的内心写照。

同样是一场全球性的大危机，疫情和国际形势导致物流、人流不畅，全球供应链重组带来的断链风险也让浙商面临前所未有的挑战。但当我们翻开浙江企业上市公司的业绩报表，却发现有超过一半的企业依然走在高增长的“快车道”。尤其是在新能源汽车、半导体芯片、高端装备制造这些产业链上，多家上市公司利润增速强劲。

科学技术是第一生产力，创新出击是永恒的破题法宝。

“在手订单超200亿元，订单排到两年后”，这是一家光伏半导体设备制造企业员工发的朋友圈“炫耀帖”。以国内大循环为主体的双循环发展格局和高端装备国产替代的巨大需求，让这些科技型企业“任凭风浪起，稳坐钓鱼船”。在发展的岔路上，选择裹足不前还是选择创新引领，正确答案永远在奋斗者手中。

2022年12月初，一支由政府部门带队的商务团包机从浦东机场出发，开启为期6天的欧洲“抢订单之旅”。还有去日本、中东、东南亚的一系列“外贸抢单之旅”正在紧锣密鼓地进行。伴随着疫情好转收尾，各级政府部门千方百计为浙商企业“海外抢单”提供便利，抢回失去的三年。

相似的困境反转，相似的绝地反击。寒意虽未完全散去，但下一个万物生长的春天已扑面而来。

“都，是勇敢的……谁说站在光里的才算英雄？”无数默默无闻的“草根”浙商深深扎根、向上生长，以坚韧的姿态度过了一个个寒冬，迎接春天。

一山翻过一山拦，困难不会削弱斗志，只会增强韧劲。敢喝头口水，勇闯无人区，浙商的路，浙江的路，永远是走出来的。

（徐伟伟　陈晓燕　蒋盈盈　虞仕乐　杨　昕　执笔）

浙江的“生意经”是怎样念的

民间有句流传很广的话：“天下事，义乌知。”凭借发往世界200多个国家（地区）的40万种商品订单，义乌小商品的出货动向能够敏锐地反映出国际局势和世界经济的风吹草动。比如，2016年美国大选中，根据候选人的物料出货量变化，提前预测了特朗普的爆冷胜出；2022年卡塔尔世界杯上，根据各国周边产品出货量“义乌指数”，再次预测准了冠军花落阿根廷。

小小义乌何以把生意做遍全世界？习近平同志曾用12个字精准概括这一神奇现象，即“莫名其妙”“无中生有”“点石成金”。这既是对浙江经济发展的精辟见解，也是对浙江改革创新精神的生动注解。

一

先说“莫名其妙”。浙江这片土地天生就“自带”创业基因，浙江人的“生意头脑”不是后天培养的，而是根植于骨子里的先天“冲动”。

习近平同志曾总结浙江经济是“三老”经济，即“老祖宗”经济、“老天爷”经济、“老百姓”经济。浙江自古以来就有工商皆本、义利双行的文化传统，广大民众有强烈的自我创业欲望和浓厚的商品经济意识。在这种软环境下，浙江发展商品经济的“自驱力”很强，容易不断探索出新的经济模式、萌发出多种商业业态。

这种风气也潜移默化地影响了浙江的政商关系。浙江尊重群众的首创精神，善于把人民群众中蕴藏着的智慧和力量激发出来，形成了民营经济活跃、市场机制灵活、政府管控适度的体制机制优势。

但是，当经济社会发展到一定程度，既有优势可能会削弱甚至失去，还会碰到新的困难和障碍。21世纪初，浙江在奠定经济大省“江湖地位”的同时，也遇上了“成长的烦恼”：经济发展快但体制机制保障跟不上，就像孩子成长太快而衣服太小，反而制约了成长；能源资源极度紧张，陷入“正在生产的缺电，正在建设的缺钱，正在招商的缺地”的尴尬局面；产业结构层次较低，低端制造不但污染环境，还频频遭遇同质化的恶性竞争。下一步的路该怎么走？人们期盼一个穿透迷雾的战略、制胜未来的打法。

时任浙江省委书记习近平提出“八八战略”，鼓励具有先天市场属性的民营经济发展，主动接轨大上海、融入长三角，跳出浙江发展浙江，加快浙江块状特色产业发展等，打通了浙江发展的“任督二脉”，各种市场要素重新焕发生机和活力，浙江经济打开了新局面。

在“八八战略”指引下，浙江不断创新制度供给，从审批标准化改革、“四张清单一张网”改革、“最多跑一次”改革、数字化改革，到三个“一号工程”，一系列改革创新将“自上而下”的顶层设计和“自下而上”的基层探索相结合，为经济发展注入源源不断的动力和活力。

二

再说“无中生有”。浙江在缺乏区位、资源、政策等先天优势的情况下，正是凭借人民首创精神、依靠民间“草根”力量创造“市场魔术”，在夹缝中闯出自己的生存发展空间，造就“无木成林”的奇迹。

比如，嘉兴平湖不产羽绒，却产出全国一半以上的羽绒服；桐乡不出羊毛，却有全国最大的羊毛衫市场；仙居农民走出大山，从全国各地乃至越南、俄罗斯回收含银废料废液，以回收加工和交易白银在国内享有盛名；不产油的舟山，却选择在油上做文章，聚焦油气全产业链，优化大宗商品投资便利化、贸易自由化，走出了一条“无中生油”“聚气发展”的差异化、特色化发展道路……在浙江各地都不乏这样的“市场神话”，造就了引人注目的“零资源”现象。

有人说：“无中生有，就是解放思想，敢想敢干，说干就干，干就干成。”凭着一股闯劲，敢做前人没有做过的事情，敢做别人不敢做的事情，没有资源就“借”资源，没有市场就“育”市场，浙江人始终把主动权掌握在自己手里，在越来越多的领域开始领跑，在越来越多的“无人区”留下第一个脚印。

前些年热播的电视剧《温州一家人》中，13岁的女孩周阿雨身无分文到意大利，经过艰苦打拼，最后成为一名成功的富商。这是改革开放之初浙江人为生计所逼迫，赤手空拳闯荡世界、创造财富的生动写照。

在习近平同志“跳出浙江发展浙江”“浙江人经济”等理念引领下，浙江始终坚持走开放型发展的路子，一批批浙商走出国门，以更加自信的面貌走向世界舞台，解锁出了更多“无中生有”的新打法。

比如，2010年，吉利控股收购沃尔沃，被行业戏称为“小弟”迎娶“白富美”，紧接着又相继收购英国百年企业锰铜公司、马来西亚民族汽车第一品牌宝腾汽车、美国Terrafugia飞行汽车公司，接二连三地迈出跨国并购的步子。又比如，正泰集团、巨石集团等民营企业在世界多地设立全球研发中心、物流中心、国际子公司，主动参与全球市场资源配置，实现了“本土企业”向“世界企业”的转型。

三

如果说“无中生有”是各类块状经济、专业市场、产业集群从无到有、从“0”到“1”的过程，那么“点石成金”就是从“1”到“100”的指数裂变，是有中生优、优中做强的产业迭代升级。

步入21世纪，受要素瓶颈制约，一些企业被逼到了生存边缘，“增长的极限”拷问着浙江这片发展的热土。在这一背景下，习近平同志提出“腾笼换鸟”“凤凰涅槃”，坚定不移地推动经济结构的战略性调整和增长方式的根本性转变。他在《之江新语》中写道：“从被‘倒逼’转向主动选择，逼出了‘腾笼换鸟’、提升内涵的新思路，逼出了‘借地升天’、集约利用的新办法，逼出了节能环保、循环经济的新转折，从而用‘倒逼’之‘苦’换来发展之‘甜’，争取实现‘凤凰涅槃、浴火重生’的新飞跃。”

所谓“腾笼换鸟”，并不是简单的小鸟换大鸟，也不是一味淘汰传统的工业企业，而是按照统筹区域发展的要求，积极参与全国的区域合作和交流，为浙江产业结构升级腾出发展空间；并将“走出去”与“引进来”相结合，引进优质的外资和内资，促进产业结构的调整，弥补产业链的短项，对接国际市场，培育新的经济增长点。

所谓“凤凰涅槃”，就是要拿出壮士断腕的勇气，摆脱对粗放型增长的依赖，大力提高自主创新能力，建设科技强省和品牌大省，以信息化带动工业化，打造先进制造业基地，发展现代服务业，变制造为创造，变贴牌为创牌，实现产业和企业的“浴火重生”“脱胎换骨”。

遵循这一思路，浙江一手加快先进制造业基地建设，一手淘汰落后产能，倒逼企业走上转型升级之路。同时，顶住各种压力，立下“生态立省”的规矩，主动把经济增长速度换档期当成结构调整的重大机遇期。

铅酸蓄电池产业在长兴一度遍地开花，造成严重环境污染，天能集团率先进行绿色转型，不断迭代高新技术和先进工艺，从一家山坳里的村办企业发展成为中国新能源电池行业的领军企业。“皮革之都”海宁把泛半导体产业作为经济社会发展新的增长极，主动走进“芯时代”，2022年全市有泛半导体产业规模以上企业129家。

在从落后的农业经济向先进工业经济、数字经济转化的过程中，一家家创新型科技企业、一个个新兴产业园区如雨后春笋般生长壮大，铸就了浙江经济在疾风骤雨中破浪前行的底气。

在浙江，三次产业比例由2002年的8.6：51.1：40.3调整为2022年的3.0：42.7：54.3，进入以服务业为主体的发展阶段。2022年，以新产业、新业态、新模式为主要特征的“三新”经济增加值占GDP的28.1%。在全国工商联发布的“2022中国民营企业500强”中，浙江上榜企业数为107家，连续24年蝉联全国第一。

浙江发展的活力源于“民”、兴盛得于“民”、潜力在于“民”，浙江民营经济在改革开放初期写就了从无到有、荡气回肠的创业史，在“八八战略”科学指引下绘就了从小到大、华丽蝶变的飞跃史，在新时代新征程上开启了从多到强、乘势腾飞的奋进史。

未来，浙江经济还将续写怎样的新辉煌？我们翘首期盼。

（杨　昕　执笔）

“两只手”如何“强强联手”

2022年底，在优化调整疫情防控措施的第一时间，浙江政府带领商务团队包机出海抢订单。春节假期刚过，“起跑就是冲刺”的浙江人立马又踏上了“千团万企拓市场抢订单”的行程。

大家可能都听说过“两只手”的比喻：市场是“看不见的手”，政府是“看得见的手”。组团抢订单可以说就是“两只手”的一拍即合。而这样的配合，一直贯穿浙江经济发展壮大的全过程。

浙江之所以能在有限的资源基础上，一次次创造经济发展的奇迹，离不开市场与政府的通力配合。当下，浙江站在高质量发展的新起点上，“两只手”又将如何“强强联手”？

一

“强强联合”，首先得弄明白这“两只手”分别如何发力。

习近平总书记曾说：“在社会主义条件下发展市场经济，是我们党的一个伟大创举。我国经济发展获得巨大成功的一个关键因素，就是我们既发挥了市场经济的长处，又发挥了社会主义制度的优越性。”

当然，社会主义市场经济体制不是简单地将市场经济“嫁接”到社会主义制度上，而是要让两者扬长避短，既发挥市场的有效性，规避市场的风险，又发挥政府的宏观调控职能，做到“有求必应、无事不扰”。

先说说市场，这只“看不见的手”根据供需关系对社会资源进行有效分配，通过优胜劣汰在无形中推动经济结构的优化升级。

曾经有不少学者将浙江的发展模式称作“中国式新古典工业化模式”“自发秩序模式”，还有人将浙江经济称为“老百姓”经济，这些并不是说党委、政府是无所作为的，而是强调浙江尊重群众首创精神，推进市场取向改革的力度大、效果好。这些年来，杭州被誉为“电商之都”，跨境电商行业不断升温，至2022年，跨境电商卖家数已达到5.2万家，规模2000万元以上的跨境电商品牌企业达411家，这也反映了市场体系演进的自发性。

当然，市场也有“失灵”的时候，全球性的金融危机一次次地警示我们，市场并非万能，而西方国家愈演愈烈的贫富差距更是告诫我们，如果看不到市场的局限性，极可能引发经济波动甚至危机、通货膨胀、分配不公等问题。在关键时刻，政府这只“看得见的手”，就可以通过具体的政策对市场进行宏观调控，承担起经济调节、市场监管、社会管理等职能。

近几年，中美贸易摩擦、世纪疫情都对我国经济造成严重冲击，特别是新冠肺炎疫情发生以后，全国都面临需求收缩、供给冲击、预期减弱三重压力。危急关头，国家出台了一系列助企纾困政策，为市场主体渡过难关赢得时间、创造条件、鼓足信心。

比如，浙江在2022年初出台“5＋4”稳进提质政策包，第一时间承接落实国家稳经济一揽子政策，为市场主体减负4000亿元以上、减轻企业和个人缴费负担440亿元、国有单位减免房租82亿元、惠及小微企业和个体工商户30.2万户……用真金白银帮助市场主体应对冲击、提振信心。

在经济社会发展中，信心堪比黄金。市场与政府的配合，就像用“两只手”共同呵护发展的信心。

二

看一个地方经济发展得怎么样，一个重要因素就是看市场与政府配合得好不好。

有人说，浙江对待民营经济发展的态度是“你负责茁壮生长，我负责阳光雨露”。

走在改革开放前沿的浙江，最先迎来民营经济发展的浪潮。温州商人白手起家，用“走遍千山万水、说尽千言万语、想尽千方百计、吃尽千辛万苦”的“四千”精神，一步步将企业做大做强。就像人们说的：“世界上凡鸟儿能飞到的地方，便有温州商人的足迹。”

而浙江民营经济的发展，始终离不开政府改革的助力。早在1980年，温州姑娘章华妹领到了中国改革开放后的第一张个体工商业营业执照，曾经“投机倒把”的小生意经营者第一次有了合法的身份。1983年，温岭牧南工艺美术厂拿到了“社员联营集体”营业执照，成为全国首家股份合作制企业。浙江还诞生了第一座农民城、第一座特色小镇、第一批专业市场……

在许多个发展的十字路口，浙江总能给奋力奔跑的市场主体提供发展所需的政策环境。

《干在实处　勇立潮头——习近平浙江足迹》写道，在2000年初，许多民营企业家仍然觉得自己理不直气不壮。各种质疑伴随着浙江民营经济的发展，一直咄咄逼人。

面对这种情况，习近平同志在多个场合高度肯定浙江民营企业对浙江经济和全国经济作出的巨大贡献。2002年底，习近平同志就曾表示：“浙江最大的优势是民营经济先发优势，我一直在考虑，怎么把这个优势发挥好。”

2003年7月10日，习近平同志在省委十一届四次全体（扩大）会议上明确指出：“正因为多种所有制经济在市场竞争中相互促进，共同发展，才形成了我省的体制机制优势。”

体制机制优势可以说是促进浙江经济发展的“牛鼻子”。“八八战略”中，第一条讲的就是体制机制，就是“两只手”的问题。正是在这一顶层设计的指引下，浙江充分释放市场活力，让市场主体可以“撸起袖子放手干”，同时政府又敢于“给成长快的孩子换上一件大衣服”。

比如，在习近平同志的亲自推动下，2006年浙江对义乌实行史无前例的扩权，总共下放131项经济社会管理权限。义乌市政府一度被外界称为“中国权力最大的县级政府”。此后，义乌小商品市场经过了多次迭代升级，市场管理部门的改革也始终如影随形，共同成就了今天“买全球、卖全球”的世界超市。

当然，政府也在下更大的“一盘棋”。比如，实施“山海协作工程”，出台政策推动山区26县发展；打造特色小镇，在四大都市区推出了四条科创走廊，集聚了更多发展要素；积极推进长三角高质量一体化、共建“一带一路”；等等。

“两只手”不是一成不变的理论，而是在实践中不断“强强联合”。随着时代发展，浙江的“两只手”在一次次共同应对危机、共同寻求突破的过程中，活动更加灵活、配合更加默契。

三

习近平总书记指出：“在市场作用和政府作用的问题上，要讲辩证法、两点论，‘看不见的手’和‘看得见的手’都要用好，努力形成市场作用和政府作用有机统一、相互补充、相互协调、相互促进的格局，推动经济社会持续健康发展。”

就在2023年全省“新春第一会”上，浙江明确将以更大力度实施数字经济创新提质“一号发展工程”、营商环境优化提升“一号改革工程”、“地瓜经济”提能升级“一号开放工程”。发展、改革、开放，三个“一号工程”说到底也是围绕“两只手”的问题展开的。

就拿营商环境优化提升“一号改革工程”来说，浙江是民营经济最活跃的省份之一，优化民营企业营商环境始终是浙江的任务之一。2023年浙江省政府工作报告指出，力争全年为市场主体减负2500亿元以上；深化“减证便民”行动，努力实现市场监管、税务、经信、商务、财政等企业年报“多报合一”；消除市场准入壁垒……“看得见的手”推一把，就是为了让市场更活更有生机。

尤其是2023年3月1日，《浙江省促进中小微企业发展条例》正式实施，让“草根经济”感受到了更暖的阳光。

市场与政府的“联手”是一个动态的过程，需要随时发现新问题、随时拿出新解法。当前，经济发展的三重压力还未完全缓解，市场体系不完善、市场规则不统一、市场竞争不充分等问题也还存在，如何更好激发经济发展活力、提高资源配置效率，都需要继续探索。

在全力拼经济的当下，面对各种困难，“两只手”还要握得更紧，手拉手向前走。

（季　方　执笔）

“无中生有”的江湖传奇还有续集吗

所谓“城市”，“城”与“市”总是相伴而生。

御敌筑墙谓之“城”，买卖之所谓之“市”；“城”更多指向行政功能，“市”则发挥经济功能；“城”强调守护秩序，而“市”则孕育着发展活力。《木兰诗》里“东市买骏马，西市买鞍鞯，南市买辔头，北市买长鞭”，反映的便是城市内的活跃市场。

经济形势好不好？逛逛市场便知道。专业市场作为专门经营单一商品或某一大类商品的商品交易市场，是人流、物流、资金流、信息流的重要枢纽，常被视作商品经济的“晴雨表”“风向标”。

浙江虽是资源小省，却是名副其实的市场大省。在改革开放大潮里善泳的浙江人，凭借走南闯北、敢为人先的胆识和敏锐的商业嗅觉，练就了一身“无中生有、点石成金”的本事。永嘉桥头纽扣、嵊州领带、永康五金……形形色色的专业市场，唤起了城市的商业觉醒，也积累起城市发展的“第一桶金”。

一

浙江的专业市场有多强？通过一组数据感受一下：截至2022年底，浙江2813家商品市场的年成交额超2.14万亿元，占全省GDP的四分之一，就业人数占全省的比重超五分之一。在2022年公布的中国商品市场综合百强榜单中，浙江占据33席，在前10强中牢牢占据4席，义乌小商品市场更是连续27年蝉联榜首。

浙江的专业市场何以能独领风骚数十年？离不开三大要素。

第一，具有完备的产业链条。有人曾用鸡和蛋的关系来描述浙江专业市场与块状产业集群的关系，两者互相成就，促使浙江经济充满活力。早期的专业市场多以一条街两排屋的形态出现，临街开店，屋后就是家庭工厂，这种经营模式在20世纪八九十年代盛极一时。它最大的优点便是船小好调头，能敏锐感知市场需求并作出调整，在应对市场需求方面可以说得上是得心应手、游刃有余。

第二，以改革创新添动力。正是用好用足了改革这个关键一招，才让浙江的专业市场不断开辟新战场、打开新空间，生命值爆棚。比如，绍兴中国轻纺城在20世纪90年代初就大胆推进现代企业产权制度改革，成为全国第一家以大型批发市场为依托的股份制企业，1997年企业上市成为“中国专业市场第一股”。又如，21世纪初期，义乌小商品出口剧增造成监管难、通关难，杭州海关便创新“小商品实施特殊监管模式”简化程序，为市场主体开辟申报绿色通道。

第三，最重要的因素当属敢闯敢拼的浙江人。浙江没有什么资源，最大的财富就是浙江人。从“十万供销员跑市场”到“千万浙商行天下”，这群被称为“蚂蚁雄兵”的个体户，证明了人的创造力和能动性一旦被激活，就能把自身变成最大的资源。身怀十八般武艺的浙江市场人，被戏称为“不懂生产的设计人员不是好销售”。也正是在江湖的“打打杀杀”中，浙江人逐步练就了先人一步及时发现需求、主动创造需求和精准对接供需的灵活打法。

正如习近平同志所总结的：“通过大量发展各类专业市场，解决个私企业商品流通和资源配置的问题，依托各类市场大力培育和发展区域块状经济，形成了企业的集聚效应，形成了浙江个私经济、专业市场和区域块状经济三位一体的鲜明特色和明显优势。”

从“一无所有”到“无中生有”再到“无所不有”，浙江就是在坚持“三位一体”的特色优势中不断演绎着专业市场的辉煌。

二

谈到专业市场，义乌是一个绕不过去的传奇。义乌是一座建在市场上的城市，从改革开放初的湖清门小百货马路市场到“一带一路”重要支点，义乌历经六代市场更迭，在边争论、边发展、边繁荣中一步步成长为如今“买全球、卖全球”的世界超市。

有人好奇，小商品门槛低、附加值低，是专业市场竞争的红海，但40多年来，为何每逢转型的节点，义乌总能成功“闯关”，做出正确选择？大浪淘沙，为何唯独义乌仍勇立潮头，成为全国改革开放的一面旗帜，乃至成为向全世界展现中国市场魅力的“重要窗口”？

没有平白无故的成功。义乌的光环不是“幸存者偏差”，偶然之中存在必然。

正如习近平同志所说的：“缺乏自然资源，缺乏工业基础，缺乏外资推动，缺乏优惠政策的义乌看似‘莫名’发展起来，其实是有‘其妙’的！”以持续改革破解发展难题，就是义乌奇迹背后的密码。

作为改革开放的典型，义乌的发展最初被总结为“义乌模式”，但习近平同志强调，所谓的“模式”就固定不变，改革创新是无止境的。他说应该叫“义乌经验”。

义乌是吃“改革饭”长大的。在改革开放之初，从基本县情来看，义乌人多地少，资源贫瘠，是被称为“一条马路七盏灯，一个喇叭响全城”的贫困县。但改革开放为义乌的发展注入了活水，特别是习近平同志到浙江工作之后推动实施“八八战略”，充分激活了义乌人的创新创业精神。

从此，义乌便在“无中生有”的路上“一发不可收拾”：“无中生有”地形成了进口出口、线上线下、境内境外融合的大市场，“无中生有”地打造了“世界光明之都”、绿色动力小镇的大产业等，创造了一系列新奇迹。

改革从来不等人，机会来了必须牢牢抓住。只有通过量体裁衣式的持续改革，给成长快的孩子不断换上合身的“大衣服”，才能使其跑得更快、跳得更高。

放眼浙江，我们的专业市场从无到有、从弱到强，自始至终都是改革主导下的“有为而治”。有效市场与有为政府的有机结合，产生了“1+1>2”的效应，这就是“敢为天下先”的体制机制的优势所在。

三

花无百日红。市场瞬息万变，昨日先人一步，转身就可能落于人后。

先发者要承担“领先成本”，也易造成“先发劣势”。国内的专业市场在2012年前后发展到顶峰，然而十年来的产业转型、城市化加速演进、互联网移动电商冲击等各种因素叠加，让大量专业市场遭遇洗牌，被淘汰出局。

在变革的十字路口，是作为“夕阳业态”被时代大潮所淹没，还是“浴火重生”并蜕变出新模样？一场场生存突围战后，浙江专业市场的传奇能否继续?

时间不语，但已给出答案。

与其被动应战，不如主动出击。早在2013年，当外界认为电子商务将使专业市场快速走向消亡时，浙江就以“电商换市”的魄力与行动作出选择，构建起行销全球的浙货网络销售体系，电商专业村、电商直播基地引领全国之先。

跨境电商的风口就始于浙江，浙江率先实现跨境电子商务综合试验区省域全覆盖。各大实体市场搬到云端，云采洽、海外分市场、海外仓、代参展等一批新业态纷纷涌现，主动拥抱新市场、新零售、新平台、新模式，在疫情重压下不少专业市场出口仍获得逆势增长。从发展空间看，国内超大规模的市场需求蕴藏着无数的新机遇新赛道，而专业市场在畅通国内国际双循环中扮演着不可替代的角色。

与此相对，传统线下市场的改革也在迭代升级。以现代信息技术应用和互联网融合为抓手，专业市场数字化建设不断加速，直播电商、区块链溯源、知识产权“上云”、数字监管系统等数字化改革，以及后备箱集市、品牌快闪、主题音乐节等新消费场景变革，支撑起商贸流通旧业态向产业生态圈和消费生活圈转型。

以柯桥中国轻纺城为例，2022年，市场内注销经营主体3630家，新增却达到6262家。专业市场复苏的信号不断释放，900多万浙江市场人的信心正在回归，证明专业市场不仅没有消亡，反而大有可为。

（沈於婕　执笔）

“改革热土”如何重振雄风

每过一阵子，自媒体上就会流传一些关于“温州衰落”的文章，主题包括“已久不上头条，温州去哪里了”“温州大溃败”“中国最失落十座城市”等。

还有一些人热衷于炒作温州话题，把产业“低小散”、实业“空心化”、资金“热钱化”、资产“泡沫化”这些标签强贴到温州身上，以此来证明那个盛极一时的“温州模式”衰败了、过时了。

曾经引领中国市场化改革的“温州模式”真的走到头了吗？历史上的温州靠创新打拼天下，那么前进路上又该靠什么？

一

一提到温州，外地人脑子里第一印象就是“有钱”。特别是20世纪八九十年代，温州是神一般的存在。有人把温州看成中国的曼哈顿、耶路撒冷，把温州人比作东方犹太人。

1978年的温州，可谓“三少一差”：收入少，农民人均收入远低于全国标准；耕地少，人均耕地面积不足全国人均的三分之一；资源少，老百姓连温饱问题都解决不了；交通差，沿水路出海曾是温州人被迫选择的生存出路，正如温州人自己说的：温州只有“水”路一条（“水”在温州方言里音同“死”）。于是，做生意成了温州人最后的出路。

20世纪80年代，著名社会学家费孝通先生在温州调研考察时发现，温州走了一条与众不同的发展路子：家家户户做生意，人人争相当老板。全国各地穿的服装、皮鞋、皮革等，日常用的打火机、眼镜、纽扣、拉链等，很多都是温州制造。温州小小的家庭手工业，竟打开了全国性的专业化市场。

这种遍地经商的经济模式与苏南地区为大工业配套服务的模式完全不同，与珠三角地区广泛利用外资发展的模式也有很大差异，于是费孝通先生结合调研情况，率先提出这是“小商品、大市场”的“温州模式”。

二

温州是靠创新发展起来的。靠着创新，形成了“深化改革看温州”的阵势，塑造了“创业创富在温州”的胜势，做大了“内外融通数温州”的优势。

这种创新是自下而上、全员上场的“全民性创新”。民营经济说白了也叫“老百姓”经济，在我国有“56789”的说法，即贡献了50%以上的税收、60%以上的GDP、70%以上的技术创新成果、80%以上的劳动就业，还有90%以上的企业数量。但这一数据在温州是“99999”，这些指标都在90%以上。

这种创新是敢为人先、大胆突破的“示范性创新”。在中国改革开放史上，温州创造出了太多的“第一”：全国第一张个体工商业营业执照、全国第一家股份合作企业、全国第一个私人钱庄、全国第一座农民城、全国第一个农民包机公司、全国第一个跨国农业公司……费孝通先生评价温州：“不甘落后，敢为天下先，冲破旧框框，闯出新路子，并且不断创新。”

这种创新是不吝做小事、善于谋实事的“务实性创新”。在温州人看来，只要能赚钱，再苦再累都可以。很多企业家是靠补锅、修鞋、弹棉花起家的。在创业之初，他们穿行于全国各个城市的大街小巷，用当地人听不惯的口音吆喝。很多人看不起他们，觉得修一双鞋、补一口锅赚几毛钱没出息，但他们不以为然，默默地承受着世俗的眼光，踏踏实实地挣钱。

温州是改革开放先行区、民营经济重要发祥地，创新始终是贯穿温州发展的一条主线。温州凭着艰苦奋斗、创业创新走出了一条具有鲜明特色的发展路子，温州和温州人也成了浙江的“金名片”。

三

今时今日，温州依然是改革创新的开路先锋。

浙江省第十五次党代会报告对于温州的城市定位，有这样一句描述：支持温州提升“全省第三极”功能。这释放出一个信号，温州作为“浙江第三把交椅”的地位还是稳的。

事实上，温州的发展动能依旧在。从数据上看，2012—2021年的十年间，温州全市GDP翻了一番，2021年达到7585亿元，城镇居民、农村居民人均可支配收入分别从3.48万元提高到6.97万元、从1.47万元提高到3.58万元，城市综合实力排名从全国第37位上升到第30位，连续四年获得“中国最具幸福感城市”称号。

而面对标兵渐远、追兵渐超的发展态势，温州正在下大决心，拿出魄力应对产业结构升级带来的阵痛。比如，温州实施“双轮驱动”战略，除了立足传统产业优势，培育鞋业、电器、服装等一批千亿元产业集群，还在新能源、数字经济、生命健康等新兴产业上进行布局。2023年4月，就有12个总投资超1200亿元的新能源产业重大项目集中签约落户温州。

只要保持“闯”的劲头、“拼”的精神、“创”的勇气，只要创新的火花依旧在，就不能断然下结论说“温州不行了”。

习近平同志在浙江工作期间，曾在不同场合介绍温州。

2006年5月，习近平同志到美国访问，在美国肯恩大学即席讲话时，他特别讲了温州人这个群体。他说，在国外，浙江知名度比较高的有四个地方：一是部分人知道有个杭州西湖，二是部分人知道有个宁波港，三是不少人知道有个义乌小商品市场，四是大多数人都知道温州人。

担任浙江省委书记期间，习近平同志先后23次到温州调研指导工作。他对温州寄予了很高的期望：“我对温州有一个很大的希望，就是希望温州把这部创新史继续写下去，探索新的规律，创造新的业绩，写出新的经验，为全省带好头，也为全国作示范。”

“续写创新史”的殷殷嘱托，是温州“决胜未来”最宝贵的财富。

四

“温州模式”是历史的，但又是现实的。必须正视的是，温州的创新发展确实还存在一些短板和不足，比如经济体量还不够大，新动能培育引进不足，人才和创新支撑仍需持续强化，民营经济和温州人经济优势发挥还不充分，等等。

任何发展方式都会碰到瓶颈，这是不可改变的事实，但关键在于：经济内生动力在哪里？活力还有没有？

“坚持创新在我国现代化建设全局中的核心地位”“创新是第一动力”，这是党的二十大报告对“创新”的定位。

温州要发展，要靠科创带动。作为浙江“前两极”，杭州聚力打造“数字经济第一城”，宁波大力发展智能制造。温州续写创新史，不可能还停留在40年前的“温州模式”，高质量的教育体系、高能级的创新平台、高素质的人才队伍才是“杀手锏”。要做长民营经济这块长板，努力让更多的“新生代温商”成为续写创新史的主角，让更多的“温州制造”向“温州创造”转变。

温州的每一次突破，都得益于全球视野。改革开放以来，250多万在外温州人在全国建立了268家异地温州商会，相当于在温州之外再造了一个温州。如何把人的优势发扬为创新的优势、发展的优势依然是一个大课题。既要保持“跳出温州看温州，着眼全球发展温州”的气魄，又要有“来了就是温州人”的胸怀，让更多的温州人成为创新创业的“先行军”。

文化是灵魂，是区域发展最重要的精神力量。温州人敢想、敢干、敢闯、敢为人先的精神源远流长。南宋时期，在温州地区兴起的永嘉学派倡导经世致用、反对空谈性理，其义利并重的价值观念和工商皆本的文化思想，熏陶并影响了一代又一代温州人。守好用好温州的文化资源，深入发掘以永嘉学派为代表的千年瓯越文化，把传统文化的魅力转化为全民创业创新的活力，这也是“温州模式”突围的关键打法。

总之，温州能否再燃激情、再展雄风，再创新辉煌、再谱新篇章，取决于温州能否写好创新史。唯有牢记嘱托，方能行有所成。

（王人骏　执笔）

03

立足浙江发展浙江，跳出浙江发展浙江

从“地瓜理论”看开放提升

习近平同志在浙江工作期间，曾阐释过著名的“地瓜理论”：地瓜的藤蔓向四面八方延伸，为的是汲取更多的阳光、雨露和养分，但它的块茎始终是在根基部，藤蔓的延伸扩张最终为的是块茎能长得更加粗壮硕大。

用藤蔓与块茎的关系，习近平同志把“地瓜理论”蕴藏的哲学智慧明明白白地摊了开来：藤蔓的延伸是一种开放的手段，块茎能长得更加粗壮硕大则是开放所要达到的目标。

地瓜的生长如此，一个省份的成长亦如此。2023年全省“新春第一会”就部署深入实施“八八战略”，强力推进创新深化、改革攻坚、开放提升。省委领导强调，要加快打造高能级开放之省，实施“地瓜经济”提能升级“一号开放工程”。

对于一直靠打“开放牌”、走“开放路”成长起来的浙江来说，重温习近平同志阐释的“地瓜理论”，能更深刻地理解：什么叫“跳出浙江发展浙江”，如何才能在新的时代浪潮中获取源源不断的强劲动能，把开放进行到底。

一

春节假期，很多人的工作被按下了暂停键，然而“义新欧”中欧班列仍在驰骋。据报道，大年初一，兔年首趟“义新欧”中欧班列就从浙江义乌铁路口岸启程，经过内蒙古满洲里口岸出境，前往莫斯科。目前，“义新欧”

中欧班列已辐射欧亚大陆50多个国家和160多个城市，服务能力跻身全国前三，成为长三角区域对外主要国际铁路物流通道。

有人曾比喻道：“义新欧”班列飞驰于欧亚大陆，往来于国与国之间、民族与民族之间，以一万里征途为纬，编织出一条北半球的金丝带。

对浙江人来说，“义新欧”班列的意义不只是“带货”多少、利润怎样，更重要的还在于两点：一是把我国供应链整合嵌入欧亚大陆的供给体系；二是依托商贸先行，向外传播中华文明的无穷魅力，推动构建文化交融、民心相通的命运共同体。

“挡不住的浙江潮，难不倒的浙江人。”浙江地处东南，浩瀚无垠的大海孕育了浙江人开阔外向的心态和敢在大海大洋中搏击的弄潮儿精神。

有资料显示，早在300多年前，浙江青田人就不远万里到俄罗斯卖青田石雕和茶叶，还跨过西伯利亚大冰川到西欧做生意。在清朝末年，浙江宁波有一批人来到当时刚在“小渔村”基础上扩建起来的“小上海”经商或搞建设。不久，“闯上海”的宁波人就达到40多万人。

改革开放后，随着国门快速打开，一大批浙江人漂洋过海到外国闯荡，有的去开餐馆，靠一把菜刀打天下；有的去做生意，以一双皮鞋赚大钱……总之，浙江人靠自己的智慧与技艺闯世界。

进入21世纪，尽管浙江经济社会快速发展，综合实力明显增强，但原有的一部分优势逐步弱化甚至消失，面对产业升级的动力不足、企业发展的张力有限、要素制约和资源环境的压力倍增，需要寻找新出路、拓展新空间。

习近平同志非常敏锐地感知到了这一点。《习近平在浙江》一书中写道：当时浙江面临的一个问题，就是如果有企业要去外地办企业，有些地方政府就会把留在本省的该企业税收提高，之前给的各种优惠政策也会取消掉，说到底还是不想让企业离开本土。面对这样的困境，习近平同志经过深入的调查研究，认为领导干部要开拓眼界和思路，更要有全局观。

习近平同志把“进一步发挥浙江的区位优势，主动接轨上海、积极参与长江三角洲地区合作与交流，不断提高对内对外开放水平”作为“八八战略”的重要内容，把“开放图强”作为浙江精神的重要内容，作出“立足浙江发展浙江，跳出浙江发展浙江”等一系列论断。

这在当时不是所有人都能理解的。正泰集团的南存辉就曾非常感慨地对习近平同志说：“几年前，您提出让我们主动接轨上海，融入长三角，最开始还很难真正理解您的战略意图，哪有省委书记叫企业到外地去发展的？”像南存辉这样的企业家还不在少数，但几年后，在他们发现，只有这样，才能把上海的、全国的、全球的优势资源整合起来，从而打破发展的天花板之后，他们才真正明白“地瓜理论”的深意。

就这样，浙江彻底打通了发展的“任督二脉”，走上了高速发展的快车道。

二

“泳技”好不好，大海最知道。

新时代以来，浙江人深入践行“地瓜理论”，以更大的自信和智慧到世界市场的汪洋大海中遨游，通过“走出去”和“引进来”两个轮子加速并转，真正做到了“内”和“外”两条腿走路，练就了一身善泳的真本领。

从全貌看：2013—2022年，浙江累计实现货物进出口29.34万亿元。进出口总额从2012年的1.97万亿元发展到2022年的4.68万亿元，其中，出口对全国增长的贡献率达18.5%，居全国首位；进出口和进口增长贡献率分别为18.0%和16.3%，均居全国第二位。

从排位看：2022年，浙江进出口总额4.68万亿元，居全国第三位；货物贸易出口额3.43万亿元，居全国第三位；“义新欧”中欧班列开行数量居全国前三；杭州、宁波、嘉兴共5家国家级经济技术开发区综合评价排名跻身全国30强，数量居全国第二位；宁波舟山港集装箱吞吐量3335万标箱，居全球第三位；宁波舟山港货物吞吐量12.5亿吨，连续14年居全球第一位。

有这么一个故事：2017年4月，浙江自由贸易试验区挂牌成立，确定了油气全产业链发展的目标，打造国际油气期现货交易市场是其中重要一环。

如何实现“从0到1”的突破，浙江使出了“无中生油”的拿手好戏。2020年11月，上海期货交易所成功入股浙江国际油气交易中心。随着“舟山价格”——中国舟山低硫燃料油保税船供报价的落地，我们在这一领域参与国际竞争时终于拥有了自己的议价能力。

“无中生油”的例子，既是浙江自由贸易试验区加快高质量发展的缩影，也是浙江以大开放推动大发展的实践。

类似“无中生有”的故事还有很多。嘉兴桐乡，不产羊毛，却打造出世界上最大的羊毛衫集散地；不产皮草，却创建了中国皮草名镇；没有矿产资源，却有巨石等世界级领军企业；虽是江南小城，却成了世界互联网大会永久举办地。“地瓜理论”在浙江大地生动实践的背后，体现的是浙江人“向东是大海”的胆识豪气和“春江水暖鸭先知”的敏锐灵气。

三

今日之世界，可谓波澜正泱，大机遇大风口不断涌现，但大变数和大挑战也无处不在。

现在的浙江与全国各地一样，也面临着需求收缩、供给冲击、预期转弱三重挑战，再加上新冠肺炎疫情的“后遗症”，可以说正处于机遇与危机并存的关键期。开放是我们抓住先机、制胜未来的有力战略。浙江要在奋进中国式现代化新征程上勇立潮头，提升对内对外开放水平尤为重要、尤为紧迫。

2020年3月底，习近平总书记到浙江考察指导工作。《习近平谈治国理政》（第四卷）中记录了总书记这样几句话：“我在浙江考察时发现，在疫情冲击下全球产业链供应链发生局部断裂，直接影响到我国国内经济循环”，“我感觉到，现在的形势已经很不一样了，大进大出的环境条件已经变化，必须根据新的形势提出引领发展的新思路”，“我就提出要建立以国内大循环为主体、国内国际双循环相互促进的新发展格局”。

回过头来看，“地瓜理论”与构建新发展格局的要求是内在契合的。从

“地瓜理论”到新发展格局，彰显了习近平总书记关于开放发展的重要论述在不断丰富、升华。作为理论和实践素材的重要提供者，面向未来，浙江当仁不让要当好“为实现国内国际两个市场两种资源联动循环创造条件”的探路者。

新时期新境况下，如何兼容国内国际高端要素“做大蓄水池”，如何积极参与国际分工合作“激活一池春水”，如何全方位推进浙江对外开放水平提档升级，考验的是浙江的全球意识和世界胸襟，以及主动参与全球化合作与竞争的勇气和胆略，需要的是更大范围、更广领域、更高层次的创新打法。

“开放”既要“修炼内功”，也要“勇闯天涯”。一直以来，浙江对外开放在全国乃至全球都有一定影响力，像温州商人行天下、义乌实现“买全球、卖全球”，接下来实现更高能级的开放是大势所趋。当前，要想实现高水平“走出去”闯天下与高质量“引进来”强浙江的有机统一，抓好重要开放平台建设是关键之举。要进一步把杭州亚运会、世界互联网大会、全球数字贸易博览会等展会平台用足用好，加快拓展义甬舟开放大通道、推进“义新欧”等标志性工程，进一步增强高端要素集聚和协同联动畅通，提升浙江在双循环中的位势。

《大江大河2》的结尾有这样一段独白：我格外珍惜这个时代，所有的变化都可能伴随着痛苦和弯路。开放的道路，也不会是阔野坦途。但大江大河奔涌向前的趋势，不是任何险滩暗礁能够阻挡的。道之所在，虽千万人吾往矣！面对艰难险阻，我愿意，为之奋斗！

往小的讲，这是一个奋斗者的心声；往大的说，这蕴藏着一个省份、一个国家激流奋进的精神。浙江“向东是大海”，开放之路不止步。

（王云长　陈培浩　张　俊　朱越岭　执笔）

“黄金三角”无限可能

提到中国的经济活跃区块，绕不开两个“三角”：长三角、珠三角。其中，长三角就是人们常说的“包邮区”，是最有活力、开放度最高，也最具创新力的区域之一。

2018年，习近平总书记宣布“支持长江三角洲区域一体化发展并上升为国家战略”，沪、苏、浙、皖三省一市的手由此开始越拉越紧。经过四年发展，三省一市的GDP从2018年的22.1万亿元增长到2022年的29万亿元，对全国经济的影响力、带动力持续增强。

2023年，国务院批复同意《长三角生态绿色一体化发展示范区国土空间总体规划（2021—2035年）》，翻开了长三角地区同发展、同治理的新篇章。

一

长三角的魅力，源于一个文学意象——“江南”。“江南可采莲，莲叶何田田”“人人尽说江南好，游人只合江南老”……没有哪块地方，像江南这样在中国文学中留下这么多印迹。

据载，江南的渊源，可以上溯至春秋吴越争霸之时，乃至良渚文明时期。千余年来，江南区域各地轮番发力，逐步登上经济文化之巅。比如，“金陵百万户，六代帝王都”，以南京为中心的六朝，带动江南首次进入大规模发展阶段。宋代，中国的经济开发持续向南推进，随着政治中心南迁，杭州就此崛起。诗人范成大的一句“上有天堂，下有苏杭”和《马可·波罗游记》里的记载，让杭州成为中国文人雅士心目中的“理想国”、外国人想象中的“华贵天城”。近代以来，上海逐步成为远东贸易中心和金融重地，被称为“大上海”。

改革开放以来，作为东部沿海发展带与长江经济带的交会点，长三角的“龙头”战略区位更为凸显。随着1990年上海浦东开发开放，长三角曾一度集中了全国外资的一半。“苏南模式”“温州模式”更是备受瞩目。

经过40多年改革开放，长三角成为我国最重要的经济区域、最重要的对外开放前沿，上海的经济中心地位日益巩固；江苏、浙江跻身全国“挑大梁”的6个经济大省；安徽实现了由“总量居中、人均靠后”向“总量靠前、人均居中”的跨越式发展，2022年GDP首次跻身全国前十。

2020年，习近平总书记在合肥主持召开扎实推进长三角一体化发展座谈会。三省一市攥指成拳，紧扣“一体化”和“高质量”两个关键词，努力打造面向全球、辐射亚太、引领全国的世界级城市群。

二

从“三足鼎立”到“黄金三角”，始终离不开习近平总书记心心念念的谋划、亲力亲为的推动。

据《干在实处　勇立潮头——习近平浙江足迹》记载，2002年12月，履新浙江不久的习近平同志，第一次调研湖州，就作出了一个极具前瞻性的判断：“如果说中国经济是世界经济的一大亮点，那么长三角的发展则是中国的最亮点。”

他是这么看的，也是这样倾力布局推进的。在2003年省委、省政府领导的21项调研计划中，“主动接轨上海、积极参与长江三角洲的合作与发展”被列为第一项，工作负责人一栏里，填的就是习近平。

但当时不少干部对接轨上海心存疑虑。一些城市和部门仍有“无需接轨”的狭隘观念，有“无法接轨”的消极态度，也有“无从接轨”的畏难情绪。

“尺有所短，寸有所长，我们与沪苏两省市相比，各有各的优势和特色，也各有各的短处与不足。”习近平同志说，主动接轨上海、积极参与长江三角洲地区合作与交流，就是接轨机遇，接轨发展，接轨国际化和现代化。这一部署也体现于“八八战略”的第二条内容。

在习近平同志的推动下，浙江全省掀起“学沪苏之长，抓解放思想，兴开放之举，促浙江发展”的热潮。长三角省市之间人流、车流、信息流、资金流充分涌流，党政主要领导建立了定期会晤机制。2005年12月，首次长三角两省一市主要领导座谈会在西子湖畔召开。2008年，座谈会首次邀请安徽参加，两省一市变三省一市。

长三角的合作与交流，不仅有顶层的设计谋划，而且有具体的项目抓手。比如，世界一流的杭州湾跨海大桥的建成，进一步促进了苏浙沪经济圈的发展。再比如，在浙江工作期间，习近平同志先后三次到嘉善调研视察，亲自指导接轨上海的具体工作，为当地干部带去全新的思维方式和工作方法。

三

长江三角洲，是中国乃至世界经济版图上重要的一块。

目前，全球有六大公认的世界级城市群：美国东北部大西洋沿岸城市群、北美五大湖城市群、日本太平洋沿岸城市群、英国中南部城市群、欧洲西北部城市群、中国长三角城市群。长三角，代表中国在世界经济舞台上参与比拼。

党的十八大以来，我国深入实施的区域重大战略有5个：京津冀协同发展、长江经济带发展、粤港澳大湾区建设、长三角一体化发展、黄河流域生态保护和高质量发展。其中，长三角区位南北居中，以不到全国4%的国土面积承载了约16%的人口，贡献了约四分之一的GDP，作用举足轻重。

在国家战略推动下，地域相连、人缘相亲、经济相融、人文相近的长三角，如今更是由“包邮区”成了“一家亲”，走向“一体化”。

比如，2020年，浙江省外流入人口中，安徽省在浙人员规模位居首位，达到313.9万人；虹桥国际开放枢纽、沪苏浙皖自贸试验区联动发展，G60科创走廊、杭黄生态廊道等加速建设；安徽芜湖、马鞍山、滁州、宣城、蚌埠等相继加入“南京都市圈”，“徽京”作为南京的绰号更加名副其实；长三角1600多个文旅场所支持“民生一卡通”，138项政务服务事项在长三角41座城市跨省通办；等等。

2022年11月30日，通苏嘉甬高铁浙江段和江苏段宣布开工。这可以说是一条“超级铁路”。通过“轨道上的长三角”，三省一市重要城市之间实现高铁“1小时交通圈”，在一个城市生活、在另一个城市工作，在这个省上班、在隔壁省度周末，已经变成现实。

四

“率先形成新发展格局”“勇当我国科技和产业创新的开路先锋”“加快打造改革开放新高地”……长三角一体化发展事关百年大计，绝非一日之功，三省一市需要聚焦聚力实现“1+1+1+1>4”。笔者以为，有以下四点值得思考。

如何合力铸造“世界名剑”？世界已经进入大科学时代。长三角区域具有人才富集、科技水平高等诸多优势。加强科技协同，抢占战略前沿“C位”，是使命所在。比如，上海张江与安徽合肥两大综合性国家科学中心“两心同创”，沪苏浙皖国家实验室资源共享，大科学装置合作布局，携手打造长三角科创产业共同体。要想“百舸争流”，一方面自然要发挥上海、苏州、杭州、南京、合肥等城市的科研资源、人才优势，另一方面也要强化上海、皖南、皖北、苏南、苏北、浙南、浙北的地区联系和创新关联。

如何借力数字加速融合？可以根据实际需要进行统一或重构，搞好5G、算力、人工智能等数字“新基建”“软基建”，不断迈向长三角数字文明。当前，浙江依托数字先行优势，牵头推进数字长三角建设，统筹布局长三角工业互联网平台集群等数字基础设施。

如何避免“极化”问题？区域协同发展是关键。比如，以上海为龙头，发挥其核心带动作用；推动南京都市圈、杭州都市圈、合肥都市圈、苏锡常都市圈、宁波都市圈的同城化发展；强化沿海发展带、沿江发展带、沪宁合杭甬发展带、沪杭金发展带的聚合发展。发展的目的，是要让长三角的群众有更多获得感、幸福感。

如何激活文化资源？长三角共同拥有江南文化的基因，无论是海派徽派还是吴风越韵，都有着崇文、重商、进取、风雅的价值追求。推进一体化发展，除了科技协同、产业互融，更要激发文化的黏合力和驱动力，从而打造一个活力四射、魅力满满的长三角。

长江奔腾，江海激荡。“共饮一江水”的长三角，正挺立潮头，向着星辰大海进发。“黄金三角”有无限可能，我们一起期待。

（徐伟伟　执笔）

越走越“亲”

20年前的3月，全国两会一结束，时任浙江省委书记习近平就带领60多人组成的省党政代表团，到长三角主要城市“走亲”。以往，各部门、各地市单独去沪苏考察的情况常有，但是全省上下组成这样一个“大团”尚属首次。

我们由此可以看到习近平同志对推动长三角一体化发展的拳拳期盼、殷殷关切。“走亲”，原本指的是亲戚间的来往探望。把到长三角城市学习考察称作“走亲”，这充分说明长三角城市间非同寻常的密切关系。

2023年4月12日，浙江代表团正式开始在江苏、上海的学习考察。他们走进尖端科技创新实验室、新制造业的生产一线、世界一流的产业园区、数字经济的核心枢纽……学习兄弟省市所长，谋划推动创新、改革、开放的举措。

这是一次真情实意的“走亲”，也是长三角一体化发展的一个生动注脚。

一

回想20年前，那次考察并非临时起意。

习近平同志到浙江工作后，对如何推动长三角一体化发展、如何在长三角中找准浙江定位非常关心，并进行了深入思考。比如，在嘉兴，他问当地干部，嘉兴处在上海和杭州之间，该怎么利用区位优势，做好自己的文章。在湖州，他作出了一个判断：“如果说中国经济是世界经济的一大亮点，那么长三角的发展则是中国的最亮点。”

这趟为期6天的长三角之行，习近平同志用了16个字概括：“虚心学习、主动接轨、真诚合作、实现共赢。”回过头来看，这次“走亲”取得的成果大大超出预期。

就拿思想认识来说，一些部门和干部原本还存在“无需接轨”的狭隘观念、“无法接轨”的消极态度、“无从接轨”的畏难情绪，但在上海浦东新区看到了“开放”释放的能量、在江苏昆山看到了“开放”带来的机遇后，感受到了“山外有山，天外有天”，找到了差距，也明确了努力方向。

思想认识一旦“破冰”，行动“突围”就会紧跟而上。不久，省委、省政府出台接轨上海、推动长三角合作的重大举措。全省上下也很快掀起“学沪苏之长，抓解放思想，兴开放之举，促浙江发展”的热潮。2003年7月作出的“八八战略”重大决策，第二条便涉及长三角一体化。下半年，上海、江苏代表团相继回访浙江，各类投资推介、洽谈招商、研讨活动跟着火热起来。人、货、资金、信息的流动为长三角发展注入新活力。2003年也因此被认为是长三角一体化的“元年”。

即使离开了浙江，习近平同志仍然非常关注长三角一体化发展。担任上海市委书记时，他组织策划了上海代表团的“苏浙之行”，为上海推进长三角区域协同发展谋划了“深化、放大、提升、搭台”的八字箴言。2008年，杭州湾跨海大桥全线通车时，在中央工作的习近平同志专程发来贺信，指出杭州湾跨海大桥的建成通车对推动长三角区域共同发展具有十分重要的意义。

2018年，习近平总书记更是亲自谋划部署，将长三角一体化上升为国家战略，为打造长三角世界级城市群指明了方向。

二

每次“走亲”，其实都是大家再叙一叙情谊、商一商合作、议一议打算。长三角有多“亲”？在笔者看来，可以用五句话概括。

地域相连，是搬不走的邻居。万里长江滔滔东流，携带的泥沙在入海口不断淤积，形成坦荡、宽阔的三角形陆地，是为长江三角洲。沪苏浙皖地理交错，历代行政区划交叉，甚至能“一步跨两省”。比如，秦代设会稽郡，管辖长江以南的越国和吴国故地。元代以后，在很长一个时期，上海作为松江府，隶属江浙行省。至清代，江苏、安徽才从江南省分治。

人缘相亲，早已“你中有我，我中有你”。很多人知道上海方言中的一个词“阿拉”，而这其实是宁波话。20世纪30年代，宁波人大量移民上海，举世闻名的“宁波帮”就是从上海发育、成长起来的。据统计，在沪外省市户籍常住人口中，安徽籍人口近五年占比均超20%，位列第一。这些年，随着“轨道上的长三角”不断加速建设，人们异地办公、跨省旅游越来越方便快捷。

文脉相通，有着共同的文化底色。魏晋南北朝以来，经济重心逐步南移、东移，南京、扬州、杭州、苏州、上海接续发力，历经千年“打拼”，共同呈现给世人一个宜居天堂——“江南”。良渚文化、吴越文化、江淮文化、海派文化汇聚于此，成为长三角人的精神渊薮。以越剧为例，它发源于浙江嵊州，却发祥于上海，汲取昆曲、话剧、绍剧等特色，最终繁荣于全国，流传于世界。

生态相依，头顶一片天、共饮一江水。空气、水是重要的公共产品、普惠的民生福祉。蓝天绿水青山，把长三角紧密联系在一起。比如，新安江发源于安徽休宁县，百转千回下钱塘，是沿岸百姓的饮用水水源。为了“一江清水”，皖浙开启全国首个跨省流域生态补偿的“新安江实践”。再如，位于苏浙交界的太湖，曾一段时间蓝藻频发，患上“顽疾”。2019年底，沪苏浙联手建立太湖淀山湖湖长协作机制，协同推进跨界水体管理保护。当前，在两省一市交界处，正在打造长三角生态绿色一体化发展示范区，一个“最江南”的“水乡客厅”指日可待。

经济相融，发展“同此凉热”。自1982年12月提出“以上海为中心建立长三角经济圈”以来，长三角地区都是我国经济发展最活跃、开放程度最高、创新能力最强的区域之一，三省一市间的人才大量流动，产业结构互补、产业布局协同，其中，上海在经济实力、科创实力、国际竞争能力等方面表现突出，带动作用强劲。比如，早在20世纪80年代初，一批来自上海的“星期日工程师”就利用业余时间，兼职宁波慈溪等地民企的技术顾问或特聘专家，开启“技术帮扶”。

三

一路走来，三省一市越走越“亲”。2023年是长三角一体化发展上升为国家战略5周年，长三角如何变得更“亲”？

有一些问题值得思考：如何进一步“创新共建”，构筑新优势？如何进一步“协调共进”，探索新路径？如何进一步“绿色共保”，拓宽新通道？如何进一步“开放共赢”，优化新格局？如何进一步“民生共享”，创造新供给？答好这些问题，笔者认为，至少要在三个方面见心见力。

“放眼世界”，与“强者”一较高下。“绝顶高手”，首先要有强者之心。作为六大世界级城市群之一，作为我国参与全球竞争的“重量级选手”，长三角不能满足于称雄一方，更要有“勇闯天涯”“问鼎天下”的格局和气魄，倒逼自我、弯道超越。

比如，清楚科技创新之长短，借数字化的“东风”，推动劳动力、人才、技术、资金等要素流通，加快创新链产业链“双链融合”，深化上海张江和安徽合肥综合性国家科学中心“两心同创”、沪苏浙皖国家实验室资源共享，用好“乌镇之光”超算中心等新型平台，率先攻破一众“卡脖子”难题。自立自强，方能赢得地位与尊重。

“着眼近处”，托举群众“稳稳的幸福”。上海到嘉兴27分钟、南京到合肥49分钟、杭州到黄山1小时33分钟……长三角生活圈正不断缩小，打“高的”上下班的长三角人越来越多。路成网、道互联，目的是让心更近。因此，推动规划一张图、交通一张网、办事一个章、民生一卡通等“同城化”公共服务发展，期待打通更多“断头路”。

比如，联动统筹水环境、水生态、水资源、水安全、水文化和岸线等，实现标准、监测和执法的“三统一”。因水相连的长三角，理应像保护眼睛一样保护生态环境。新安江的华丽转身就是个好例子。

“破立一体”，不满足于“低垂的果实”。挂满果实的树上，总有一些果实结在较低位置，让人伸手可得。这在经济学上被称为“低垂的果实”，泛指那些比较容易办成的事。无人区里闯新路，往往遇到的都是难啃的“硬骨头”。无论是“一体化”还是“高质量”，实现起来绝非易事，行政壁垒、同质竞争、经济差距等阶段性堵点不会凭空消失。

比如，上海青浦、江苏吴江、浙江嘉善三地组成的一体化制度“试验田”，给其他城市打了个样。实践证明，打破常规，持续推进制度创新、理念创新、模式创新，将激发无限活力。

长三角在“一体化”中实现“高质量”发展，势必不会一马平川，但长远思量，注定东风浩荡。20年前播下的那粒种子，正在这片土地上茁壮成长，不断开花挂果。

（徐伟伟　朱越岭　云新宇　执笔）

为什么要“跳出浙江发展浙江”

在许多人眼中，浙江产业兴盛、物阜民丰，是实打实的膏腴之地。但若在这片土地上多转上几圈，就会发现这里山脉百里绵延，耕地却鲜有成片。另外，像工业发展必备的煤、铁等矿石资源也储量贫乏，可谓“先天不足”。

那浙江这个“小个子”是如何迸发出让世人瞩目的“大能量”的？很重要的一个秘诀，就是浙江从来不裹足于自己的“一亩三分地”，而是着眼于“跳出浙江发展浙江”。

2004年，习近平同志在“之江新语”专栏发表题为《在更大的空间内实现更大发展》的短论，文中引用了著名的“地瓜理论”：地瓜的藤蔓向四面八方延伸，为的是汲取更多的阳光、雨露和养分，但它的块茎始终是在根基部，藤蔓的延伸扩张最终为的是块茎能长得更加粗壮硕大。

这种主动打开思路、打破“围城”，不为“成长”设限，鼓励走出去、跳出来的战略思路和宏阔视野，推动浙江经济发展总能觅得新“蓝海”。实践证明，这条走了20年的路，浙江走对了，也将越走越宽阔。

一

十四届全国人大一次会议闭幕后，国务院总理李强出席记者会回答中外记者提问。在谈到民营经济发展时，他特别提到“四千”精神，即走遍千山万水、说尽千言万语、想尽千方百计、吃尽千辛万苦。

数十年前，一批批浙江商人带着资本、品牌、理念，“走南闯北”“挺进中原”“征战西部”“抢占上海滩”“进军华尔街”……他们在海外纵横驰骋，并逐渐打出名声，留下了一个个传奇故事。“四千”精神虽只有短短24个字，却道尽了当年浙商那段勇闯天涯、四海为家的创业史，是浙江开放型经济的生动写照。

然而，在2000年前后，当民营经济发展到一定程度的时候，对于当时“走出去”的浙商，省内曾有过一些不同的声音，认为企业远走他乡、墙外开花，对浙江的经济发展不利。

习近平同志到浙江工作后，通过一次次观察思考、调研考察，提出了“跳出浙江发展浙江”的重要发展理念。他以高屋建瓴的视角，解答了最早“出海创业”的浙商究竟为浙江带来了什么、将来又能带来什么。

习近平同志曾谈道，“企业做大做强后总有扩张的需求，无可厚非，但你要看看他的根是不是还扎在浙江，不能把整个根都给拔走了”。“跳出浙江”，是为了在更大的范围配置资源、在更大的空间满足更大的发展需求。

让浙江的一部分劳动力、资金、技术“走出去”参与各个区域的建设，既发展了当地经济、繁荣了当地市场、安排了当地劳动力就业，也延伸了浙江产业链、推动了浙江产业的梯队转移、拓展了浙江“腾笼换鸟”的空间，形成一种双赢局面。

此外，浙江潜心做优营商环境，吸引在外的优质浙商踊跃回乡投资，积极反哺家乡。他们不仅筹集了资金，还带回了大量信息、理念、商机、人才以及先进管理技术，为促进浙江经济结构调整、增长方式转变作出了新的贡献。

由此，习近平同志还提出“浙江人经济”的概念，即浙江人在浙江以及浙江以外任何地方创造的经济总量。“浙江人经济”拓展浙江经济、提高“浙江人经济”和浙江经济的关联度等提法，让浙江的经济发展理念有了全新的“打开方式”。

二

有经济学专家分析：“假如说，早期浙商靠扒火车、睡地板闯天下是一种天生资源禀赋缺失下求生存的无奈，现在走出去的则是产业、资本甚至活力的‘溢出效应’。”

在“跳出浙江发展浙江”的战略指引下，浙商的视野更加广阔、创新更加自觉，更加讲求责任，乐于做“别人没有实力做的事”“别人做不了的事”。据统计，现有超600万名浙商在全国各地投资创业，200万名浙商走出国门做海外生意。

他们积极参与区域重大战略和区域协调发展战略实施。在中国经济龙头——上海公布的“2022上海民营企业100强”榜单上，浙商企业一共有36家，超过总数的三分之一；在新疆、甘肃、宁夏等中西部地区和欠发达地区，浙商除了大量投资，还积极参与当地公益慈善、精准扶贫等民生项目。

他们抱团出击向海外扩张，以建立生产基地、设立研发中心、海外并购、海外上市等多种新形式参与全球资源配置。万向、华立、吉利、雅戈尔等一个个企业的成功跨国并购，令浙商名声大作。巨石集团在桐乡、成都、美国、埃及都设立了基地。其中，埃及基地建成11年，总投资近10亿美元，总产能达34万吨，埃及由此一举成为世界第四大玻纤生产国。而该基地也充分发挥了国际化的平台作用，成为中国巨石开拓欧美市场的先锋和利器。当前，中国巨石年产能超260万吨，全球市场占有率达25%，稳居全球第一。

浙商源于浙江，根在浙江，就像“地瓜藤”——藤蔓延伸越广，受益地域就越多，而根部的地瓜长势就越好。为了让“地瓜”汲取更充分的营养，2012年，“浙商回归”工程正式启动。当各地党委、政府开出政策、土地、税收优惠清单，浙商落叶归根之心渐浓。

一个个浙商带着项目回来，这不是简单的折返跑，而是低端产业出去、高端产业回来的“腾笼换鸟”：把生产基地放在能源、原材料供应充裕的地区，把公司总部或产品设计与贸易中心或第三产业搬到浙江，形成了“哑铃型”的发展模式，从而实现企业内部的优化配置，也促进了浙江经济结构的优化。

三

“跳出浙江发展浙江”，跳出浙江是手段、方法，发展浙江是目的、根本，就像“地瓜经济”的理想境界是“枝繁叶茂、树大根深”。一片绿荫的光合作用能滋养根茎，但根茎壮硕的内因全在于营造出市场化、法治化、国际化的一流营商环境。否则，只有“走出去”而没有“引进来”和“再回来”，那本地产业和区域经济的“空心化”就在所难免。

2023年全省“新春第一会”上，浙江明确提出实施“地瓜经济”提能升级“一号开放工程”。未来，如何进一步“跳出浙江发展浙江”，让“浙江人经济”在世界舞台留下更加浓墨重彩的一笔，浙江有很多具体想法、详细部署。

比如，浙江提出“由贸行天下向产行天下、智行天下跃迁”，就是做大做强“链主”企业、总部经济，把省内总部打造为全球运营中心、管理中心、研发中心等“网络大脑”“中枢神经”，从而“纲举目张”向全球输送智力、决策和技术。

再比如，浙江提出“提升制度型开放水平”，加快探索与国际接轨、具有国际话语权的制度体系，以制度创新开创高水平开放的新局面。这些年，浙江拥抱《区域全面经济伙伴关系协定》（RCEP）等国际区域合作发展机遇，积极参与国际规则制定，分享全球“光合作用”的红利。如何把自贸区的“制度开放”由盆景变为森林，做到“以我为主”“为我所用”，需要实现从认知到实践的飞跃升华、与时俱进。

在“一号开放工程”的推动下，更多浙商将“走出去”发展，特别是积极参与京津冀一体化、粤港澳大湾区、长三角一体化、长江经济带等国家区域战略实施，走向世界参与“一带一路”建设，积极融入全球产业链，形成浙商回来和出去的良性循环。

风来了，每片叶子都能捕捉到春天的气息。继续扎根土地，向上生长，浙江经济还将书写更多奇迹。

（杨　昕　执笔）

开放的大海　浙江为何“善泳”

大海，在今人眼中或许并不陌生，它浪潮翻涌、声若奔雷，其水光接天、碧空一色更是风光无限。

不过，在古代的一些典籍记载中，海洋常常被视作“凶险”“神秘”“未知”的代名词。比如，庄子在《逍遥游》中写道：“穷发之北，有冥海者，天池也”，想象深海处于草木不生的极北之地。《天问》中，屈原叩问：“川谷何洿？东流不溢，孰知其故？”

对于被深深打上“农耕文明”烙印的中华民族而言，大海多为寸草难生的荒芜之域，脚下土地才是赖以生存的根本资源。要选择离开世代扎根的山水田园，转而远渡海洋去寻求新的“原野”，显然就是一种“冒天下之大不韪”。

历史的浪花中，浙江人迈出了第一步，成了那个“敢为天下先”的勇士。他们伫立涛头瞭望世界，在大风大浪中淬炼体魄，丝毫不惧“折戟沉沙”“葬身鱼腹”，终于练就一身精湛“泳技”。

一

21世纪初期，浙江的经济发展如同坐上了“高速列车”，营商氛围浓厚、群众干劲十足，各行各业一派蒸蒸日上的景象。

但好景不长，“瓶颈”很快就随之而来。一方面，浙江是陆域面积和资源小省，素有“七山一水二分田”之说，工业生产的不断扩大加剧了对资源要素的消耗，电力短缺、土地紧张、用水困难等问题日益突出；另一方面，工业的投入和产出比落差巨大，民间对此有形象比喻：“一火车产品抵不上一辆汽车”“10万件衬衫买不回一架飞机”。

与大洋彼岸一些发达国家工业水平的差距，刺痛了浙江人的神经，如何从产业链下游逆流而上、破解被资源约束的困境，闯出一条高质量发展的新路，已然成为当时浙江人心底最渴望的事情。

习近平同志到浙江工作后，很快注意到了这个问题，他在回答媒体提问时，就非常明了地说：“新世纪新阶段浙江经济进一步发展的天地在哪里？在海上！浙江港口可以发展成全国之最甚至世界之最。”

“向东是大海”，要说谁最不应当故步自封、停驻不前，是浙江；谁最不应当畏惧被风浪打湿衣襟，还是浙江。要打破日益局促的经济增长空间，浙江就得往远处走、向海上看，发挥自身的区位优势。于内，接轨上海，积极参与长三角地区的交流互动；于外，扬帆远航，牢牢抓住经济全球化和世界科技革命带来的新机遇。

在15世纪，葡萄牙恩里克王子带着船队从伊比利亚半岛出发，航向他们心目中“遍地黄金”的新大陆，而在21世纪，浙江人撑着一叶扁舟就敢驶往汪洋，则是不甘困于一隅、只做一只低空滑翔的燕雀。

“才饮巢湖水，又食东海鱼，万里长江随时渡，极目楚天舒。”浙江人的豪迈与志气，赋予了他们在风浪中振翅翱翔的“钢铁双翼”，而对探索未知、乘风破浪的强烈向往，则让大海在浙江人眼中，不再凶险和狰狞，而是化作一片可建功立业、纵横驰骋的辽阔疆场。

浙江“善泳”的故事就此拉开帷幕。

二

“大海波涛涌，千江水逆流。”海之湍急浩荡、波澜变幻，若重重天堑阻隔在出海人身前。欲远渡海洋者，非坚韧不拔、机变灵活不可为。

在长期与风浪的搏斗中，浙江人练就了一身极为扎实的基本功，他们不怕苦、不怕难，拥有极强的环境适应能力，终而成长为游弋于大洋里的“浪里白条”。

伫立涛头开阔“眼界”。伟大的事业往往开始于伟大的想象力。短期看，企业走出去，可能会导致劳动力和资金外流，但从长远来看，只有驶向远方、放宽视野，才能见到更大的天地。21世纪初，浙江经济发展如火如荼之际，不少干部还对要不要“接轨上海”“走向世界”等心存疑虑，而履新浙江不久的习近平同志就高屋建瓴地指出：“如果说中国经济是世界经济的一大亮点，那么长三角的发展则是中国的最亮点。”事实也充分证明，在谋划上始终先人一步、在创新上快人一步，才让浙江捕捉到转瞬即逝的发展先机，牢牢掌握住未来发展的主动权。

击水中流淬炼“筋骨”。“千淘万漉虽辛苦，吹尽狂沙始到金。”创业初期，浙江人勇闯天涯、四海为家，“白天当老板，晚上睡地板”是常有之事，走遍千山万水、说尽千言万语、想尽千方百计、吃尽千辛万苦是他们最真实的写照。什么苦都能吃、什么脏活累活都肯干，铸就了浙江人敢啃“硬骨头”、敢顶着困难上的坚韧品格，也即舍得出力、拼得出去，才干得出来。

逆流而上磨砺“胆略”。坚持做正确而艰苦的事不容易，但更难的是做那些别人不敢想、认为干不成的事。前者考验人的耐力，后者则考量人的胆略。创业浪潮中，艰苦奋斗、苦干实干者，或许并不鲜见，但论敢作敢为、敢闯敢试，浙江人标识鲜明。全国第一张个体工商业营业执照、全国第一家股份合作企业、全国第一个私人钱庄……浙江群众从来都敢于率先打破条条框框、闯出新路子，总能在千帆竞秀中绽放出一抹亮丽的色彩。

洗尽浮华陶冶“胸怀”。唯宽可以容人，唯厚可以载物。浙江人在海上搏击风浪、与鱼鹰竞速，锻造了“人定胜天”的强大意志，同时也体悟了海的包容万物与浩瀚壮阔。至今，浙江已从最初以货物贸易开放为主，逐步实现资本、技术、文化、人才的全面开放。自由开放的营商环境，既让浙江企业勇于“走出去”，也让世界其他各国商企和有识之士乐于被“引进来”。大海从被征服的对象，演变成浙江联通世界的桥梁，浙江也在海洋中更加如鱼得水。

三

浙江的海岸线绵延约6700千米，海域面积是陆域的2.6倍，虽然土地、矿产等物质资源贫瘠，但浙江在精神文化上拥有无尽富矿。万年上山、千年宋韵、百年红船……历经岁月洗磨传承下来的人文情怀赋予了浙江人民最为坚韧绵长的精神动力。

汪洋之中下海者何止千万，浙江人民能从激流中开拓出一片天地，其核心要诀离不开最朴素的8个字——“求真务实，敢闯敢干”。

求真务实，才能在狂风巨浪中站稳脚跟。《干在实处　勇立潮头——习近平浙江足迹》记载了一段往事：2003年5月中旬，一场浙江海洋经济专题大调研拉开了帷幕。习近平同志与省委、省政府有关部门及地方负责人、专家学者，一同越海跨岛，行进在浙江绵长曲折的海岸线上。他们从上海坐船到大小洋山，随后到嵊泗、岱山、普陀、定海，再到北仑、三门、象山，船换车、车换船，整整颠簸了4天之久。

有人统计过，习近平同志在浙江工作期间，每年至少用三分之一以上时间深入基层和部门调查研究。正是基于对省情扎实、深入的了解，才成就了一系列坚实可靠的科学判断。面对风云变幻、不确定性极大的茫茫大海，浙江注重实效，不做表面文章，不要花拳绣腿，把人的确定性发挥到了极致。

敢闯敢干，才敢在惊涛拍岸时勇往直前。20年来，浙江涉了不少深水区、踏了不少无人区，比如，率先树立起“绿水青山就是金山银山”的发展理念，部署实施山海协作、“千村示范、万村整治”等重大工程，深入推进“数字浙江”建设等。在经济复苏的重要关头，浙江更是敢带头打冲锋，带着企业包机出海抢订单，在长久的沉寂之中勇探新路、勇开新局，再次搅动起市场这“一池春水”。勇于自我革新、不断走出舒适区是浙江发展的活力之源。

习近平同志曾对浙江的“创业史”有过一句总结。他说：“浙江改革开放二十多年走过的道路，就是一条在不断克服困难中前进的改革创新之路，就是一段‘发展出题目，改革做文章’的历程。”

回望浙江“出海”的整段历史，走的就是发挥人的主动性、创造性，乘势而为、知难而进的路子。干部敢为、地方敢闯、企业敢干、群众敢首创，所有人皆在向往挣脱发展桎梏、一览辽阔大海，于是在洋流中训练“泳技”、于礁石畔磨砺羽翼，最终获得了振翅高飞的本领，为浙江“扶摇直上九万里”带来了无穷能量。

（张 俊 执笔）

这件事最忌“短腿”“瘸腿”

2023年全国两会上，“外资”一词被重点提及，如“绝大多数外资企业依然看好在华发展前景”“中国依然是全球投资高地”。

党的十八大以来，我国实行更加积极主动的开放战略，成为140多个国家和地区的主要贸易伙伴，吸引外资和对外投资居世界前列。

对于一个地方的发展而言，外资的分量到底有多重呢？习近平同志在浙江工作期间，就高度重视引进和利用外资。他在《之江新语》中指出，与广东、江苏、上海等省市相比，引进外资是浙江的“短腿”“瘸腿”。“两条腿走路总比一条腿好”，必须加大利用外资的力度，提高对外开放的水平。这一形象比喻背后的理念，始终指引着浙江“跳出浙江发展浙江”，将开放的大门越开越大。

一

改革开放以来的实践证明，引进外资十分重要。特别是在改革开放初期，我国资金短缺、技术落后，外商投资企业促进了对外贸易发展，贡献了大量税收，提供了多样化的产品和服务，解决了资金短缺尤其是外汇短缺的问题。

不过也有人质疑，认为当前我国已成为世界上最大的制造业大国，已经不缺资金了，为什么仍然强调要更大力度吸引和利用外资呢？

关于引进外资的意义，习近平同志在《之江新语》中这样说：“引进外资，不仅是一个资金问题，更重要的是引进技术、人才和管理，促进产业结构的调整和提升的问题，是一个扩大开放的问题，是一个与国际接轨的问题。”

2017年7月17日，习近平总书记在中央财经领导小组第十六次会议上也强调了利用好外资的重要性：“外商投资推动了资源合理配置，促进了市场化改革，对我国经济发展发挥了重要作用。推进供给侧结构性改革，实现经济向更高形态发展，跟上全球科技进步步伐，都要继续利用好外资。”

也就是说，引进外资，不仅仅是为了引进资金，而是吸引一整套“生产要素包”，以及技术、生产组织、管理、国际国内销售渠道，等等。利用好外资，可以促进就业、优化产业、提振消费。

当前，由于面临粮食危机、能源危机等多重挑战，全球产业链无法完全串联起来，一些发达国家持续加息，保护主义抬头。在此背景下，以更大力度吸引和利用外资，有助于深化我国与世界各国各地区的互利合作，打破美西方国家“脱钩断链”的图谋。因此，要提防外资成为我们的“短腿”“瘸腿”。

二

一段时间以来，“外资出逃中国”的言论不绝于耳。事实上，2022年中国实际使用外资1890多亿美元，创历史新高，同比增长8%。

浙江在吸引全球投资合作方面，发挥了不小的作用。2022年，浙江实际使用外资193亿美元，位列全国第五。虽然相比于沪、苏、广等外资“第一梯队”，还有不小的成长空间，但浙江优质广阔的市场空间、良好的营商环境和对核心技术研发的重视，越来越吸引外资选择浙江、“加码”浙江。普华永道报告《新形势下外资企业在浙江的机遇和挑战》显示，有98%的受访企业表示将在浙江维持或追加经营规模。

外资为何青睐浙江？这与浙江优质的营商环境密不可分，我们可以从两个小故事中窥见其中的奥秘。

第一个故事发生在习近平同志在浙江工作期间。习近平同志对引进外资亲力亲为，从他密集的行程中就可以看出：2005年10月28日，会见西门子股份有限公司全球总裁兼首席执行官柯菲德；10月31日，分别会见日本枥木县代表团、韩国SK集团首席执行官崔泰源；11月4日，会见韩国全罗南道代表团……

仅摩托罗拉公司，习近平同志就多次会见其负责人，并访问美国总部。2006年7月4日，他出席杭州摩托罗拉移动通信设备有限公司举行的第6000万台手机下线仪式和向浙江省捐赠手机仪式。时值盛夏时节，他冒着高温，深入企业车间，考察手机生产线，关切地询问职工的工作和生活等情况。

第二个故事发生在2022年12月。随着国内疫情防控措施不断优化，浙江第一时间启动“千团万企拓市场抢订单行动”，由省级商务部门和嘉兴市政府分别带队的“抢单团”奔赴欧洲和日本参展洽谈。网友纷纷点赞“给各地打了个样”“浙江抢单有多拼”“这次他们把抢字打在了条幅上”。

为鼓励外贸出海抢单，浙江还出台“支持稳外贸稳外资十条措施”，加大对商务人员出入境的支持力度，组织实施商务包机，推动增加定期航班航线和班次，并进一步落实外贸企业白名单管理机制。

暖心的政府服务、优质的营商环境，显示了中国和浙江扩大对外开放的力度与决心，给了外资企业满满的“安全感”，也给外商投资浙江吃下了“定心丸”、注入了“强心剂”。

三

当前，我国吸引外资的难度并不小。

一方面，各国吸引外资的竞争愈发激烈，一些国家相继出台大力度补贴政策，如美国的《芯片与科学法案》《削减通胀法案》等；另一方面，我国的比较优势开始转变，劳动力成本上升，低附加值的劳动密集型产业外移。一些跨国公司感觉在华比以前“挣钱不容易”了，还有不少外企“孔雀东南飞”，转移到资源要素成本更低的东南亚。

面对新的机遇挑战，浙江牢牢抓住改善营商环境这个“牛鼻子”。2023年全省“新春第一会”上，浙江把持续优化营商环境作为“一号改革工程”，足见重视程度。

2023年新春开工第一天，浙江省商务厅发布了《致广大外资企业的一封信》。信里说，新的一年，浙江将以超强决心、超常举措、超大力度吸引全球投资合作。“无论你们是尚在寻找投资机会的新朋友，还是已在浙江投资的老朋友，‘浙’里大门时刻为你们敞开，‘浙’里发展红利一直与你们共享。”

浙江不仅要通过优质的营商环境吸引更多外资，还要不断提升外商投资质量，更好发挥外资企业对高质量发展的积极作用。这一点，习近平同志在浙江工作期间就多次强调，“关键在于引进外资的质量和推动产业发展的结构”“推动外贸从数量增长为主向以质取胜转变”，他还提出变“招商引资”为“选商引资”。

如今，浙江重点聚焦高端外资产业和重大外资项目，发展新一代信息技术、高端装备、现代消费与健康、绿色石化与新材料4个万亿级世界级先进产业群，重点培育智能电气、生物医药与医疗器械千亿级特色产业集群以及人工智能、基因工程等一批成长性高的百亿级“新星”产业群，推动外资增长更加平稳、结构更加合理。

中国开放的大门不会关闭，只会越开越大。两条腿走路的步伐也不会停歇，只会越走越远、越走越坚定。

（张诗妤　执笔）

04

在“腾笼换鸟”中实现“凤凰涅槃”

浙“两只鸟”已飞遍全国

改革开放以来，浙江一直是他人眼中的“模范生”。刚起步时，虽然谈不上多么光鲜亮丽和意气风发，但浙江愣是从小作坊、小企业做起，最后攒出了一个稳居全国第四的经济规模。

只不过，曾经的“励志故事”总有讲完的时候。到了21世纪初，浙江的“老百姓”经济开始出现“奔跑乏力”“后劲不足”等问题，地、电、水也纷纷告急，许多企业一时陷入了“车到半路没油”的两难境地。

面对长期困扰浙江发展的结构性、素质性矛盾，习近平同志在2004年就指出，“宏观调控的‘倒逼’机制，包括要素制约的‘倒逼’机制，就可以在经济结构调整、增长方式转变上发挥重大的革命性的作用。我称之为‘以凤凰涅槃、浴火重生的精神进行脱胎换骨的改造’”。2006年3月，发表于“之江新语”专栏的《从“两只鸟”看结构调整》一文，系统阐述了“两只鸟”，强调要养好“两只鸟”：一个是“凤凰涅槃”，另一个是“腾笼换鸟”。

这让人不由好奇，习近平同志说的“两只鸟”具体有何含义？“两只鸟”又如何指引浙江走出困局？

一

《干在实处　勇立潮头——习近平浙江足迹》一书记载了一段往事。2003年2月15日晚7点，“噼噼啪啪”的鞭炮声不时响起。时任浙江省委书记习近平在车上度过了又一个没有和家人团聚的元宵佳节。

连续三天，他调研的主题都是浙江企业的装备制造水平。浙江曾经凭着市场先发优势，形成一批在全国具有较强竞争力的优势产业，而且块状经济蓬勃发展。可一放到国际市场，优势就没有了：产业层次低，技术创新能力弱，可持续发展能力不强……

媒体报道的一组数据足以表明当时许多企业的窘境：2003年，浙江规模以上制造业的增加值率只有22.8％，低于韩国20个百分点，规模以上制造业的劳动生产率只有5.98万元/人，这一水平只是美国1995年的7.4％，但在资源消耗和碳排放上，相关数据却超出一些发达国家数倍。如此发展下去，不等人家来和我们竞争，日渐枯竭的生态环境就能让我们被自己淘汰。

习近平同志在调研中看到了浙江工业发展的优势和不足，他认为，“先进制造业基地决不是低附加值产业的集聚地，更不是中低档次产品的生产加工基地”。但同时，习近平同志也看到了产业发展演进规律和未来科技发展带来的机遇。他认为，对浙江来说，走新型工业化道路，重点就是要抓制造业，根据国际产业的转移与发展趋势，打造先进制造业基地。

在2004年的全省经济工作会议上，习近平同志进一步指出，要痛下决心，以“腾笼换鸟”的思路和“凤凰涅槃”“浴火重生”的勇气，加快推进经济增长方式转变。

所谓“凤凰涅槃”，就是要拿出壮士断腕的勇气，摆脱对粗放型增长的依赖。变制造为创造，变贴牌为创牌，实现产业和企业的“浴火重生”“脱胎换骨”。“腾笼换鸟”也好理解，一是指要跳出和打破现有的发展格局，避免在舒适区待久了，自顾自“画地为牢”；二是要把占着地盘但吃得多、产蛋少、飞得低的“笨鸟”给请出去，腾出空间给那些吃得少、产蛋多、飞得高的“俊鸟”。

在习近平同志坚持走新型工业化道路的战略指引下，浙江的产业结构不断转型升级，逐步从“低小散”转向“高精尖”，以“高质量”取代“高增速”，“浙江制造”不断向“浙江创造”跨越。

二

“腾笼换鸟”“凤凰涅槃”，一针见血地切中了当年浙江产业发展的症结和瓶颈，也为浙江日后的经济腾飞擘画了一张导航图。

2004年，浙江成为中国第四个GDP超万亿元的省份。至2022年，这个数字已经达到77715亿元，人均GDP跃升至118496元，相当于一般发达国家水平。

而“俊鸟”的本事还远不止如此，除了“长途飞行”之外，它更擅长“百米冲刺”。2022年，浙江省数字经济核心产业制造业、高新技术产业、战略性新兴产业增加值分别增长10.5%、6%和10%。其中，新能源产业更是一骑绝尘，增加值达751亿元，占规模以上工业的3.4%，增长24.8%，增速比规模以上工业平均水平高20.6个百分点。

多年来，浙江的发展一路高歌，“俊鸟”飞遍全省，处处可见踪迹。当年习近平同志走过的地方，也已焕然一新，呈现出一派欣欣向荣的景象。比如，台州装备制造产业相关基地、温州鹿城轻工产业园、宁波临港重化工基地纷纷落成，现已是当地工业制造的标识。湖州长兴，2004年还困在资源锐减、污染严重、成本居高不下的沉疴中，而如今，长兴以蓄电池为核心的新能源产业已跃升为千亿级的战略产业集群。

许多学者在浙江调研时，都有同样的感受：虽然浙江的GDP总量不是最显眼的，但浙江发展的底色非常亮丽。浙江以约占全国1%的土地面积，创造了约占全国6%的经济总量，“腾笼换鸟”“凤凰涅槃”功不可没。

三

“腾笼换鸟”“凤凰涅槃”，虽然起源于20年前的浙江，但在时代发展中历久弥新，生长出真理的翅膀，飞向了全国各地。

当看到东北老工业基地“工业一柱擎天，结构单一”的“二人转”组合时，习近平总书记指出，“现在加法多，其他少，亟待补课”“这个问题不解决，老工业基地难以凤凰涅槃、腾笼换鸟”。针对山东“散乱污”企业尾大不掉、动能不足的状况，他也提到“要坚持腾笼换鸟、凤凰涅槃的思路，推动产业优化升级，推动创新驱动发展”“在增强经济社会发展创新力上走在前”。

习近平总书记的一句句殷殷嘱托，切中时弊、一语中的，直击许多省份在产业转型升级过程中的软肋和痛处；同时催人奋进，“先天不足”的浙江已有成功经验在前，对于那些资源条件更为优厚的省份来说，结出新的硕果更是必然。

当前，我国正处在发展速度换挡、发展方式转变、经济结构调整、增长动力转换的关键时期，一些省份也先后进入发展的瓶颈期。一如习近平同志当年作出的判断——实现“凤凰涅槃”和“腾笼换鸟”，是产业高度化发展的客观趋势和必然选择。未来，浙“两只鸟”还将飞向更高更远的天际。

四

“腾笼换鸟”“凤凰涅槃”的传奇，浅显地看，讲述的是一段关于传统工业在发展模式、生产方式、体制机制上的变革之路；往深处瞧，这也是一部在时代浪潮下，浙江群众孜孜求索、百折不挠的奋斗史诗。

“腾笼换鸟”“凤凰涅槃”的遍地开花，不仅是因为它极富洞见地破解了“天育物有时，地生财有限”的发展难题，还在于它重塑了人的思想观念与精神底气。在我国进入改革深水区的今天，更迫切需要这样的思想指引。具体来说，笔者以为有以下三点。

第一，宝剑锋从磨砺出，要敢于“置之死地而后生”。在浙江正式实施“腾笼换鸟”计划后，先后有九大行业的430多个项目被打入“落后制造”的“黑名单”，让原本活跃的经济态势瞬间黯淡了许多。尤其是在2008年国际金融危机爆发后，浙江的GDP增速排名更是一度跌出全国前20位之列。而事实也充分证明，有舍才有得，只盯着疥癣之疾、小痛小改是作用不大的，只有深层次的“刮骨疗毒”才能带来“洗经伐髓”的效果，短暂的低迷换来的是浙江经济更为充沛的活力与生命力。

第二，变革不是喜新厌旧，既要思量“春来发几枝”，也要促进“老树开新芽”。习近平总书记曾点明，“腾笼”不是“空笼”，要先立后破，还要研究“新鸟”进笼“老鸟”去哪，“‘凤凰涅槃’靠什么？靠自主创新，包括自主技术的创新、自主品牌的创新”。2020年4月1日，习近平总书记在浙江考察时再次谈道：“浙江要坚持‘腾笼换鸟、凤凰涅槃’，加快新旧动能转换，跑出高质量发展的加速度。”引导企业整改、引进先进技术是紧要的事，但从改造传统产业到新兴产业“出壳”却需要不断补足动能。这也要求我们一方面把创新引擎充分发动起来，积极调整产业结构，加快传统产业技术改造；另一方面，抓紧布局数字经济、生命健康、新材料等战略性新兴产业、未来产业，着力壮大新增长点、形成发展新动能。

第三，莫为浮云遮望眼，风物长宜放眼量。任何一项事业，都需要远近兼顾、深谋远虑，杀鸡取卵、竭泽而渔式的发展是不会长久的。浙江今日的成绩，既离不开当年习近平同志的高瞻远瞩和深谋远虑，亦是靠“一张蓝图绘到底，一任接着一任干”。未来，我们仍需充分利用好“两种资源、两个市场”，把“鸟笼子”放到全球视野中去观察，寻求更为广阔的“腾挪空间”。正如“凤凰涅槃”，既曾翱翔于九天，也曾见过崖底的幽草，在灰烬中悟道、与漫漫长夜做伴，才拥有了最终的光芒璀璨。

（张　俊　执笔）

以创新之钥开启制胜之门

《干在实处　勇立潮头——习近平浙江足迹》一书记录了这样一则故事——

2006年，浙江参照此前召开的全国科学技术大会，拟定召开全省科学技术大会。但没想到的是，时任浙江省委书记习近平在关于召开全省科学技术大会的报告文稿上作了一处醒目的批注，他在会议名称上画了圈，旁边空白处写着“全省自主创新大会”。

习近平同志当年为何要给这个会议改名字？经过这么多年的努力，当前浙江的创新能力在全国处于什么“段位”？

2023年开年第一个工作日，浙江就召开了“全省深入实施‘八八战略’　强力推进创新深化、改革攻坚、开放提升大会”。置身以“两个先行”打造“重要窗口”的新征程，创新深化对浙江为何如此重要？答案不言自明。

一

众所周知，21世纪之初，资源禀赋“先天不足”的浙江，乘着改革开放的东风，依靠市场先发和体制改革一路“开挂”前行，但同时也存在一些明显的短板。其中，科技创新能力不强就是浙江发展比较突出的一根“软肋”。

习近平同志在浙江工作期间，深刻认识到“在当今信息时代，科学技术对生产力发展产生的就是‘幂数效应’”，“科技进步和创新是经济社会发展的首要推动力量”。为此，他一再强调浙江发展不能再走老路，并为浙江化解“成长的烦恼”开出了一剂剂“含创量”极高的“强筋壮骨方”。

比如，在“八八战略”这个总纲中，第八条就是进一步发挥浙江的人文优势，积极推进科教兴省、人才强省，加快建设文化大省。浙江明确把建设科技强省纳入“八八战略”，把科技进步与创新摆上更加突出的战略位置。

2006年3月，省委、省政府召开全省自主创新大会。浙江立了个Flag——到2020年成为创新型省份，基本建成科技强省。

经过会议讨论并经习近平同志亲自修改审定，省委、省政府正式印发了《浙江省科技强省建设与“十一五”科学技术发展规划纲要》和《关于加快提高自主创新能力、建设创新型省份和科技强省的若干意见》，从全局上为浙江走好创新发展之路打通了“任督二脉”。

由此可见，习近平同志当年把全省科学技术大会的会议名称修改为“全省自主创新大会”，意图十分清晰：更加明确会议的导向，把“自主创新”像一面旗帜一样高高举起来。

二

如今，17年过去了，浙江当年立的Flag完成得如何？

让数据告诉我们：2020年，浙江省研发投入强度达2.88%，科技进步贡献率达65%，高新技术产业增加值占规模以上工业的比重达59.6%，如期实现了“到2020年成为创新型省份，基本建成科技强省”的战略目标。

这些年来，无论外部形势如何变化，浙江都坚定不移用好“八八战略”这个独家秘籍，始终把创新驱动作为经济社会发展的核心战略。

通过经年累月的超常规“锻炼”，浙江创新的“筋骨”越来越强劲，高能级创新的战略拼图相继就位，国家实验室实现“零”的突破，11家全国重点实验室获批建设，以十大省级实验室为龙头的核心战略科技力量“握指成拳”，创新的底蕴更加厚实。

2022年9月，一只憨态可掬的六角蝾螈出现在《科学》杂志的封面上。

这是杭州华大生命科学研究院联合三个国家的研究者，首次绘制出的这一神奇生物大脑再生的时空图谱。从中可以看出，蝾螈的基因序列与人类非常相似。这意味着，研究蝾螈脑再生的启动机制与关键基因，或能带我们找到人类大脑修复与再生的钥匙。

神威量子模拟器获“戈登·贝尔奖”，在量子比特上搭建的“积木”登上《自然》杂志，叶绿体“守门人”之谜破解……近年来，浙江科技创新成果喷涌而出，一项项“黑科技”充分展示出浙江创新的硬核本领。

武功高了，“江湖地位”自然也水涨船高。《中国区域创新能力评价报告2022》显示，浙江省创新能力综合排名跃居全国第四位，实现15年来首次争先进位；知识创造指标上升2名，位列全国第三位；企业创新、创新绩效和创新环境指标保持稳定，排名分别为全国第三位、第四位和第四位。

对于浙江这个“大个子”来说，创新“体质”的养成注定道阻且长，需要久久为功。

三

今天我们所谈论的创新，早已不是狭义的科技创新，而是以科技创新为核心的全面创新，包括理论创新、制度创新、文化创新等各方面创新，涉及生产力与生产关系、经济基础与上层建筑的全要素、全系统、全方位变革。

习近平总书记在党的十八届五中全会上鲜明提出了新发展理念，并把创新作为新发展理念之首，强调让创新贯穿党和国家一切工作，让创新在全社会蔚然成风。

党的二十大报告用一整个章节专门就“实施科教兴国战略，强化现代化建设人才支撑”作出了重大部署，明确提出：到2035年，实现高水平科技自立自强，进入创新型国家前列，建成科技强国。

置身“两个大局”，浙江要想脱颖而出并非一件易事。

先看大势。创新日益成为区域经济发展的重要驱动力。谁积极主动拥抱创新，谁就能占得先机、赢得主动。作为改革开放先行地、经济强省，浙江要想持续走在前列、勇立潮头，就必须把抓创新落在实处。

再看自身。2023年浙江省政府工作报告指出，对照“两个先行”，还存在一些问题和短板。其中，“创新”被第一个点了出来：创新发展能力不足，创新链产业链深度融合不够，与构建现代化产业体系、实现高质量发展的要求还有差距。

环顾左右。兄弟省份凭借各自优势在创新全链条上高速狂奔，新一轮的区域竞争越来越体现在创新的竞争。国家统计局发布的《2021年全国科技经费投入统计公报》显示，广东、江苏、北京、浙江2021年全社会研发经费及投入强度分别是4002.2亿元、3438.6亿元、2629.3亿元、2157.7亿元和3.22%、2.95%、6.53%、2.94%。与排位更靠前的“高手”相比，浙江还有差距。

可以说，浙江之所以对创新充满“执念”，既饱含着“犯其至难而图其至远”的雄心壮志，也凸显着“慢人一步就步步难追”的压力和紧迫感。

四

科技日新月异，形势一日千里。

今天，不创新不行，创新慢了也不行。如果我们不准确识变、科学应变、主动求变，就可能陷入战略被动，错失发展机遇，甚至错过整整一个时代。

省委十五届二次全会指出，当前世界之变、时代之变、历史之变正以前所未有的方式展开，也以前所未有的广度和深度影响省域发展。只有在主动应变中守正创新、固本开新，才能跑好“接力赛”、打赢“擂台赛”、夺魁“锦标赛”、称雄“拉力赛”。

要清醒地看到，创新之于浙江的“幂数效应”还远远不够。要想将创新这个“关键变量”转化为浙江高质量发展的“最大增量”，持续深化创新，真正实现敢创新、大创新、真创新，就需要回答好以下六个问题：

一是如何形成全面创新的局面？二是如何催生全员创新的态势？三是如

何打造全域创新的格局？四是如何营造全程创新的生态？五是如何集聚全量创新的要素？六是如何抢抓全速创新的机遇？

“创新六问”，每一个问题都问得振聋发聩，发人深省。要回答好这些问题，关键是锚定跑道、优化打法，在创新的赛道上不断跑出“加速度”。笔者以为，至少有以下两个方面值得关注。

有怎样的工作导向，就会带来怎样的工作结果。创新不应该是一时一地的，也不应该是某个人某个机构的专属。创新做法应无处不在，创新精神应时刻受到欢迎和鼓励。因此，我们要不断强化“创新制胜”的工作导向，用“创新”来赋能“两个先行”，打通从科技强到全面强的通道，一体推进科技创新、产业创新、市场创新、业态创新等各种形式的全面创新，如此才能推动浙江今后五年全面转入创新驱动发展模式。

有怎样的前行目标，就需要拿出相应的打法。浙江提出，到2027年，数字经济核心产业增加值超过1.6万亿元。目标远大，更需要脚踏实地、努力作为。我们实施数字经济“一号发展工程”，也要坚持用好数字化改革和科技创新最新成果，奋力抢占数字经济发展“C位”，加快构建以数字经济为核心的现代化经济体系，打造数字变革高地。

创新永无止境，需要不断深化。面对新一轮科技革命，对标“国之大者”，浙江还有很多“硬骨头”要啃。坚持深化创新，把创新的旗帜举得高高的，把创新的目标盯得准准的，面向未来，浙江已来。

（陈培浩　执笔）

工业“小巨人”是怎样炼成的

提起“小巨人”姚明，大家都很熟悉。但很多人不知道，在工业领域，也有一群特殊的“小巨人”。

专精特新“小巨人”企业就是指具有“专业化、精细化、特色化、新颖化”四大特征的中小工业企业。它们专注于细分市场，不仅企业效益好、市场占有率高，还手握关键核心技术，拥有“独门绝技”，在提升相关产业链、供应链稳定性和国际竞争力方面发挥着不可替代的作用，是制造业“单项冠军”和领航企业的后备军和生力军。

2020年春天，习近平总书记考察浙江时就走访了一批专精特新“小巨人”企业。在宁波臻至机械模具有限公司，习近平总书记来到生产线旁，认真了解模具产品生产工艺流程，询问市场销售情况。“我国中小企业有灵气、有活力，善于迎难而上、自强不息，在党和政府以及社会各方面支持下，一定能够渡过难关，迎来更好发展。”

在国家“十四五”规划纲要中，推动中小企业提升专业化优势，培育专精特新“小巨人”企业和制造业“单项冠军”企业，已成为引导中小企业高质量发展的风向标。

小企业如何产生大能量？专精特新“小巨人”企业成长的密码在哪里？让我们在浙江这片土地上找找答案。

一

2022年10月工信部公布的第四批国家级专精特新“小巨人”企业名单中，浙江新增“小巨人”企业603家，累计入选企业达1068家，新增数量、累计总量双双居全国第一，占所有“小巨人”数量的近12%。

而这新入选的603家“小巨人”企业，已贡献专利申请6.2万余件，授权发明专利9800余件。平均下来，每家企业的专利申请量就有104件，授权发明专利有16件。

这让人不禁好奇，浙江何以成为“小巨人”成长的摇篮？

良好的产业基础是内在动力。浙江是中小微企业大省，中小微企业数量有近300万家，位居全国前三，构成浙江源源不断产生专精特新“小巨人”企业的肥沃土壤。浙江汽车零部件、装备制造业、电气产业、医疗器械、电子信息等块状经济产业集群突出，在制造业集群内部的元器件、关键零部件、配套产品等方面有技术优势，同行之间既竞争又合作，专精特新“小巨人”企业在你争我赶、只争朝夕的氛围中快速成长。

不过，我们还要看到，扎实的产业基础固然重要，但只靠“吃老本”，还够不着工业“小巨人”数增数量、累计总量的双料冠军。

2003年，习近平同志以前瞻性的战略眼光，看到了中小企业走新型工业化道路的重要性，在“八八战略”中明确提出，要进一步发挥浙江的块状特色产业优势，加快先进制造业基地建设，走新型工业化道路。

在这一战略的指引下，浙江在2006年提出中小企业“七化战略”，即专业化、精细化、高新化、集约化、信息化、品牌化和国际化，为中小企业发展先进制造业指明了方向。这“七化”事实上和专精特新的内涵一脉相承。

二

多年来，浙江专注于专精特新中小微企业培育，不断为“小巨人”的苗壮成长提供阳光雨露。通过打通“政产学研用”多方资源，加强共性技术供给，服务地方中小企业实现产业转型升级，鼓励制造业企业向“卡脖子”难题发起冲击，从而练出了强健的核心技术肌群，不少细分领域的“单项冠军”企业开始涌现。

按照企业注册地分析，603家浙江省第四批专精特新“小巨人”企业分布于10个地级市，排名前三的为杭州市、宁波市和嘉兴市，入选企业依次有155家、101家和70家。其中，宁波市共已培育283家国家级专精特新“小巨人”企业，总量居全国第四位。

习近平同志在浙江工作期间，就对宁波加快建设先进制造业基地提出要求，强调要积极运用高新技术和先进适用技术，推动传统特色产业全面升级，同时坚持引进和培育两手抓，在电子信息、新材料、生物医药等领域形成产业优势。

近年来，宁波吹响了建设制造业“单项冠军”之城的“冲锋号”。2017年，宁波就出台了《制造业单项冠军培育工程三年攻坚行动计划》，引导企业走“专、特、优、精”发展道路。2021年发布的《宁波市制造业高质量发展“十四五”规划》提出，力争到2025年，国家级制造业“单项冠军”企业要达到100家，专精特新“小巨人”企业要达到600家。个头不大能量大的“小巨人”，正扛起宁波打造全球智造创新之都的大旗。

三

在2023年全省“新春第一会”上，浙江提出实施数字经济创新提质“一号发展工程”，重点强调了实施专精特新“小巨人”企业培育计划，做强创新主力军，计划构筑“平台型企业＋专精特新企业＋科技型中小企业”协同的“雁阵式”优质企业梯队，实现企业梯级培育，形成“小巨人”企业的种子库。

浙江该如何培育更多长得快、耐力好、品质优的“小巨人”？笔者认为，要重点把握好三个关键词。

第一个关键词：创新发展。综观全球制造业发展，中小企业要发展壮大成为“百年老店”，离不开持续创新。创新作为核心竞争力，始终是企业的新鲜血液与源头活水。要通过要素集聚激发创新活力，为企业构筑全方位的创新保障。比如，组织引导“小巨人”企业揭榜挂帅，承担更多科技攻坚项目，解决“卡脖子”问题；再比如，谋划在区域性股权市场设立专精特新板，研究设立“数字经济新赛道培育基金”，向中小微企业开放科研设施等，拓宽企业融资渠道；等等。通过这些做法，让更多优质资源向创新型中小微企业集聚，引导企业走专精特新发展之路。

第二个关键词：数字赋能。数字经济是浙江的“一号发展工程”，数字化改革是浙江的“金名片”。要把数据资源作为赋能发展的第一要素，突出科技自立自强的战略支撑作用，充分释放数据要素价值，提升产业能级。比如，推广“产业大脑＋未来工厂”新模式，迭代升级产业大脑能力中心，加强能力组件和数据产品智能集成、融合应用。再比如，发挥“链主”企业带动作用，推动大中小企业融通发展，引导专精特新企业参与制造业强链补链，助力中小微企业降本、增效、提质。

第三个关键词：平台集聚。块状特色产业是浙江长期以来的发展特征，中小企业集群发展也将进一步激发先进制造业的发展活力。要推进中小企业专业化分工，扬长避短，同时共享公共资源，打响区域品牌。比如，加快绘制数字经济细分产业链图谱，突出“高精尖缺”导向，强化强链补链等重大项目招引，做优做强先进制造业优势产业集群，形成集聚效应。

加快建设具有全球影响力的科创高地、国际重要产业创新中心，浙江还有许多难关要闯。发挥工业“小巨人”的独特优势，持续提升产业链供应链核心竞争力，浙江的高质量发展必将拥有不竭的澎湃动力。

（桑隽漾　沈於婕　执笔）

“软产业”如何增强“硬支撑”

餐饮门店销量大增，各大商圈人头攒动，电影市场票房大卖……从春节假期开始，到现在的周末日常，一派开门红的景象都在传递一个信号：服务业正肉眼可见地加快复苏。

服务业的表现打响了经济复苏的第一枪。虽然在过去的三年，服务业遭受冲击不小，做了一些“深蹲”，但当第一缕春风拂过，它便猛然“起跳”，搅活了沉寂已久的市场。国家统计局公布的数据也印证了这一事实：2023年1月，全国服务业商务活动指数为54.0%，结束连续6个月的回落走势，重返“荣枯线”之上。至3月，这一指数已上升为56.9%。

“加快发展服务业，是顺应经济发展规律、推进增长转型的客观要求。必须遵循经济规律，将服务业逐步培育壮大成为推动经济发展的‘主动力产业’。”早在2005年，时任浙江省委书记习近平就曾强调加快发展服务业的重要性。

2023年2月，浙江省服务业高质量发展“百千万”工程动员部署会也提出要抢抓机遇务实重干，加快建设现代服务业强省。

可以说，信号十分鲜明，目标非常明确。那么，被寄予厚望的服务业，该如何发力大干一场？这个“软产业”，又应如何成为撬动更大经济效益的“硬支撑”？

一

在大多数人印象里，服务业似乎就是像零售、餐饮、旅游这类生意。实际上，它的范围相当广泛，包含衣食住行、金融地产、高新科技等多个国民经济行业门类。可谓一头连着经济社会发展，一头连着民生福祉。

也正因集多重价值于一身，服务业理所当然成为升级产业结构、推动经济社会发展的“潜力股”。放眼世界，一些发达国家普遍经历过服务业先有提升，而后占据产业主导地位的过程。比如，美国服务业占GDP的比重一度高达77.37%，英国达到71%，法国为70.3%。

浙江营商氛围浓厚，群众干事创业的热情很高，在20年前，服务业的发展就呈现出良好的态势。但一将目光放到省外乃至国外，这个水平还远远不够，不仅低于64%的世界平均水平，还低于低收入国家45%的水平。整体而言，发展速度仍相对滞后，增加值比重仍偏低。而且更令人头痛的是，服务业内部怎么管理，未来又该走什么路子，还是一笔“糊涂账”。

习近平同志深切意识到了这个问题，他指出：“必须进一步创造有利于服务业发展的政策和体制环境，扩大服务业总量，优化服务业结构，提高服务业总体发展水平。”

服务业是社会发展水平的重要标志之一，它的重要性，老百姓在日常生活中就有亲身体会。比如，没有发达的运输、物流服务做后备力量，商品流通就会面临既“进不来”也“出不去”的窘境，工业生产被迫停滞，那自然也就妄谈打造一流的制造业。最终，利益受损的还是消费者，他们能买到的商品不仅不够丰富，价格也只会更贵。

时间不等人，当年的浙江，正雄心勃勃地走新型工业化的道路，服务业这个“助推器”更不可或缺，不能掉队。2005年8月，在浙江省服务业发展工作会议上，习近平同志一锤定音，全面部署服务业发展工作，强调要“使服务业成为我省经济增长的新引擎”。浙江服务业大发展、大开放、大提高的新征程也就此扶鞍上马。

二

一棵大树的茁壮成形，往往是从多年前的呵护开始的。

10余年来，浙江的服务业收获了来自党委、政府全方位的“特别关照”，缺资源就再加大投入力度，体制机制有阻塞就扫除障碍，动力不足就再研究鼓励措施。丰沛的“阳光雨露”也让浙江的服务业提速十分迅猛。过去10年，浙江服务业增加值年均增长7.9%。到2022年，服务业增加值占GDP的比重达54.3%，可谓占据了经济总量的“半壁江山”。尤其是近几年，在国际形势变化超出预期、各种因素叠加的冲击下，浙江的服务业依旧韧性十足，让外界纷纷投来羡慕的眼光。

闪亮的军功章不是偶然得来的。习近平同志曾指出：“推动服务业发展，必须用现代信息技术和现代流通经营方式改造服务业，推动服务业现代化。”这一论断，奠定了今天浙江特色现代化产业体系的思想基础。当前，以数字经济为大脑、以现代化交通物流体系为动脉，浙江服务业推动经济发展“主引擎”的角色愈发凸显。

比如，解决劳动力问题。浙江服务业深植市场第一线的，很大一部分都是小微企业和个体工商户，它们代表着巨大的市场需求，能提供多元的创业选择、丰富的就业岗位。同时，服务业也是产业结构优化提升的关键一环。像最近“火出圈”的ChatGPT，它的诞生就离不开科技研发、软件信息技术等诸多服务业领域的通力合作。浙江的创新能力之所以能名声在外，高新企业和新技术得以接连涌现，亦离不开服务业的强大支撑。

融通千行百业、牵系悠悠万事的服务业，既给人间带来了一抹“烟火气”，也如同一个藏于市井的高手，为经济发展注入了澎湃动力。

三

只看“皮相”，浙江的服务业似乎已是热火朝天、朝气蓬勃，但对标一些发达省份，还存在不少缺漏之处。

比如，龙头企业的引领作用还发挥得不够。在这一领域，浙江有上市企业118家。三位数，看似不少，但少于北京、广东和上海。再如，我们的服务贸易规模依然偏小。2022年，浙江服务贸易总额5091亿元，与头部省区尚有差距。此外，平台能级、品牌建设、人才队伍等也是弱项。

“浙江经济结构的战略性调整和增长方式的根本性转变越来越依赖于服务业的发展，先进制造业基地建设和民营经济的新飞跃都有赖于先进服务业提供更高层次的支撑”，习近平同志作出的判断，一点一点被现实印证。服务业的缺漏，如同卡在车轮中间的一块刹车片，对浙江经济的高速发展形成了制约。2023年浙江省政府工作报告就专门针对建设现代服务业强省提出了“补短板”计划，并将其概括为“百千万”工程。虽然只有简短的三个字，但每个字都满蕴着力量。

先说“百”，就是推动百个服务业平台提能升级。目前，浙江已经汇聚了多个高水平的服务业集聚发展平台，但为了提升能级，到2027年，将打造100个左右高能级服务业平台，实现营业收入6万亿元以上，帮助企业在更大的市场空间中配置资源。

再来说“千”，就是建强千家服务业企业梯队。于企业自身来说，一方面要紧贴市场需求，如新冠肺炎疫情期间，有的实体门店发力线上外卖，有的餐饮企业打造预制菜品牌，有的文旅企业紧跟消费潮流深耕露营市场等；另一方面，要注重合作共赢，如菜鸟公司创新研发了全链宝数智供应链方案，帮助商家提升交易数量、降低存货成本、降低物流费。同时，政府的扶持也不可或缺。比如，落实服务业与制造业企业同等的政策待遇，支持更多的服务业企业上规模创品牌。

最后说“万”，就是完成1万亿元以上服务业重大项目建设、培育10万名高素质服务业技术人才。拼经济，关键还是拼项目。未来，浙江将布局一批卫星互联网、量子通信网、超算中心等“战略支撑型”项目，实施一批“产业大脑＋未来工厂”等“产业赋能型”项目，以及覆盖文化、教育、医疗、商贸的“美好生活型”项目，为消费者带来更多更好的消费体验。另外，浙江求贤若渴，无论是对服务业领军人才、新生代企业家，还是对紧缺高技能人才，均真诚“有请”。

目标定了就去完成，计划做了就去实施，愿望许了就要去实现。我们有理由相信，随着各方资源、各方动能的汇聚，浙江服务业的“根基”将更加牢固，“筋骨”将更加强健。我们期待，“浙江服务”这个“软产业”，带着积蓄已久的能量和勃勃的雄心，从春日的暖意中“重整行装”，释放出更亮眼的光芒。

（郑思舒　执笔）

“草根经济”如何诞生“单项冠军”

什么最能反映一个地方的生产力水平？答案是：制造业。而什么最能反映制造业水平呢？业内比较认可的答案是：细分领域中的“单项冠军”。

如同奥运赛场同台竞技有冠军，“单项冠军”代表了制造业中同台竞技的最高水平。他们的江湖名号可能不如大厂光鲜，实力却是碾压级的存在；他们的体量可能不如“500强”庞大，却牢牢占据细分市场的绝对份额，是行业的开拓者和规则的制定者。

“单项冠军”之所以被誉为“制造业皇冠上的明珠”，是因为它们拥有同类型企业无法企及的国际领先技术和工艺。“单项”指的是企业必须长期专注并深耕产业链某一环节或某一产品领域，从事相关领域长达10年以上；而“冠军”则意味着强大的市场统治力，单项产品市场占有率至少要位居全球前三。

自2016年工信部公布首批“单项冠军”以来，浙江先后有189家企业（产品）被认定为制造业“单项冠军”示范企业（产品）。以“草根经济”发家的浙江，何以攀上制造业的“金字塔尖”？一路荆棘一路繁花，浙江批量生产“冠军”的秘诀又是什么？

一

都说浙江经济有“三老”，靠着传下来的“老祖宗”经济、逼出来的“老天爷”经济和创出来的“老百姓”经济这“三板斧”，以农民“草根”为主体的浙江人在改革开放的广阔天地里创造了先声夺人、举世瞩目的经济发展奇迹。依靠“轻小加集”（轻工业、小作坊、加工制造业、劳动密集型）“草根”路线异军突起的浙江制造，被誉为“浙江现象”“浙江模式”，名噪一时。

小商品大市场的产业格局、低成本高效益的比较优势，以及小企业大协作的集群效应，令块状特色产业空前繁荣。这种“草根”集群式的抱团发展，当时被经济学家形象地称为“小狗经济”：三条小狗能吃掉一匹大斑马，其秘诀就在于分工明确、合作紧密。

然而，当一种成功做法被总结为模式时，就意味着人人皆可模仿，也意味着现象级的创新将迎来拐点。到21世纪初，“草根经济”引以为豪的先发优势已难以牵引浙江经济这列越来越庞大的列车，各种制约浮出水面。土地、能源、人才甚至水资源等生产要素全面告急，而产品技术含量低、品牌附加值低、经济效益低的同质化竞争进一步挤压了趋于饱和的发展空间。

如果继续保持这样的状况，浙江制造倚仗惯性或许还能维持一段时间的增长，却无法摆脱“代工厂”的标签，更没有能力做中国制造的先锋。更何况，脆弱的生态、短缺的劳动力、资源的掣肘、出口的萎缩早已拉响多重警报。重压之下如何破局？唯有向高处攀登！

二

对于浙江制造业“先成长先烦恼”的症结，“八八战略”明确提出，“进一步发挥浙江的块状特色产业优势，加快先进制造业基地建设，走新型工业化道路”。

“草根经济”富有活力，“草根”抱团可以依靠规模效应、成熟工艺和稳定的供应链，把利润只有几分几厘的螺丝螺帽、四通阀做到占全球市场份额最大的程度，但如果只满足于挣这份“辛苦钱”，那么一旦市场萎缩、竞争加剧，企业便会迅速消亡。

因此，打造先进制造业基地，就是既要发挥块状经济发展的优势，又要看到国际产业转移的趋势，抓住机会摆脱低附加值产业聚集地、中低档次产品生产加工基地的身份，瞄准电子通信、软件、生物医药、新材料等高附加值的高新技术产业，依靠技术工艺、研发能力、管理水平制胜。2003年8月，《浙江省先进制造业基地建设规划纲要》在全国率先出台。可以说，早在20年前，“单项冠军”的先进基因就注入了浙江制造。

“世上本无路，走的人多了，也就成了路。”新型工业化是不同于资本主义工业化的一条新路。对于浙江来说，能否抓住国际产业分工格局变化带来的战略机遇，实现自身发展的历史性跃升，走向新型工业化，不是一道选择题，而是一道必答题。只有从“速度领跑”转为“质量领先”，浙江才能真正走向发展的“蓝海”。

三

先进制造业的理想很丰满，现实却很骨感。转型本身是一个十分复杂、十分痛苦的过程，对大多数“草根”出身的企业而言甚至是一个置之死地而后生的过程。

当然，新旧理念的碰撞与新旧动能的转换永远是一个扬弃迭代、此消彼长的过程。纵观那些历经磨难、闯关成功的“冠军”企业，既充满着“凤凰涅槃”“浴火重生”的气概，也展现了“腾笼换鸟”“求新求变”的胆略。

第一，善于把一米宽的市场做到一百米深。他们在产业链的特定环节深度布局，遇到再大的风浪也能处变不惊。比如，慈溪的公牛集团专做“用不坏的插座”，凭借过硬口碑从数百家家庭作坊中脱颖而出，在电连接、智能电工照明、数码配件三大赛道上精耕细作近30年，最终修炼成“插座一哥”。

第二，善于从规则跟随者成为规则制定者。“不以利小而不为”是浙江“草根”的财富密码，而“以小博大”的制胜关键仍在创新。小商品之都义乌走出的“吸管大王”双童公司，凭借可降解吸管、变色吸管、爱心吸管等材料工艺创新研发了100多项专利，掌控了全球吸管行业三分之二以上的专利，20年前便开始主导国际行业标准编制，把售价0.8分钱的吸管做到全球市场份额第一。

第三，善于为技能人才搭建人生出彩的舞台。吉利集团“80后”青年技工吕义聪，从一线装配工人成长为汽车总装制造领域专家、全国劳动模范，为公司创造了3700余万元的成本改善效益。在浙江，一线工人拿百万年薪、不唯论文和学历申报高级职称、技术能手获得股权激励等现象遍地开花，更多大国工匠与“冠军”企业实现了双向奔赴。

四

无论是一省还是一国，经济实力、综合实力的核心都在于制造业。近年来，国际竞争和大国博弈的“竞技场”重新向制造业回归，如美国就不遗余力地诱逼各国企业赴美建厂，大搞脱钩断链、设垒筑墙。

习近平总书记多次强调，制造业是立国之本、强国之基。中国制造在规模上虽位居全球之首，但“大而不强”依然是当前高质量发展无法回避的短板，百舸争流的时代呼唤更多“单项冠军”挺身而出。

在风起云涌的科技创新浪潮里，浙江制造从“低小散弱”铺天盖地，到“专精特新”顶天立地，经历了“草根”创业绝处逢生、转型升级峰回路转、最终逆袭成功夺冠的曲折历程，也说明了“冠军”决胜的基因仍在于专注与坚守。唯有打通链路，将长板做到极致，不断攻克“卡脖子”难题，才能把发展的自主权牢牢掌握在自己手中。

如今，浙江制造加速迈向浙江智造，推进数字经济创新提质“一号发展工程”、打造“产业大脑＋未来工厂”、实施新一轮制造业“腾笼换鸟、凤凰涅槃”攻坚行动、完善“单项冠军”梯度培育体系，都剑指“到2035年基本建成全球先进制造业基地”的新目标。

既然选择了远方，便只顾风雨兼程。为“草根”鼓劲，也为“冠军”喝彩，相信“冠军”云集的那天，制造强国梦必将实现。

（沈於婕　执笔）

“亩均论英雄”

有人说，浙江是一个大省，“大”在经济总量位居全国第一方阵；也有人说，浙江是一个小省，“小”在陆地面积和自然资源在全国是一个“小个头”。

“七山一水二分田”的浙江，山多地少、家底单薄是不争的事实。再加上煤、铁等自然资源贫瘠，浙江人均水资源、能源、可利用土地拥有量分别只有全国平均水平的89.6%、0.5%、40%，人均自然资源只有全国平均水平的11.5%。

而在从“资源小省”向“经济大省”的奔赴中，浙江一次次华丽转身、逆袭迭代，冲破了土地资源“太少”、环境承载能力“太弱”、企业转型内生动力“不够”等一系列发展“天花板”，有一个高招不得不提，那就是“亩均论英雄”。

2023年3月，国家发改委公布了浙江高质量发展建设共同富裕示范区第一批典型经验，“亩均论英雄”就赫然在列。那么，到底何谓“亩均论英雄”?“亩均”上的“英雄”功夫究竟怎么样？对于今天我们迈上“高质量发展”快车道又有何启示?

一

21世纪初期，浙江的经济发展势头迅猛，各行各业朝气蓬勃、干劲十足，但很快就遇到了“拦路虎”。一来，工业生产的不断扩大加剧了对资源要素的消耗，缺煤少电等问题日益突出。二来，我们的投入和产出落差巨大，大家吃了很多苦、流了不少汗，但效益并不乐观。

作为市场经济先发地区，浙江率先遇到了“成长的烦恼”。2004年，时任浙江省委书记习近平指出：“从我省实际看，电力、土地、水资源等生产要素短缺，表面上看是要素供给跟不上经济的快速发展，但根子还在于低层次的产业结构和粗放型的增长方式。”

要改变被资源约束的窘境，就必须摆脱原有消耗式发展的老路，更加注重资源的集约和高效利用，闯出一条高质量发展的新路。

“亩均”这个词，听起来似乎还带着农业生产中特有的泥土气，却真真切切地对浙江的工业发展带来了巨大变化。最简单直接的做法，即哪家企业的“亩均”质效高，就嘉奖激励谁。对于那些吃得少、产蛋多、飞得高的“俊鸟”，政府就加大用人、用地、用电等资源要素配置上的倾斜力度。反之，吃得多、产蛋少、飞得低的“笨鸟”，则会被督促整改、降低扶持标准。

“亩均论英雄”是在原有“规模论英雄”“增幅论英雄”等发展观念上的一次升级，充分激发了浙江工业发展精益求精的创造力。通过对质量效益、绿色发展、创新能力等多维度的综合评价，引导区域、产业、企业算好“经济账、资源账、环境账”，主动改变粗放型、外延式的增长方式，推动资源要素向优质高效领域集中，有力驱动了浙江经济发展在规模、速度、质效上的全面提升。

二

浙江推行“亩均论英雄”，是一个“摸着石头过河”的过程。

早在2006年，传统产业发达但资源环境压力巨大的原绍兴县（今绍兴柯桥）结合经济社会发展实际，在全国率先打响“亩产论英雄”改革的第一枪，以提高“亩产效益”为核心，引导企业促进经济结构调整和发展方式转变。

挺过“阵痛”后尝到改革甜头的绍兴县很快就发现，自己并不是“孤军奋战”，因为其所遇到的“转型阵痛”，正是浙江要破解的“成长的烦恼”。

2013年，浙江在总结绍兴县改革实践的基础上，在嘉兴海宁市启动了以“亩产效益”为导向的资源要素市场化配置改革试点。没过多久，点上结果就变成了面上开花。浙江于2014年向24个县（市、区）推广该项改革，探索区域性要素交易制度，破除要素配置中的体制性障碍，以此提高配置质量和效率。

为了提高企业“亩产效益”综合评价的“含创量”，浙江还自我加码，于2017年颁发《关于全面深化企业综合评价工作的意见》，在四项指标的基础上增加研究与试验发展经费支出占主营业务收入比重、全员劳动生产率两项评价指标。

“开胃小菜”是为了酝酿更大的“硬菜”。2018年1月，浙江省政府出台《关于深化“亩均论英雄”改革的指导意见》。至此，“亩产论英雄”升级为“亩均论英雄”，上升为浙江优化经济结构、转变发展方式、迈向高质量发展的重要政策和制度。

特别需要指出的是，对于“考试成绩”差的企业，浙江并没有“放弃治疗”，而是精确瞄准企业的痛点，对症下药，开出了腾笼换鸟法、机器换人法、空间换地法、电商换市法、品牌增值法、兼并提效法、管理增效法、循环利用法、设计赋值法、新品迭代法等提高亩均效益的十张“补方”。

亩均加创新，寸土生寸金。这些年来，浙江飞出了更多吃得少、产蛋多、飞得高的“俊鸟”。数据显示：2022年，全省规模以上工业企业突破5万家，规模以上工业增加值近2.2万亿元；全省规模以上工业亩均税收、亩均增加值分别较2017年累计提升36.5%、71.4%，规模以上工业能耗强度累计下降19.4%。

三

党的二十大报告明确指出，高质量发展是全面建设社会主义现代化国家的首要任务。没有高质量发展，就谈不上全面建设社会主义现代化国家。

何谓高质量发展？说白了，就是以最小的资源环境消耗获取最大的发展效益。

无论是习近平同志在浙江工作期间提出的“腾笼换鸟”“凤凰涅槃”，还是“亩均论英雄”改革，都是构建高水平社会主义市场经济体制的创新举措，是着力转变发展方式、优化经济结构、转换增长动能的有力抓手，更是推进经济高质量发展的关键一招。

说到底，“亩均论英雄”改革所体现出来的“市场有效、政府有为、企业有利、百姓受益”的体制机制新优势，与高质量发展像同胞兄弟一样，价值取向一致、理论内涵互容、实现路径相通，就是高质量发展的“浙江版”。

从根子上看，“亩均论英雄”正是解决浙江经济发展与人口、资源、环境之间矛盾的根本出路，是不断迭代升级经济结构、优化增长方式，把经济发展转入科学发展轨道的关键所在。这与高质量发展强调发展方式从规模速度转向质量效益、发展动力从主要依靠资源要素投入转向创新驱动有着共同的目的。

“亩均论英雄”改革还充分发挥市场的决定性作用，把企业单位资源的市场产出作为综合评价的主要依据，同时又利用政府掌握的资源要素作为杠杆，设立资源要素差别化配置规则，找到了市场、政府、企业和百姓的利益最佳结合点。这与高质量发展的核心问题在于处理好政府和市场的关系，使“两只手”协调配合、相得益彰的制度要求也是一样的。

另外，推进经济发展从量的扩张向质的提高转变，最后的落脚点还是在于人民生活质量和生活水平的提高。“亩均论英雄”改革在评价过程中注重突出分类分业，特别是对民生保障类企业采取“白名单”制度扶持培育，更加注重企业的社会贡献度和民众的感受度，这与高质量发展必须以满足人民日益增长的美好生活需要作为出发点和落脚点也是异曲同工的。

正是出于这个原因，“亩均论英雄”改革早已不单单是浙江“一个省在战斗”，这一新打法近年来早已有江苏、山东、安徽等多个经济大省“跟牌”。

（王云长　陈培浩　张　俊　执笔）

05

从全局高度统筹城乡发展

“两种人”如何打破“城乡差”

你愿意当市民，还是当农民？

在我们国家，如果把时间的指针拨到20年前，答案肯定不言而喻。但今天我们再次抛出这个问题，或许会得到些许不同的回答。

以浙江为例，这些年，一到节假日，会出现一个很奇特的现象：城里人进村，休闲度假游；农村人进城，消费大采购。一进一出的背后反映的正是“城乡之别”。市民向往的，农村有；农民期盼的，城市有。

习近平同志在《之江新语》中写道：“无论发展到什么程度，城乡始终是有差别的，有些方面如交通信息等城市会优于农村，有些方面如生态环境等农村又会优于城市，但终极的目标应当是，虽有城乡之别，而少城乡之差。”

当前，我国正处于不断缩小城乡差距、推进农业农村现代化的历史关口，城乡差距扩大的趋势已经得到有效遏制，但从目前来看，城乡发展不平衡仍是最大的不平衡，农村发展不充分仍是最大的不充分。

这不禁令人发问，如何破解城乡发展不平衡的难题？如何逐步消除农民与市民在实质上的差别和身份上的巨大落差，让市民与农民“两种人”只存在社会职业分工上的不同？

一

按照马克思、恩格斯的构想，共产主义社会将彻底消除阶级之间、城乡之间、脑力劳动和体力劳动之间的对立与差别，实行各尽所能、按需分配，真正实现人的全面自由发展。因此，解决城乡矛盾问题一直是我们党面临的一个历史性任务，也是一个历史性难题。

破解难题，关键要找准问题的靶心。那么，城乡发展差距到底体现在哪里？

比如，在居民收入方面，城乡人均可支配收入比依然比较高。据有关统计，截至2022年，我国城乡居民人均可支配收入比仍然高达2.45，而发达国家城乡人均可支配收入比不超过1.5。那么，收入差距为什么这么大呢？一个核心的问题就是我国农业劳动生产率比较低。我国农民人口数量多，18亿亩耕地平摊下来，人均不过几亩地，农民单靠务农收入难以维持体面的生活。

还比如，在公共服务方面，农村的公共服务远远落后于城市。在城市里能够享受更便捷的交通出行、更丰富的教育资源、更先进的医疗条件、更多元的文化生活。光从高等教育入学率来看，城市入学率就远远高于农村入学率。

再比如，在人居生活环境方面，我国部分城市发展越来越快，像北、上、广、深等地的城市建设甚至超过一些发达国家，但农村跟城市相比，反差却越来越大，特别是在中西部地区的农村表现尤为明显。

可以看出，要想打破这些“城乡差”，更好地解决城乡发展不平衡不充分问题，我们需要闯的“娄山关”还有不少，需要啃的“硬骨头”还有很多。

二

任何事物的发展都是一个不断完善的过程，缩小城乡差距也是如此。

以民营经济发达著称的浙江，素来藏富于民。殊不知，在20年前，城乡差距大也是浙江经济社会发展中的一大隐患，犹如一辆高速行驶的汽车，如果零部件配备不齐全、不合理，很容易出事故。

当时的浙江，GDP多年平均增长13%以上，但农民与市民的收入水平和生活质量的差距不断扩大。比如，2002年，城乡居民收入比是2.37，而到2003年，这个比值扩大到2.43。同时，农村的教育、文化、卫生、体育等社会事业和基础设施建设，也远远落后于城市。

面对21世纪以来浙江发展的困境和“成长的烦恼”，2003年7月，省委十一届四次全体（扩大）会议提出“八八战略”。其中就有一条：进一步发挥浙江的城乡协调发展优势，加快推进城乡一体化。2004年，省委、省政府又出台了《浙江省统筹城乡发展推进城乡一体化纲要》，这样统筹城乡发展的纲领性文件在当时是全国第一份。

20年来，浙江始终把城乡协调发展作为一个有机的整体统一筹划，加快城乡一体化进程，城乡区域深度融合，形成了以城带乡、以乡促城、城乡互动的发展格局。

比如，从改善农村交通入手，通过交通的成网成线到达末端，快速实现县县通高速、家门口15分钟上高速，村村通公交，不让交通成为城乡落差的最大障碍。

还比如，从完善医疗条件入手，用城市医共体和县域医联体来解决问题，大医院和小医院结对，大医院的好医生到农村去看病，农村的医院连接大医院进行线上诊疗，共同看片，确定药方，确定治疗方案，缩小城乡医疗差距。

再比如，从做大富民产业入手，让先富起来的村、先富起来的农民带动其他村、其他村民，像淳安的下姜村、奉化的滕头村、安吉的余村和鲁家村，以有特点的产业发展带动百姓走上了致富路。“全国十大农民画村”之一的衢州市柯城区沟溪乡余东村，从卖画到卖版权、卖文创、卖旅游，并带动研学游、餐饮、民宿等第三产业发展，形成产业联盟抱团式发展。据不完全统计，近一年来，农民画产业产值达1500万元，通过发展农民画产业，村集体收入增加70余万元。

可以说，“八八战略”引领浙江城乡一体化发展，使浙江成为城乡差别最小的省份之一。有关数据显示，2022年，浙江城乡居民收入比降至1.90，比上年缩小0.04，这已是浙江城乡居民收入差距连续第9年缩小。

三

习近平总书记指出：“在现代化进程中，如何处理好工农关系、城乡关系，在一定程度上决定着现代化的成败。”

弱乡村则不可能有强中国。实现中国式现代化的战略目标，必须彻底破除城乡二元体制和二元结构，顺应城乡融合的大趋势，重塑城乡关系。

我国著名社会学家费孝通先生有一个观点，城乡关系是“相成相克”的关系。“相成”，就是城乡之间更多的是“交流平衡”和“有机调整”；“相克”，就是城市对乡村存在一定的索取。也就是说，城市要把农村看作自己发展的基础条件，农村要把城市的需要看作自己发展的方向，使城乡有机地结合起来，形成共建共享、充满活力、“差别”消亡、普遍富裕的城乡关系新形态。如何处理好城乡关系，关键是要避免三个误区。

误区一：功能形态的同质化。城市和乡村是具有不同功能、不同特征、不同属性的两个区域地理概念，是一个地区的“一体两面”。因此，城乡之间的功能差异，必然是客观存在的。不能抑制城市的发展、单方面做大乡村经济，也不能盲目地扩张城市、缩小农村的版图，而是要让城市资源更好地“上山下乡”、让乡村资源更好地“进城入市”，加快构筑城乡要素高效流动，城乡关系深度融合，城市化和逆城市化相互促进、相得益彰的发展新格局。

误区二：发展结果的一样化。诺贝尔经济学奖获得者、美国著名经济学家詹姆斯·布坎南讲过这么一句话：“真正的机会公平就是不能让人们带着出身进行市场比赛。”我们要让农村的孩子从一出生，就能拥有和城市孩子一样公平的发展条件、发展机会、发展空间和发展可能。我们追求的是机会均等而不是财富均等，是门槛公平而不是结果“摆平”。这就要求我们通过规则的重塑优化，促进个体公平获得创业就业、增收致富的发展机会，真正打破阶层固化，彻底改变贫穷代际传递的窘境。

误区三：生活方式的平移化。无论是“采菊东篱下，悠然见南山”的田园生活，还是车水马龙、高楼大厦、霓虹绚烂的都市生活，尽管生活形态不同，但人们对生活品质的追求是有共性的。不能把钢筋水泥搬到农村，让城乡生活形态同质化，而是要让城市文明和乡村文明相互交融，让美丽城市与美丽乡村交相辉映，各美其美、美美与共。

打破城乡差，不是一蹴而就的短期运动，而是螺旋式上升的迭代工程，必须持续发力、久久为功，唯实惟先、善作善成，螺旋式提升、迭代式推进，唯有如此，才能更好地实现“有城乡之别，少城乡之差”的终极目标。

（洪　敏　执笔）

“千万工程”何以造就万千强村

提起过去的农村，很多人会想到“脏、乱、差”这几个字。然而，在浙江，很多人关于农村的印象却是干净整洁的道路、明亮别致的洋房、恰到好处的绿化。这份美丽令人惊艳：城市和乡村的差别原来可以这样小。

这份美丽并非与生俱来，而是源于“后天的努力”。2003年，时任浙江省委书记习近平在深入调研的基础上，适应人民群众新期待，亲自谋划并实施了“千村示范、万村整治”工程。

历经20年，这项工程不仅为广大乡村注入无限活力，也为全国乡村振兴战略提供了可借鉴的样板。2018年9月，“千万工程”荣获联合国最高环保荣誉“地球卫士奖”，中国农村的发展赢得世界瞩目。

“千万工程”究竟是一项怎样的工程？它又如何造就万千强村、成就气象万千？

一

“千万工程”的诞生，源于一个棘手的现实难题。

21世纪初，浙江农村乡镇企业发展迅猛，“村村点火、户户冒烟”，环境“脏、乱、差、散”问题日益突出，这不但制约着经济社会的进一步发展，也威胁着人民群众的身体健康，群众对环境问题的反映日益增多。

《干在实处　勇立潮头——习近平浙江足迹》中写道，当时全省3.4万个村庄，只有4000个村人居环境较好。有人说：“走过一村又一村，村村都是垃圾村；走过几十个垃圾村，才找到一个示范村。”

更严重的是，一些地方的工作存在“重城轻乡”的问题：只管城市垃圾，不管农村垃圾；只管城市规划，不管农村规划；只管城市污水，不管农村污水。农村整体发展和环境生态都不尽如人意。

通过实地调研掌握大量第一手情况后，习近平同志指出：“浙江农民富，创业的人多，房子造得好，但浙江农村的污水、蝇虫、垃圾也多。浙江农村经济社会发展不协调的问题依然存在。”

为了破解这一难题，2003年6月，“千万工程”正式启动：在全省选择1万个左右行政村进行全面整治，把其中1000个左右中心村建成全面小康示范村。此后，针对这项工程每年都要开一次现场会，它也成为省委书记挂帅的“一把手工程”。

2003年7月，习近平同志在省委十一届四次全体（扩大）会议上提出“八八战略”。“千万工程”成为推动生态省建设、打造绿色浙江的有效抓手。

群众关心什么就解决什么。“千万工程”坚持以问题为导向，为群众谋利益，被浙江广大农民誉为“继实行家庭联产承包责任制后，党和政府为农民办的最受欢迎、最为受益的一件实事”。

二

有人形容“千万工程”很特别，“若是硬要找出个地标建筑、观赏点位，挺难；它的痕迹却遍布千乡万村，成效惠及千家万户”。

从松阳西坑村、临安大峡谷村，到诸暨斯宅村、永嘉苍坡村，再到临海岭根村、吴兴移沿山村，满眼是看不尽的绿色、道不尽的意趣。

农村环境持续向好的背后，是“千万工程”发起的“垃圾革命”“污水革命”“厕所革命”和一场场专项整治行动。从这些“关键小事”入手，农村面貌焕然一新，“美丽转身”的故事不断被书写。

在“水晶之乡”金华浦江，曾经有上万家加工作坊污水直排，一度把溪河染成了乳白色的“牛奶河”，全面整治后，水清岸绿、鱼翔浅底的秀美风光得以重现；在青田龙现村，外立面改造、道路硬化大大提升了村庄颜值，全省AAA级景区村得以成功创建……

数据显示，近5年来，浙江全省累计建设省级垃圾分类项目村1602个、省级高标准农村生活垃圾分类处理示范村1200个，全省农村垃圾分类村覆盖率100%，村民知晓率100%，资源化利用率100%，无害化处理率100%，回收利用率超过60%。全省有90%以上村庄达到新时代美丽乡村标准，建成A级景区村11500多个，美丽“盆景”已连成一道道亮丽的风景线。

“还原美丽”只是第一步，“千万工程”要做的是加倍释放“美丽效益”，推动美丽资源向美丽经济转化，以产业兴带动农民富。

如今，越来越多的浙江农村成为“网红村”，乡村旅游、度假康养、电商直播、文化创意等业态蓬勃发展，“径山茶”“丽水山耕”等农产品逐渐“出圈”，“农家乐”“洋家乐”“民宿经济”“特色小镇”等一批乡村文旅品牌名声大振。

口袋鼓起来，脑袋也要“富”起来。2012年，进入深化阶段的“千万工程”向乡风文明、乡村治理拓展，万座农村文化礼堂拔地而起，公共服务圈、医疗卫生服务圈等农村公共服务持续健全，农民精神文化需求得到更好满足，给美丽乡村注入了“美丽灵魂”。

从美丽生态、美丽经济到美丽生活，村美、民富、人和的精彩蝶变之曲在之江大地不断奏响。

三

“千万工程”是习近平生态文明思想在浙江的生动实践。离开浙江后，习近平同志仍然牵挂着这项工程，多次批示指示要总结好的经验做法在全国加以推广。

为什么“千万工程”对建设美丽中国、实施乡村振兴战略具有参考意义？绕不开三个关键词：可复制、可持续、可发展。

先说可复制。在浙江工作期间，习近平同志就多次强调，浙江各地的自然差异和经济差异较大，山区、平原、丘陵、沿海、岛屿各不一样，发达地区和欠发达地区、城郊和纯农业村庄也不一样，加快村庄整治和环境建设，不能盲目崇洋、崇大、崇快；不能千篇一律，不要“一刀切”，必须因地制宜。

“千万工程”从一开始就注重打造“千村千面”“万村万象”，根据不同村的资源禀赋、区位条件、历史人文、功能定位等，分类确定建设模式和“一村一策”，推动形成“一村一品”“一村一韵”。于是，我们看到，新昌梅渚村、诸葛八卦村等历史古村，主打古屋古韵、古色古香；定海马岙村、洞头东岙村等海岛渔村，则凭借海洋风情吸引四方来客……

再说可持续。“千万工程”有1.0、2.0、3.0等多个不同版本，对应不同的发展阶段，每一个阶段都集中解决这一阶段的主要矛盾。从垃圾清理到垃圾分类、垃圾利用，从简单的危旧房改造到浙派民居的统一设计，从村容村貌整改到规划先行、整体谋划，“千万工程”始终随着群众需求升级而发展、随着时代变化而丰富。

最后说可发展。从以点入手到由点及面，再到全面推进迎来整体质的飞跃，“千万工程”不仅给农村带来了环境革命、生态革命，更带来了农业发展方式革命、农民生活方式革命，真正实现了从一处美向全域美、一时美向持久美、外在美向内在美、环境美向生活美的全方位转型。

四

当前，在共同富裕的大背景下，已经走过20个年头的“千万工程”怎样续写新的篇章？浙江的答案是：建设未来乡村，推动乡村发展加速向“千村未来、万村共富、全域和美”迭代升级。

打造未来乡村，首先要让传统乡村呈现出更多未来元素，体现更强的“未来感”“未来味”。在这方面，无疑需要借力数字赋能，以数字引领乡村发展变革重塑。

比如，加强数字技术在乡村的运用和普及，加快打造产业、风貌、文化、邻里、健康、低碳、交通、智慧、治理等数字场景，让乡村管理更加智能有序；通过开发数字应用，让数据"流动"起来，推动智慧医疗、智慧文化、智慧教育、智慧救助等落地乡村，进一步消弭城乡公共服务差异；等等。

产业发展是未来乡村建设的核心。只有具备坚实的产业基础，才能让乡村真正"有活力、有人气、有未来"。因此，要在已有基础上，进一步强化"生态富美"的支撑，打通绿水青山和金山银山的转化通道，探索更灵活的方式、更有效的渠道，把"零散沉睡"的资源挖掘利用起来，吸引更多年轻人回到乡村、城里人来到乡村。

此外，为避免出现同质化竞争和重复建设，抱团发展也是未来乡村建设探索的方向。这种模式以个别基础较好的村庄为核心，联动若干地域相近、产业相融的乡村协同发展，有助于在资源统筹中实现"1+1>2"的叠加效应，实现共富共美。

一百个人心中，或许有一百种关于乡村的想象。"千万工程"在托起无数美丽乡村的同时，也让这些想象得以成为现实。我们期待着下一个20年更精彩的美丽传奇。

（李戈辉　执笔）

“千万工程”改变的不只是人居环境

说起浙江的乡村，人们总会习惯性地加上一个形容词——美丽。

确实，“浙”里有山乡之美，青山绿树、白墙黛瓦、小桥流水；有一应俱全的文化礼堂、农家书屋等文化空间；“浙”里更美在乡风民风、文化文明……浙江，重新定义了何为美丽乡村。

回望浙江农村发展史，我们发现，21世纪以来，浙江农村打开了跨越式发展的“闸门”。而“千万工程”，正是这场触及深层本质的乡村革命的起点。

2003年6月5日，习近平同志亲自参加动员大会，对“千万工程”作出全面部署。改变万千乡村面貌、造福千万浙江农民的“千万工程”从此拉开帷幕。

可以说，作为民生工程、民心工程，“千万工程”从农村人居环境整治入手，改变的远不只是人居环境。

一

从根本上来看，“千万工程”是一次发展理念、发展模式的变革重塑。

在过去数百年的历史发展进程中，随着现代化的推进，从城市到乡村，人类文明发展成就卓然。但相对应的，农村和城市都出现了诸多共性难题。其中之一就是单纯追求经济等单向度、非均衡的现代化，最终导致发展难以可持续。

在相当长的时间里，农村经济发展和生态环境保护被认为难以兼顾，农村环境遭到破坏，导致治理难题颇多。比如，生态修复、污染治理，耗时耗力；人居环境脏乱差，旧貌不改，难以提升；等等。

“千万工程”从整治环境入手，与“八八战略”中的“进一步发挥浙江的生态优势，创建生态省，打造‘绿色浙江’”一脉相承。在推进“千万工程”的过程中，浙江并未就环境抓环境，而是综合运用统筹发展的方式，不仅为农村带来生态革命，更带来发展方式与生活方式的革命。

因此，它实现了从“坐在垃圾堆上数钞票”到“端稳绿水青山‘金饭碗’”的华丽转身，打开了从绿水青山到金山银山的转化通道。这种新理念新模式，在“千万工程”20年的生动实践中被反复印证。

比如，“千万工程”催生了美丽经济新产业。产业有优势，心里就不会发慌。浙江农村居民人均可支配收入从2003年的5431元提升到2022年的37565元，村级集体经济年经营性收入50万元以上的行政村占比达51.2%。这些年，浙江生态农业、农村电商、乡村旅游等新业态蓬勃发展，不以牺牲生态环境为代价，农民的钱袋子依然可以鼓起来。

敬畏脚下的土地，土地也会反哺于你。2018年9月27日，“千万工程”荣获联合国最高环保荣誉“地球卫士奖”。颁奖词评价道：“这一极度成功的生态恢复项目表明，让环境保护与经济发展同行，将产生变革性力量。”

它启示我们，物质和精神两条腿走路，才能走得更稳更持久。在乡村发展过程中，村民精神面貌的改变同样不可或缺。像是浙江首创的农村文化礼堂，承载着“我们的村晚”“我们的村运会”等品牌项目，既是物理空间，更是广大农民群众的精神家园。

二

“千万工程”面向农村、扎根农村，却并非把农村与城市两者割裂开来。因而，它也带来城乡关系的深刻变革。

先来看一组数据：浙江城乡居民收入比从2003年的2.43缩小到2022年

的1.90，是全国城乡收入差距最小的省份之一；农村公路等级公路比例100％，县域内跨乡镇、跨行政村断头路基本打通；率先基本实现城乡饮水同质，城乡规模化供水覆盖率90％……

为何能做到如此？答案在“千万工程”20年的实践历程当中。

一方面，城市发展绝不能抛下农村。城乡本是一体，不能截然分割、二元对立。城镇化不仅不能与农村发展脱节，还要产生效益，提供资源支撑农村的可持续发展。“千万工程”实施前，“重城轻乡”的问题并不少见：只管城市的垃圾与污水，不管农村的垃圾与污水；只管城市规划，不管农村规划。在推进“千万工程”的过程中，不论是“垃圾革命”“污水革命”“厕所革命”等建设，还是县域美丽乡村建设规划，城市建设治理推进到哪里，农村环境整治和发展规划也推进到哪里，绝不落下一个村，这才有了如今城乡融合发展的良好局面。

另一方面，农村现代化不是变为城市，而是要保留自身特色，农村要建得更像农村。“千万工程”从一开始就注重打造“千村千面”“万村万象”，根据不同村的具体情况，分类确定建设模式和“一村一策”，推动形成“一村一品”“一村一韵”。

推进乡村振兴没有标准答案，必须实事求是，因时因地制宜，遵循乡村自身发展规律。发展农村，应立足山区、平原、丘陵、海岛等不同地形地貌，并结合地方发展水平、财政能力等，不做过头事，标准有高有低、不搞整齐划一，“到什么山唱什么歌”，让不同“声部”齐声合唱。

于是我们看到，新昌梅渚村、诸葛八卦村等历史古村，主打古屋古韵、古色古香；定海马岙村、洞头东岙村等海岛渔村，凭借海洋风情吸引八方来客……

当农村有了与城市不一样的风景，才更能成为城里人的向往之地，吸引更多城里人回乡创业、进村消费，最终形成良性循环，探索出城乡融合发展的新机制。

三

“千万工程”还带来了乡村治理方式的变革，推动乡村治理形成共建共治共享的局面。

以往一些农村治理难，从某种程度上而言，是因为多少存在村级党组织说话没人听、办事没人跟的问题。“千万工程”的推进实施，对村民的凝聚力向心力也产生了潜移默化的影响。重中之重是，注重“村里的事情大家商量着办”，激发村民们的主人翁意识。

2006年1月，习近平同志到海盐县于城镇调研，他问大家：推进“千万工程”还有哪些困难？

基层同志回答：“‘千万工程’搞了三年，之前容易改的都改了，剩下的硬骨头总难见成效，愁。”“我们村底子薄，缺资金，有些环保项目上不了。”“上面工作考核压力大，有些干部思想包袱重、畏难情绪大。”

习近平同志不断勉励大家，同时也叮嘱随行人员：实施“千万工程”，越往后越难，靠一家一户解决不了，只靠干部的力量也不够，必须由党委、政府牵头，各部门广泛参与。要加大财政支持的力度，也要充分调动广大农民群众的积极性，引导千百万农民为建设自己的美好家园和幸福生活而共同努力。

实施“千万工程”的过程，就是不断把农民群众从“要我建设美丽乡村”变为“我要建设美丽乡村”的过程。该由政府干的主动干、精心干、扎实干，该由农民自主干的不越位、不包揽、不干预，组织有了更强的凝聚力战斗力，干部树立了威信，老百姓有了更多参与感获得感。归根结底，乡村振兴受益在群众、主体是群众。

走过20年，“千万工程”经历了从“千村示范、万村整治”到“千村精品、万村美丽”，再到“千村未来、万村共富、全域和美”，每一个阶段都随着群众需求升级而向前发展。认准目标，一任接着一任干、一锤接着一锤敲，看得见、摸得着的幸福感一点点累积起来，“千万工程”的金字招牌也越擦越亮。时间最终会褒奖坚守者、奋斗者。

可以说，“千万工程”既是“八八战略”在浙江接续实施20年的重要抓手，也是“八八战略”引领浙江蝶变的生动体现，更是中国式现代化浙江篇章在农村地区的一个生动缩影。

如今，“千万工程”还在不断迭代升级推进。2023年浙江省委一号文件提出，以“千万工程”统领宜居宜业和美乡村建设，并部署实施县城承载能力提升和深化“千万工程”，加快城乡融合发展。

有人形象地比喻，在浙江发展面临转型的关键时刻，“千万工程”是让列车换道变轨的那个扳手。这一“扳”下去，让浙江乡村换道飞驰，驶向更远的远方。

未来，列车还将如何驰骋？浙江万村千乡又将如何蝶变？人们期待着浙江乡村振兴的新景致。

（谢滨同　徐慧芳　执笔）

一根藤上的“苦瓜”怎样变成“甜瓜”

“苦瓜”变“甜瓜”，听起来有些匪夷所思，却是浙江实实在在发生的变化。

在《干在实处 勇立潮头——习近平浙江足迹》里就记载着这样一件事：2003年6月的一天，时任浙江省委书记习近平专程来到武义县考察调研，并召集当地5位下山脱贫代表村村支书一起座谈。在被问及下山后生活怎么样时，新九龙山村村支书邓寿明说：“我们下山前在高山村时，都是一根藤上的苦瓜。现在下山脱贫了，我们都是一根藤上的甜瓜！”

是什么样的魔力，让“苦瓜”变成了“甜瓜”？

一

千家万户发生的大变化，离不开发展战略上的大考量。习近平同志在浙江工作期间谋划推出的“八八战略”就是关于浙江经济社会发展的顶层设计，是实现“苦瓜”变“甜瓜”的最硬核“独门秘方”。

在“八八战略”里有这么一条：“进一步发挥浙江的城乡协调发展优势，加快推进城乡一体化”。虽然字数不多，但内涵极为丰富，体现的是在统筹指导下加快发展、在加快发展中实现统筹的科学思想，蕴含着城市和农村互促共进一体化发展的目标指引。

20多年前，九龙山村曾流行一句顺口溜：“九龙山九龙山，十年九年旱，出门就爬山，有囡不嫁九龙山。”那个时候的九龙山村，村民住的是破旧泥土房，耕地仅30多亩，人均年收入只有300多元，面临出行难、经济发展难等“七大难”。

而在下山脱贫、精准扶贫之后，小山村变了样，不仅家家盖起了新楼房，村里还建起了生态停车场、村级物业大楼。2017年，全村人均年收入达3万多元，增长了几十倍。村民们念起了新的顺口溜：“九龙山九龙山，下山以后处处变了样。新村建在省道旁，武义城里的花旦嫁进九龙山。”

20多年的时间，两句顺口溜的变化，既是九龙山村人的真实感受，也是“八八战略”指引下浙江人民不断开启幸福路的生动缩影。

如果要问“八八战略”蕴含的价值观是什么，回望这20年走过的路，可以坚定地回答，就是坚持以人民为中心的发展思想。让人民过上更加美好的生活，就是实施“八八战略”最根本的目的。

二

“苦瓜”变“甜瓜”是一个久久为功的过程，贵在持之以恒，重在一以贯之。

在浙江工作期间，习近平同志针对当时浙江欠发达地区发展滞后和仍有大量贫困人口的问题，部署实施了欠发达乡镇奔小康工程、“山海协作工程”、百亿帮扶致富工程等扶贫工程。他曾说，全面小康要求的，不仅是“小康”，重点和难点更在“全面”二字。在2003年1月13日召开的全省农村工作会议上，他提出“现代化建设不能留盲区死角，实现全面小康，一个乡镇、一个人都不能掉队”。

“全面小康，一个也不能少”，浙江干部群众始终牢记着这一份温暖的嘱托。

20年来，历届浙江省委都把“八八战略”作为全面建成小康社会、推进社会主义现代化建设的根本遵循，在接力赛场上从未停步。

比如，欠发达乡镇奔小康工程，就是将原“百乡扶贫攻坚计划”的乡镇和2011年农民人均纯收入低于全国平均水平的乡镇列入欠发达乡镇，进行精准扶贫，以推动其加快发展。如今的浙江，已经很难在各种文件中找到“欠发达”三个字，取而代之的，是全面推动山区26县跨越式高质量发展，“26个‘产业飞地’落地建设，山区26县GDP增速高于全省平均”，均衡发展不断取得新成效。

比如，“山海协作工程”，这是习近平同志当年为跨越“清大线”、念好“山海经”开出的“良方”。在浙江工作期间，他每年都要在地市一级召开座谈会，主持会议并讲话。如今，浙江正接续打造山海协作升级版，仅2022年就滚动推进山海协作产业项目300个、完成投资400亿元以上，一幅“绿蓝泼墨”的山海画卷愈发壮美。

还比如，百亿帮扶致富工程，通过加强基础设施建设来改善区域投资环境和老百姓生活环境。如今，面对人民群众日益增长的美好生活需要，浙江在各个方面都有新动作。就拿文化领域来说，正大力推进百亿文化设施建设工程，杭州国家版本馆、之江文化中心陆续建成开放，城乡文化阵地和文化基础设施不断提质增效，群众的文化幸福感不断提升。

举措打法不断迭代，战略思想却一以贯之。实践告诉我们，“八八战略”从来不是管一时一域的，而是管方向、管全局、管长远的。

三

“甜瓜”栽下了，如何种得更好？每一次种下“希望”，都预示着新一轮的辛勤耕作。

党的二十大报告提出，“增进民生福祉，提高人民生活品质”；2021年5月，中共中央、国务院印发《关于支持浙江高质量发展建设共同富裕示范区的意见》；浙江省第十五次党代会明确，到2027年，城乡居民收入倍差缩小到1.9以内，城镇化率达到76%，地区居民收入最高最低倍差缩小到1.55以内，26县居民收入与全省平均之比达到0.75……

让老百姓过上好日子，政府很努力。2023年浙江省政府工作报告就明确，围绕实施公共服务“七优享”工程，继续全力办好十个方面民生实事，努力把好事办好、办到群众心坎上。比如，新改扩建公办中小学校100所，新增学位8万个；新建ICU床位3000张；新建筹集保障性租赁住房25万套（间）；新增“15分钟品质文化生活圈”3000个……事事有清单、件件能对账。

把日子过得更红火，群众也很卖力。宁波的滕头村，最初是一个远近闻名的穷村，“田不平，路不平，亩产只有二百零”，后来通过努力变成了全国知名的富裕村。如今的滕头人依然没有停下创业的脚步，为了实现共同富裕，滕头村联合周边6个村，开展区域党建联建、项目共抓、治理共管，实现“抱团发展”。在村书记傅平均的带领下，即使在新冠肺炎疫情期间，全村经济总量仍然保持12%左右的增长速度，2021年实现社会生产总值125.7亿元。“一犁耕到头”“奋斗致富”等，成了滕头村人致富日记里最闪亮的关键词。

如果说提出“八八战略”是为“苦瓜”变“甜瓜”蹲了苗、搭了架，那么20年坚持不懈的努力就是浇了水、施了肥，如今果实已然孕育，依然需要我们给予更多的阳光雨露，让这片土地上的“甜瓜”更加香甜。

（何诗航　执笔）

吾乡安处在浙江

在浙江的乡村，不仅有从城市打工归来的本地人，也有选择把栖居之所安在乡村的城里人，更有已经闯出一番天地的新农人和立志毕业之后归乡创业的大学生，经常能在他们口中听见这样的话——“城里人也羡慕农村人”。

那么，浙江乡村究竟“好”在哪里？何以变“好”？“好”的意义又在哪里？

浙江的城乡统筹发展呈现如此高度的协调性，并不是水到渠成、一蹴而就的。习近平同志在浙江工作期间指出，城乡发展不均衡、不协调的实质是“三农”问题，而“三农”问题的本质是农民问题，农民问题的核心是增进利益和保障权益问题。城乡统筹发展，才让浙江的发展出现了更多生机，为今天浙江奋力推进“两个先行”打下了坚实的基础。

一

热衷于乡村游的人或许会发现，浙江乡村有一些鲜明特点。

首先，民宿遍地开花，软硬件标准高。在浙江，不仅农村本地人开民宿的多，还有很多人是从上海、江西、福建等全国各地甚至是海外专程来开民宿或从事民宿运营的。当然，这种现象产生的前提是浙江农村的基础条件好——经济富裕、环境优美、交通发达、配套设施较完善、民宿行业机制较成熟，乡村产业融合发展程度高，村庄生态、生产、生活有机结合，适合诗意栖居的景区村庄较多。

素有富春江畔“东流第一关”之称的东梓关村，如今又因“最美回迁房”闻名全国而成为“网红村”。明清古建，粉墙黛瓦，溪桥渔浦，洲渚掩映，这个青山绿水、诗情画意、现代设计三者相融的美丽乡村，宛若一幅现代版“富春山居图”。除了村民以外，当地不乏租下回迁房来追求理想生活、发展事业的外来民宿主。

再以湖州德清县为例，目前共有登记在册民宿近900家，“洋家乐”带动全县直接就业人员6000余人，带动青年返乡创业3000余人，村民宅基地入股、村集体资产入股，联合开办乡村民宿的模式日渐成熟。2021年，德清民宿业共接待游客722.8万人次，营收达29.37亿元。

其次，有许多以家庭农场、生态农业为代表的新型农业形态，各具地方特色。比如，作为全国首个家庭农场集聚区，安吉鲁家村开创了“公司＋村＋家庭农场”模式，使拥有18个家庭农场的美丽乡村田园综合体“有山有水，有景有致，有农有牧”，短短几年，便从集体资产不足30万元的贫穷小山村蜕变为屡登央视的创收2亿元明星村。

再如丽水，通过发展农文旅、健康养老、体育休闲等新型业态，增加生态产品供给，助力乡村振兴，尤其是“丽水山耕”“庆元香菇”“龙泉黑木耳”“云和雪梨”“松阳银猴”“缙云烧饼”等当地生态农产品品牌，已在全国形成了一定知名度。

最后，浙江古建筑、古村落保护做得好，历史氛围感浓厚。在丽水松阳海拔800多米悬崖上的古村落陈家铺村，由村民礼堂旧址改造而来的平民书局先锋书店，不仅是村民看书之所，也是热门旅游打卡地之一。

过去10年里，浙江共实施10批次432个历史文化（传统）村落保护利用重点村、2105个一般村建设，省财政累计投资34亿元，带动各级政府和社会资本投资130余亿元，探索形成十大古村落保护利用模式。在国家已公布的5批中国传统村落和中国历史文化名村中，浙江分别有636个和44个被列入榜单，均居全国前列。

二

山美、水美是很多人对浙江的印象，但“七山一水二分田”才是对其先天条件的较准确形容。40多年来，浙江不仅逆转了资源严重不足的劣势，更创造出了对原本缺失资源“无中生有”的经济奇迹，这集中体现在各项经济数据的全国排名上，其中最为亮眼的便是浙江的老百姓收入和城乡居民收入差距。自2013年至2022年，浙江城乡居民收入倍差连续10年呈缩小态势，城乡差距为全国最小。

事实上，尽管浙江经济社会发展自改革开放初期以来一直走在全国前列，但城乡发展不协调、不均衡的问题同样存在，甚至比其他地方更早地受到了发展瓶颈的制约。

对此，在浙江工作期间，习近平同志敏锐地看到了问题症结所在，明确提出必须跳出“三农”抓“三农”。用统筹城乡发展的思路去消除城乡之间要素、人口流动的体制性障碍，这才是真正实现农民增收、农业增效、农村发展的根本途径。

2003年7月，浙江省委十一届四次全体（扩大）会议上，把“进一步发挥浙江的城乡协调发展优势，加快推进城乡一体化”纳入“八八战略”。立足于先试先行，浙江由此率先围绕“走出一条城乡一体化发展的新路子”，宣告正式开始进行一整套全面、系统、持续的探索与实践。

2004年，浙江省委、省政府专门制定出台了以扩大公共财政、社会保障和公共服务等覆盖农村为重点的《浙江省统筹城乡发展推进城乡一体化纲要》；2006年，又出台了《关于全面推进社会主义新农村建设的决定》，加快城乡统筹发展的步伐……

在“八八战略”指引下，浙江逐步消除了农民因城乡二元结构而在实际获得感上的巨大落差，真正过上了体面且有尊严的生活。

三

党的十八大以来，以习近平同志为核心的党中央从党和国家事业发展全局出发，坚持把解决好“三农”问题作为全党工作的重中之重，团结带领全国各族人民打赢了史无前例的脱贫攻坚战，开启实施乡村振兴战略新征程。

党的二十大闭幕后，习近平总书记就来到陕西省延安市、河南省安阳市考察，聚焦农村乡亲们的生活和农业发展，指明了全面推进乡村振兴在中国式现代化中的极端重要性和历史必然性。

那么，什么才是具有中国式现代化精神要旨和价值追求的全面乡村振兴呢？关键就在两个同音不同形的汉字上。

第一，把乡土乡愁“留”下来。关于这点，这些年来，习近平总书记在各个会议和考察期间都多有论述：

乡村文明是中华民族文明史的主体，村庄是这种文明的载体，耕读文明是我们的软实力。城乡一体化发展，完全可以保留村庄原始风貌，慎砍树、不填湖、少拆房，尽可能在原有村庄形态上改善居民生活条件。

新农村建设一定要走符合农村实际的路子，遵循乡村自身发展规律，充分体现农村特点，注意乡土味道，保留乡村风貌，留得住青山绿水，记得住乡愁。

第二，让城乡要素“流”起来。发挥市场在资源配置中的决定性作用，处理好政府与市场之间、集体和农民之间的关系，基层政府更多通过依法履职推进改革、保护农民合法权益，实现城市和农村之间的空间融合、要素融合、产业融合以及制度融合。只有既让农村农民有能力实现“进城梦”，又让城市市民有意愿实现“返乡梦”，才能为乡村振兴真正注入新活力。

如今，走进浙江新农村，还可以发现一些有意思的现象，很多现代化的崭新民居旁还保留着一间或半间原来的破旧老房子；村里四五十岁的阿姨在自己家的新房前边做边卖留在童年记忆中那个味道的饼……

浙江乡村在振兴的路上留住了乡愁乡韵和传统文化的底色，“安且吉兮”这一古语从美好希冀变成了现实生活。都说“此心安处是吾乡”，如果再添一句“吾乡安处在浙江”，相信大家也会很赞同。

（吴　洋　执笔）

浙江“网红村”为何火?

在2023年全国两会首场“代表通道”里，一位浙江的村党支部书记高调“炫富”:“如今我们余村，村强、民富、景美、人和，村集体经济收入达到1305万元，村民人均收入达到64863元，乡亲们常说，绿水青山就是幸福靠山!”

据统计，全中国有几十万个行政村，可以走上人民大会堂红毯亮相的，绝对是“万里挑一”。从“山是秃头光，水成酱油汤”到如今的“人在余村走，就是画中游”，这样的传奇故事，在浙江并不是个例。

浙江“网红村”为什么这么多?“出圈”的背后，我们可以看到什么?

一

曾任联合国副秘书长、联合国环境规划署执行主任的埃里克·索尔海姆走进浙江乡村时曾感慨，浙江的模样就是中国未来的模样，甚至是世界未来的模样。

如今，浙江乡村可谓“万村万面”。比如，宁波市东钱湖畔的俞塘古村和城杨村，拥有永安桥、鱼鳞坝、诗画廊桥、千年裴君庙、千年银杏树、琴键碇步桥、斑山市集、亭溪美景等，并通过改造旧貌换新颜，更加惹人喜爱。

再比如，舟山市嵊山岛上的绿野仙踪无人村。前几年，有摄影师公布了一组后头湾村的照片，瞬间引爆了网络。被爬山虎“吞没”的小渔村，绿意葱茏，宛如童话仙境，充满淳朴的渔家气息。

还有杭州市余杭区塘栖镇总长20千米的“塘超小径”，杭州市临安区太阳镇太阳村的创意稻田与“非遗”文化表演，湖州市长兴县泗安镇二界岭村生态农业观光园里大片盛开的杜鹃花，等等。

从“出圈”方式来看，浙江乡村找到了适合自己的，摸准了市场喜欢的，做好了自己擅长的。

要么优势独特，深厚的人文历史、地理地貌等引人入胜，古城古街、海边山林，让人感受到穿越千年的烟火气。要么转型成功，从产业、文化等方面着力，推进全村改造提升，比如打造特色产业一条街，或开发“网红”食物、“网红”餐厅、“网红”书店、“网红”礼堂等，新潮与传统交织，乡愁与兴趣结合。要么搭乘东风，影视剧取景地、“网红”打卡地“出圈”效应明显，比如电视剧《三十而已》的取景地金华磐安县横路村，“明星效应”成为带动乡村的流量法门。

跳出乡村看乡村，才能读懂“网红村”的新内涵。浙江乡村拥有着“绿水青山就是金山银山”的生态美和农民富，也有着意蕴悠长的文化内涵和浓浓乡愁。

每一个来到浙江乡村的人，都可以找到那一份淳朴的乡情，找到自己的“根”。正如埃里克·索尔海姆所说的那样，在浙江乡村可以看到未来的样子，更可以看到你我的样子。

二

有人说，先进经验每个村都可以学。但有道是“画虎画皮难画骨”，模仿容易超越难。每个乡村都有自己的气质和特点。从更深层次来看，浙江的乡村有着与众不同的发展路径。

浙江“网红村”为什么这么多？笔者认为，既是由于“诗画江南”的得天独厚，更得益于浙江支持“三农”发展的制度优势，浙江由此走出一条具有辨识度的路径。

2002年以前，浙江的农村可以说是“屋里现代化，屋外脏乱差”。2002

年12月28日，时任浙江省委书记习近平在金华调研时指出，城乡一体化是一个带有根本性的问题，并特别强调要培育小城镇，建设新农村，就要避免“镇镇像农村，村村像城镇”“建设现代化，环境脏乱差”。

很多问题提早预见，发展的步伐才能走得又快又好。

2003年6月，浙江省委、省政府作出“千村示范、万村整治”工程的工作部署，着眼于统筹城乡发展。“千村示范、万村整治”工程为浙江乡村发展打了一剂强心针，特别是让山区、丘陵、平原、城郊、水乡、海岛的特色充分发挥，成功推动了人居环境和自然环境有机融合、传统文明和现代文明完美结合。

到了2003年7月，浙江更是将“进一步发挥浙江的城乡协调发展优势，加快推进城乡一体化”纳入“八八战略”。

基础不牢，地动山摇。“八八战略”强调城乡一体化发展，是经过了深刻思考与谋划的。乡村火起来是天时地利人和，但更要看是否有扎实的发展根基。城乡一体化发展就是乡村火起来的“本”。

党的二十大报告强调全面推进乡村振兴，扎实推动乡村产业、人才、文化、生态、组织振兴。

如今，在“八八战略”指引下，浙江着力打造“千村向未来，万村奔共富”的新时代“千万工程”升级版，把握区域发展不均衡的实际，探索出一条差异性竞争、跨越式发展之路，引导乡村找到符合自己的建设模式，拉高乡村建设的基准线。

20年来，浙江乡村秉持改革创新理念，不断做好“绿水青山就是金山银山”的转化文章，深入建设宜居宜业的和美乡村，既让农民得到了实实在在的好处，也为乡村长远发展打下了更加坚实的基础。

三

当下，乡村发展成为市场关注的一片“新蓝海”。众多市场主体都纷纷下沉农村，希望以乡村“出圈”带动经济效益。但所谓欲速则不达，乡村发展永远无法套用模板，不然就会闹笑话。

比如，个别乡村大建特建“形象工程”，不土不洋；大量建设大公园、大广场、大牌坊等“面子项目”，导致古村里出现现代广场；村村都在建牌坊，动不动就建设玻璃栈道。再如，个别乡村脱离实际照搬城市模式，不伦不类；一味追求“城市化”，不顾发展实际建设咖啡吧、酒吧等，搞与乡村人文自然环境不符的花卉景观绿化项目，甚至破坏了自然环境。

乡村“出圈”，不能一味追求一时一事的火爆，紧盯“网红经济”和“现象级效应”。乡村发展要的是持久的生命力，要找到乡村的“灵魂”。

既要借城乡一体化的东风，更要坚守乡村的固有属性和特色风格，找到自己的优势，以文化赋能、创意铸魂，从而建立起乡村文旅产业链，带动当地农民致富。

定位是什么？是古村落的“老味道”、山清水秀的“鲜味道”。“千村一面”只会觉得单调，“一村一品”才会让人有打卡欲望，才是“出圈”应该有的定位。

方向在哪里？要追求广大农民富裕富足、人与自然和谐相处、传统文化繁荣发展，打通物质富裕和精神富有的转换通道。特别是当下，人们的审美水平越来越高，满足文化需要和情感需求，乡村可以扛起重要的使命。

就像衢州余东村，中国第一农民画村，超过300名农民画家常驻村子，人人拿画笔，创作出展现乡村生活、家乡美景的农民画，真正实现口袋富、脑袋富。

招式怎么打？把握基础设施建设的完备性、公共服务的普惠性、基层治理的有效性，以及农村集体经济发展的实践举措，找寻品牌溢价、找到发展载体，这是打好这场乡村“出圈之战”的关键。

比如，浙江农村实现文化礼堂全覆盖，以礼堂为乡村地标，着力打造农村“15分钟品质文化生活圈”，推出“我们的村礼”等品牌，提供民宿、餐饮等配套特色服务，让人们有事可做、有地可歇，培养一批回头客。

建筑可以升级、功能可以复制，但乡村的内核无法照搬照抄。乡村重建的是信心、凝聚的是人心，重塑的是一个充满魅力的城乡一体化新格局。

（刘雨升　执笔）

小镇　私藏江南的美

春日暖阳，踏春赏花。浙江有不少“出圈”又“出片”的“网红”小镇，除了像嘉兴西塘、乌镇这样家喻户晓的水乡古镇外，江山廿八都镇、富阳黄公望风情小镇、余杭径山镇、德清莫干山镇等在各大春游攻略中也很火。有网友说：“这些小镇私藏了江南大半的美。”

小城镇既有乡村的特征，又有城市的影子，想把小城镇建得既有“网络流量”又有“市场留量”并不容易。在城乡协调发展的过程中，需要深入思考的是，如何让城乡之间的资源要素涌动起来，让小城镇各美其美、美美与共？

一

浙江的小城镇建设起点并不高。21世纪之初，浙江的工业经济发展了，群众收入增加了，但也为此付出了巨大代价，在部分农村，环境“脏乱差”问题尤为突出。当时有顺口溜说：“走了一村又一村，村村像城镇，走了一镇又一镇，镇镇是农村。”

日益扩大的城乡沟壑怎么填？小规模、碎片化的农村公共服务，该如何供给？农民进城后，日渐空心化的乡村又该如何重现活力？

习近平同志到浙江工作后，高度重视统筹城乡发展，并把这项工作作为“八八战略”中的一项重要举措。其中的重要抓手就是“千村示范、万村整治”工程，即通过全面整治1万个行政村，并把其中1000个左右的中心村建成全面小康示范村，以此来改变乡镇农村“脏乱差”的现状。

一项工程奏响了浙江全省城乡统筹的大合唱。交通部门的乡村康庄工程、水利部门的千万农民饮用水工程、林业部门的万里绿色通道工程等纷纷聚集到“千村示范、万村整治”工程旗下。示范村建到哪里，配套资金就跟到哪里。直到现在，省委每年还会召开一次“千村示范、万村整治”工程的现场会。

在《干在实处　走在前列——推进浙江新发展的思考与实践》一书中，习近平同志指出：“农村城镇化，并不是村村都要城镇化，还要根据村庄的布局，有的发展为中心镇，有的建设成新农村，有的则逐步萎缩。小城镇和新农村建设关键体现在质量上，规模上的大小不要刻意追求。将来实现城乡一体化，也不是说所有人都要生活在城里，关键是农村的生活质量不差于城市，所有人都能共享现代文明。”

据此，习近平同志开创性地提出了很多工作思路。比如下山扶贫，与其在偏远的大山深处花巨资通公路、电，建其他基础设施，不如让群众下山融入县域经济，把生态和发展等多方面的问题都兼顾起来；比如农民健康工程，推动建立健全新型农村合作医疗制度，政府拨出专款每两年为农民提供一次免费体检；此外，“每个乡镇保留一所公立卫生院、每个村至少有一个卫生室”还被纳入地方党委、政府领导干部政绩考核体系；等等。

时至今日，浙江乡镇农村面貌发生了巨变，美丽城镇、美丽乡村到处可见。2022年浙江省国民经济和社会发展统计公报显示，全省城镇化率为73.4%，比上年增长0.7%；城乡居民收入比降至1.90，比上年缩小0.04。可以说，浙江缩小收入差距、奔向共同富裕的过程中，数以千计的小城镇发挥了不可忽视的作用。

二

环境变美之后，如何推进以人为核心的新型城镇化、带动城乡融合发展，成为浙江忠实践行“八八战略”、奋力打造“重要窗口”的全新课题。

小城镇一头连着城市，一头连着农村，是城乡融合的“联结者”。一方面，小城镇作为中国最基层政府所在地，是吸引农村人口的“磁力点”，而从大中城市外溢出来的产业和消费，对镇域经济也有不小的牵引力；另一方面，喧嚣拥挤的“城市病”在一定程度上也需要周边的城镇空间来缓解。

首先，单打独斗不如抱团发展，几个城镇联动起来，以大带小、以镇带村，形成城市群、都市圈的“微缩版”。比如，在平阳县北港片区，4个邻近城镇打破原有行政区划，变“一地有”为“全体共享”，全域一体化规划、组团式发展，打造了“15分钟品质文化生活圈”体系。

其次，处理好生态保护与开发利用的关系，也是绕不开的话题。比如，被称为“西施之泪”的诸暨白塔湖湿地囊括了4个乡镇，既是一个生态敏感区，又是镇域管理的交叉区域，为此，几个乡镇建立了生态共保对话机制。再比如，乌镇，一手牵着诗意，一手牵着繁华。作为全球首个5G智慧小镇，全国首座“5G＋”智慧生态公园等多个信息化科技场景在乌镇落地，“互联网＋”“智慧＋”赋予了美丽城镇新的定义和内涵。

最后，充满烟火气和生活味是小城镇建设的另一番美。比如，兰溪的游埠古镇因早茶而闻名，当地居民至今保持赶早的习惯。凌晨4点左右，街上便开始人头攒动。各式各样的茶点是游埠早茶的“主角”，酥饼、炒米粉、汤圆、烂生菜滚豆腐……一众美食足以让游客就着一壶茶消磨一上午时光。一些老茶客宁愿步行也要赶到镇上，图的就是这番人间烟火气。

一路走来，浙江的小城镇建设交出了一张不错的成绩单。截至目前，已建成135个AAA级以上的景区镇，超过半数建成国家级卫生城镇，GDP超千亿元的小城镇有4个、超百亿元的有79个，全国千强镇有190个，小城镇高质量发展的亮丽风景成为浙江城乡融合发展的鲜明特质。

三

城镇化过程不能“见物不见人”，也不能“要城不要乡”，关键要看如何真正把城市与乡村、市民与农民有机地融为一体。小城镇作为统筹城乡的第一站，还需要注意以下三点。

小城镇建设不能光顾着拿“帽子”，“里子”充实了才撑得起“面子”。有的地方把“帽子”看得很重，各种示范镇、样板镇、景区镇的荣誉拿了不少，有这样的干劲是好的，但“帽子”到手便鸣金收兵的做法并不可取。不妨把“帽子”和荣誉当作撬动工作的杠杆，把产业、文化、社区等各种城镇功能系统性地整合好、发挥好，让老百姓、创业者、游客得到实惠，由衷点赞。

无特色，不小镇。差异化路子走得越好，小城镇的生命力才会越旺盛。这两年，各地打造特色小镇的热情很高，但随之而来的问题是，一些地方“复制＋粘贴”式上马项目，使得小镇同质化严重。所谓特色，就是唯一性、不可复制性。需要下功夫把有区域辨识度的产业、生态、文化挖掘出来、融合起来，打造“一镇一品”，让有个性的小城镇更有生命力。其实，对每一个小镇来说，最独特的IP就是文化。发掘独特的文化价值，才能让小镇美得与众不同。

小城镇需要人气。人气沸腾的地方才会有广阔发展前景，需要想办法把人引进来、留下来。在美国华盛顿大学，很多教授流连于那里的湖光山色，宁愿牺牲获取更高收入的机会，也不愿跳槽离开。他们的这种偏好，被华盛顿大学的经济学教授戏称为“雷尼尔效应”。发展生态与发展经济两条腿走路本身就是小城镇的优势，只要社区功能完善了，发展空间拓展了，既有生活环境，又有创业机会，自然就会产生“雷尼尔效应”。

总之，小城镇不管怎么发展，“人的生活”是始终不变的主题。除了“形”的改造外，更为重要的是，让老百姓在交通、教育、医疗等方面有更多获得感，这才是“魂”的升华。所有“打法”，都应该是朝着让人们过上更好的生活而去的。

树绕村庄，水满陂塘；小园几许，收尽春光。在城乡一体化进程中，我们免不了用“未来”定义“小镇”，或许有一天，也可以用“小镇”定义“未来”。

（王人骏　执笔）

06

绿水青山就是金山银山

“两座山”如何“点石成金”

2021年，一项世界级荣誉花落浙江的一个小山村——在联合国世界旅游组织第24届全体大会上，安吉余村从75个国家的170个乡村中脱颖而出，成功入选首批联合国世界旅游组织“最佳旅游乡村”名单。

“人在余村走，就是画中游。”从十几年前的污染重灾区蜕变为世界最佳旅游乡村，余村的美丽蜕变来自何处？当地百姓都会脱口而出“两座山”——“绿水青山就是金山银山”。

2005年8月15日，时任浙江省委书记习近平在安吉余村考察，首次提出“绿水青山就是金山银山”的重要论断。

党的二十大报告中，这个词再次被提及。习近平总书记指出：“我们坚持绿水青山就是金山银山的理念，坚持山水林田湖草沙一体化保护和系统治理”，“生态文明制度体系更加健全”，“生态环境保护发生历史性、转折性、全局性变化，我们的祖国天更蓝、山更绿、水更清”。

从“致富靠开采”到“种树能赚钱”，从“出门看空气”到“出门看天气”，这些年来，我们每个人都是“天更蓝、山更绿、水更清”的亲历者、见证者和受益者。

一

绿水青山可以创造价值吗？

不论是古典经济学，还是马克思主义政治经济学，似乎都不认可大自然可以直接创造财富价值。

斯密、李嘉图等古典经济学家认为“空气等自然要素尽管有使用价值，但没有交换，不构成价值来源”。马克思认为“劳动是创造价值的唯一源泉”，资本和土地等生产要素不直接创造价值。

然而，伴随工业化、城市化、信息化深入推进，发展逼近极限，人类对大自然的伤害最终会伤及人类自身，这是无法抗拒的规律。当自然的惩罚无情到来时，保护和恢复绿水青山必然要付出高昂的代价。

当年余村靠着开矿办厂“卖石头”致富，但“大家都像生活在有毒的牢笼里似的”，所以习近平同志在调研后指出：“你们关矿停厂，是高明之举！”

事实上，保护生态环境就是保护生产力，改善生态环境就是发展生产力。在人类工业化版图已经覆盖全球的今天，人与自然和谐共处成为时代的主题，环境的保护、生态的修复本身就是一种劳动形式，大自然可持续的产出就是劳动价值的实现。

对“绿水青山”价值的再重视、再发现、再创造，破除了“唯GDP论英雄”的发展迷思，否定了片面追求物质财富和社会资本的狭隘财富观，把自然财富、生态财富与社会财富、经济财富统一起来，既是对西方经济学理论的批判和修正，也是对马克思主义中国化时代化的拓展与创新。

二

绿水青山诚然宝贵，但价值究竟几何？财富如何转化？浙江围绕绿色做文章，因地制宜地开辟了多条转化通道。

这些年，浙江的民宿在全国出了名。很多游客就是冲着体验孤烟远村、小桥流水、茅檐细雨、灰瓦石阶的精品民宿来浙江的。好山好水好风景，似乎让烦恼和忧愁都随风飘散，也给人们留下了关于浙江的美好记忆。

据统计，浙江目前拥有民宿近2万家，农民收入中旅游贡献率达11.5%，且休闲农业和乡村旅游产业规模超千亿元，乡村旅游、生态旅游已经成为浙江推进共同富裕的重要路径。农村电商等新兴业态的兴起，更是让浙江广大乡村的特色农产品“飞往”全国各地。

不过，借助产业发展来化绿为“宝”只是浙江打开转化通道的第一步。浙江还通过体制机制创新，不断完善顶层设计，破解了一些疑难杂症。机制长效，绿水青山方能常在。

群众利益和生态保护不是矛盾体。如何既能调动群众保护生态的积极性，又能让群众享受到实实在在的好处？浙江在国内率先启动集体林地地役权改革，在“你承诺保护，我兑现补偿”的模式下，当地农民坐享生态红利。衢州开化钱江源国家森林公园就通过权利让渡撬动252平方千米生态保护，3100余户村民以保护换补偿。近年来，奔着良好生态环境来开化旅游的人数逐年攀升，当地年旅游总收入早已超过100亿元。

在两省毗邻处，有时存在生态保护的空白。“我吸川上流，君喝川下水”，守望相助方能“彼此共甘美”。因此，早在2012年，我国首个跨省流域横向生态补偿机制在安徽和浙江之间拉开帷幕，安徽和浙江拿5亿元进行水质“对赌”，地处新安江上游的安徽在10年间关停迁走了高污染企业，带动的收入增长远远超过了当年承诺的补偿资金，而下游的淳安千岛湖也演变成了游人们向往的“诗和远方”。

值得一提的是，浙江发布了全国首部省级GEP（生态系统生产总值）核算标准，通过对生态产品价值的量化评估，山山水水有了明确的“价格”，并成为评价区域发展水平的重要指标。浙江在全国首创生态信用体系，“两山银行”唤醒了大量农村“沉睡”资产，“森林贷”“石头贷”“水库贷”等创新，实现青山变“银行”、资源变资金。有人形象地说，“存入”绿水青山，取出来就是金山银山。

2022年8月，《浙江省生态环境保护条例》正式实施。该条例专设“生态产品价值实现”一章，构建生态产品价值实现的基本制度框架。业内人士指出，这是全国首次以地方性法规的形式对打通“绿水青山就是金山银山”的转化通道作出规定。

沿着“绿水青山就是金山银山”的路子，浙江的绿水青山越来越美，金山银山越做越大。每个村、每座城、每处河湖，都汇聚起绿色潮流，绿色已经成为浙江发展最动人的色彩。

三

党的二十大报告提出：“推动绿色发展，促进人与自然和谐共生。”

我们深知美丽山川、肥沃土地、清澈湖水、生物多样性不仅是自然财富、社会财富、经济财富，更是发展空间所在、优势所在、潜力所在，善待大自然，她慷慨回馈的不只是我们这代人，子孙后代也能永续受益。

“两山”讲的是“生态之山”与“经济之山”，无论是“既要绿水青山，也要金山银山”所强调的统筹兼顾，还是“宁要绿水青山，不要金山银山”所坚持的发展前提，抑或是“绿水青山就是金山银山”所突出的有机统一，妥善处理人与自然的关系是贯穿其中不变的主线。

近年来，全球各地出现罕见的自然灾害。比如，年均气温6—12摄氏度的英国居然出现41摄氏度的极端高温天气，澳洲森林大火燃烧4个月才被扑灭。这充分说明，人类一旦违背自然发展规律，就会受到自然界的报复。我们要有敬畏之心，尊重自然、顺应自然、保护自然，而不是轻视自然、征服自然、破坏自然。

我们只有一个地球，一损俱损、一荣俱荣，关键要处理好人与自然的关系。人类可以使用的资源都在地球之上，如果每个国家、每个个体都从自身利益出发去占用资源，必然导致“公地的悲剧”。我们要推动构建人类命运共同体，构建起国际性绿色合作机制，共同应对人类共同的敌人，共同保护人类的家园。

“一水护田将绿绕，两山排闼送青来。”绿色是中国走向现代化的一大秘诀，也是递给世界的一张崭新名片，沿着这条路子走下去，美丽中国也将美美与共。

（王人骏　沈於婕　执笔）

绿色崛起的“浙”底气从何而来

浙江素有“七山一水二分田”之称，而浙南地区则是“九山半水半分田”。“绿水逶迤去，青山相向开”的景象在之江大地比比皆是。

每一抹绿色的背后，其实都有一份不易的坚守。从“求生存”到“求生态”，从“盼温饱”到“盼环保”，一路走来，绿色发展的呼声越来越高，绿色越来越成为浙江发展的底色。

浙江为何有底气朝着绿色崛起的道路前进？为何能在加快绿色转型、建设“美丽浙江”的征程上越走越精彩？

一

党的十八大以来，生态保护、绿色发展始终是习近平总书记讲话、调研中的高频词。而作为“绿水青山就是金山银山”理念的发源地，浙江比别的地区更有优势、更有底气推动绿色崛起。

这份底气，首先源于“八八战略”的指引。早在2002年12月，习近平同志在浙江省委十一届二次全体（扩大）会议上就提出，“以建设生态省为重要载体和突破口，加快建设‘绿色浙江’，努力实现人口、资源、环境协调发展”。2003年7月提出的“八八战略”中，明确了“进一步发挥浙江的生态优势，创建生态省，打造‘绿色浙江’”的奋斗目标和路径。

一句话道出了“发展与人口资源环境”的辩证法，强调的是浙江的发展不仅要看经济发展指标，还要看社会发展指标特别是环境指标；浙江要保护生产力就必须保护生态环境，要发展生产力就必须改善生态环境。“绿色浙江”，蕴含着不以牺牲环境为代价发展经济的兴省之道，饱含着让老百姓喝上干净的水、呼吸清新空气、吃上放心食物的朴素愿望。

建成全国首个生态省，基本建成美丽中国先行示范区；11个设区市PM2.5浓度远低于全国平均水平，领跑长三角地区；公众生态环境获得感显著增强，实现连续10年上升；实施碳排放达峰行动，推动全面绿色转型取得明显成效；生态产品价值实现机制全面推行——“绿色浙江”的成绩单越拉越长，绿色已成为浙江发展最耀眼、最动人的色彩。

二

这份底气，还来自生态富民的探索。绿色崛起道路千万条，富民惠民是第一条。

安吉余村，变“靠山吃山”为“养山富山”，不仅走出了一条路子，还形成了长远规划，通过成立“两山”旅游公司、建起矿山遗址公园，画“山水画”，念“山字经”，写“田园诗”，吃“生态饭”，探索出“守绿换金”“添绿增金”“点绿成金”“借绿生金”等一批转化模式。2022年，村集体经济收入达到1305万元，村民人均收入达到64863元。

杭州在寸土寸金的城市中心，下足“绣花”功夫，投入数十亿元修复“城市之肺”——西溪湿地，打造出中国首个国家湿地公园，走出了一条城市湿地保护与发展并行的路子。

被誉为“最后的江南秘境”的丽水松阳，诞生了过云山居、原乡上田、揽树山房等一大批让人望得见山、看得见水、记得住乡愁的“网红”乡村民宿，形成了山景、山居、山货统筹联动的特色民宿产业，开创了乡村振兴的“松阳模式”。

衢州常山面对生态资源资产管理和转化的低效闲置、支农无奈、增收乏力、招商落地难等困惑，打造“绿水青山就是金山银山合作社”，一端连着农民百姓，一端连着资本市场，让“沉睡”的资源变资产、资金、资本，走出了一条“数字赋能、挖潜增效、抱团经营”的生态价值有效转化路径，为山区实现生态富民提供了新思路。

三

这份底气，不是一时的勇气，而是有长期保证的。

罗马不是一天建成的，生态文明也是如此。20年来，如何守护好“绿水青山”这一“金山银山”、不断打开生态与经济的双向转换通道，浙江边走路、边探路、边筑路，在政策和制度创新中找到通往绿色发展的“船”与“桥”。

资源有限，环境无价。浙江从21世纪初就开始探索生态补偿制度，并于2005年在全国率先出台了省级层面的生态补偿办法，成为我国生态补偿制度建设的“先行者”。在2005年4月召开的生态省建设工作领导小组会议上，习近平同志指出，“我省大部分欠发达地区同时也是生态功能区”，“要研究探索把财政转移支付的重点放到区域生态补偿上来，对生态脆弱地区和生态保护地区实行特殊政策”。“受益补偿、损害赔偿；统筹协调、共同发展；循序渐进、先易后难；多方并举、合理推进”的浙江生态补偿原则，让“绿”与“富”不再是一对矛盾，而是加快走向了共赢。

如果说生态保护和修复都只是生态环境问题的治标之法，那么优化发展方式就是生态环境问题的治本之策。浙江沿着绿色高质量发展的脉络，以新政策、新举措、新技术督促企业绿色低碳转型、推进产业绿色低碳发展，特别是在全省范围内开展碳评价工作，钢铁、火电、建材等九大重点行业在上马新项目时，都要在环评中纳入碳排放评价。2022年2月，浙江发布了《关于完整准确全面贯彻新发展理念做好碳达峰碳中和工作的实施意见》，进一步以数字化改革撬动经济社会发展全面绿色转型。

绿色，是充满生机与活力，能“搭配”出无限可能的颜色。未来的之江大地，一幅幅新时代的“千里江山图”“富春山居图”“清明上河图”定会不断涌现。

（徐　毅　沈於婕　执笔）

浙里民宿为何一房难求

10多年前，跟团游是人们主要的旅游方式，“上车睡觉、下车拍照”，往往一天要走马观花般辗转多个景点。而如今，择一处宁静之地、享受“慢生活”成了许多都市人度假的首选。

每逢节假日，浙江的热门民宿常常预订一空、一房难求，别具一格的田园民居、山间小筑、江南小院，满足了多元化个性化的需求，有越来越多人因民宿而来到浙江。

一

浙江是民宿行业发展的先行省，现有持证民宿2万余家，数量居全国第一，年营收近百亿元。经过10余年的发展，民宿从“摸着石头过河”的新生事物，成为带动农民就业增收、助力乡村共同富裕的重要产业。即使是在2021年全省民宿平均停业95天的情况下，其总营业收入仍达到82.3亿元，户均收入43.7万元。发展民宿成为山区26县“扩中”“提低”的重要渠道。

《浙江民宿蓝皮书2021》概括了近年来浙江民宿产业发展的五大趋势：从“星星之火”向“燎原之势”、从“边缘地带”向“阳光大道”、从“自主经营”向“多元融合”、从“单一业态”向“丰富体验”、从“点状发展”向“集群共进”跨越。

浙江民宿的火爆绝非一日之功，要成为人人向往的“诗和远方”，必须要有颜、有趣，更有魂。

浙江民宿的吸引力始于颜值。民宿是小而美的住宿产业，环境是吸引人的第一要素。浙江“诗画江南”的山水气质、丰富的生态景观与便利的路网交通，是打造精品民宿的先天优势。余杭鸬鸟镇的菩提谷，引青山入房，砌土石麻绳为墙，将山水竹木的自然元素完美融入建筑。松阳的过云山居，一年中有150天的壮丽云海，让游客轻松实现揽山入怀、与云共眠。

工于才华则是浙江民宿的第二层境界。在浙江，“一位主人、一个故事、一桌佳肴、一种技艺展演、一份伴手礼、一项特色活动”成为主题民宿差异化竞争的独门秘籍。谈天谈地谈人生，种茶种花种梦想，民宿主理人也成为“80后”“90后”青年返乡创业的热门职业，青创客、农创客们也为民宿的品牌化、精品化发展注入了创意时尚。

而忠于“文化”这个灵魂，则是浙江民宿品牌口碑长红的最终密码。比如，德清莫干山的民宿产业巧妙融合生产、生活、生态的文化元素，开发出传统农事、“非遗”文化、品牌赛事、科创中心、话剧中心、图书馆等多种文化业态，将“宿”的产业链不断拉长，打造出沉浸式体验乡村文化的度假休闲综合体。

二

浙江民宿一房难求，不是野蛮生长后的大浪淘沙，而是精心培育下的百花齐放，其背后是一整套生态文旅发展体系的运转支撑。

一靠生态建设夯基筑底。

2002年，习近平同志到浙江工作不久，就洞悉了以牺牲生态环境为代价换取一时一地经济增长的发展模式，既不可取也不可行。2003年，“进一步发挥浙江的生态优势，创建生态省，打造‘绿色浙江’”被正式写入“八八战略”。20年来，浙江的生态文明建设逐步完成了从“绿色浙江”“生态浙江”到“美丽浙江”的升级进阶，为乡村游和民宿的遍地开花奠定了“绿富美”的颜值基础。

如今，浙江全省森林覆盖率和生态综合指标均居全国各省（区、市）第二位，2021年安吉余村成功入选首批联合国世界旅游组织“最佳旅游乡村”名单，2021年桐庐成为《国家地理》25个全球最佳旅行目的地中中国唯一入选目的地。

二靠制度先行引路定向。

浙江近80%的民宿是自营民宿，想维持民宿行业的健康可持续发展，就不能放任市场泥沙俱下，依靠制度规范管理才能让“良币”驱逐“劣币”。早在2014年，以“洋家乐”闻名的德清县就颁布了国内第一部地方民宿管理办法；2016年，《浙江省旅游条例》在全国率先将民宿列入地方性法规范畴；2017年，浙江省文旅厅编印了首部关于民宿问题的“蓝皮书”，起草了首个国家旅游民宿行业标准，牵头成立首个省级旅游民宿产业联合会，并在全国率先开展民宿等级评定工作。

针对民宿开办经营的难点痛点，浙江启动民宿开办全流程“一件事”改革，解决民宿办证难、审批难等问题。此外，浙江还牵头申报“民宿管理与运营”新专业、“民宿管家”新职业，牵头编撰“民宿管理与运营”系列教材。在这样“手把手”的引路下，民宿主人们少走了许多弯路，驶上了特色经营的快车道。

三靠保护与开发相生相融。

民宿产业是撬动乡村振兴的一大支点，也是盘活乡村闲置资源、带动村民就地创业就业、增加集体收入的重要方式。浙江的民宿开发不是市场主体的单打独斗，而是多以村落为单位进行整体统筹，融村居环境整治、古村落保护复建与文旅开发为一体。比如，临安白沙村、绍兴新未庄、温岭流水坑村等，将农耕文化、传统工艺、民俗礼仪、风土人情等融入乡村民宿产品建设，不仅延续了乡村文脉，也守护了村民的精神家园，让“望得见山、看得见水、记得住乡愁”成为触手可及的幸福。

三

20年来，从“千村示范、万村整治”到“千村精品、万村景区”，民宿之于浙江，犹如一扇扇窗户，窗里窗外随处可见“村在景中驻，人在画中游”的美丽画卷。乡村“小民宿”正在谱写一篇拉动文旅消费、撬动乡村振兴的“大文章”。

如今，“千万工程”仍在不断迭代升级，各地在“美丽”这项事业上“卷”出了新高度，在乡村风貌的美颜重塑和文化内涵的保护提升上比拼“内外兼修”的气质，为美丽乡村建设注入“发现美、追求美、创造美、成为美”的内驱动力，“村美、人和、共富”成为浙江乡村发展最动人的形态。

在浙江大地上，数以千计的生态村、民俗村、花园村、文化村实现了“田园变公园、村庄变景区、农房变客房、资源变资产、生态变业态、风景变风尚”。通过专业分工、协同经营和整体营销，小而美的民宿进阶为田园休闲综合体、农耕文化体验基地、乡村康养社区等新形态，成为游客沉浸式感受江南生活美学的心灵栖居地。

在新兴业态拓展融合的基础上，浙江民宿的品牌化、产业化、品质化水平也在不断提升。以丽水为例，9个县（市、区）特色鲜明、错位竞争：松阳聚焦古村落，莲都主推古堰画乡，云和借力梯田风光，缙云打造“仙都山水”……形成了与当地山水文化浑然一体的地域品牌。

有人说，民宿是近处的诗、远方的家。浙江民宿不光承载了人们对“田园牧歌”的浪漫想象，也成为浙江青年返乡“宿”造新事业的基点。用“民宿”点亮美丽乡村，留住原乡人、唤回归乡人、吸引新乡人，不仅辐射带动了百万农民奔向共富之路，也让家乡成为更多人想去的“诗和远方”。

“但使主人能醉客，不知何处是他乡。”李白的这句诗，恰好是浙江民宿最富有诗意的写照。

（吴　洋　沈於婕　执笔）

十年“对赌”换来“诗和远方”

2012年9月，安徽、浙江两省正式签订《新安江流域水环境补偿协议》，全国首个跨省流域生态补偿机制试点正式实施。按照“对赌”约定，水质不达标，安徽补偿浙江；水质达标，浙江补偿安徽。

为什么要“对赌”？赌的是什么？到底谁赢了呢？

一

新安江发源于安徽黄山市休宁县，流入浙江淳安、建德的千岛湖，是一条跨越皖、浙两省的河流，也是浙江省最大的入境河流。

21世纪初，新安江流域生态安全面临严峻挑战。当时，黄山市正在工业化、城镇化加速发展阶段，大量污水和垃圾经新安江流入千岛湖，导致水质富营养化趋势明显。千岛湖是深水湖泊，湖体流速分布梯度不明显，自净能力弱，一旦富营养化加剧，将很难治理。问题出在千岛湖，根源却不仅仅在千岛湖。

如何改变这一现状，让两省共享一江清水？这成为摆在浙江、安徽面前的共同难题，仅靠任何一方都无法实现，必须携手发力、共同治理。

新安江上下游人民都有进一步保护好母亲河的共同愿望，但是两省经济社会发展水平存在一定差距，上游人民迫切希望加快发展、增加收入，下游则相对有实力，为享受生态红利，可以对上游的环境保护和治理、社会发展机会成本等给予适当的经济补偿。

在这样的背景下，2012年全国首个跨省流域生态补偿机制首轮试点启动，共设置补偿基金每年5亿元，其中中央财政3亿元、皖浙两省各出资1亿元。中央财政每年3亿元全部拨付给安徽。年度水质达到考核标准，浙江拨付给安徽1亿元。反之，安徽拨付给浙江1亿元。

“亿元对赌水质”的制度设计，开启我国跨省流域上下游横向补偿的“新安江模式”。

二

“赌”意味着可能赢也可能输。没点底气怎么敢随意“对赌”。

早在2003年，浙江省委便作出了“八八战略”的决策部署。其中之一就是“进一步发挥浙江的生态优势，创建生态省，打造‘绿色浙江’”，为浙江生态文明建设先行先试、领先率先的实践探索提供了有力的战略指引。

在时任浙江省委书记习近平的带领下，自2004年起，浙江启动实施了针对钱塘江、瓯江、椒江、甬江、苕溪、运河、飞云江、鳌江八大水系和全省11个设区市环保重点监管区治理的“811”环境污染整治行动，连续开展了重点为全面防治各类污染、推进生态文明建设、建设“美丽浙江”等各有侧重、各具特色的四轮行动。

此后，浙江持续推进环境污染综合整治，打出了“五水共治”系列“组合拳”，以治水为突破口加快推进产业转型升级、有力带动城乡环境面貌提升，环境质量总体上持续改善。

“千岛湖是我国极为难得的优质水资源，加强千岛湖水资源保护意义重大，在这个问题上要避免重蹈先污染后治理的覆辙。浙江、安徽两省要着眼大局，从源头控制污染，走互利共赢之路。”

2011年2月，习近平同志在《关于千岛湖水资源保护情况的调研报告》上作出重要批示，为全国首个跨省流域生态补偿机制试点的实施完成了顶层设计。

正是有着习近平总书记制定的战略指引，有着历届省委、省政府一张蓝图绘到底的坚强定力，有着全省上下对生态保护的高度重视和统一认识，浙江才在绿色发展中有了更多的底气和胆量。

三

这场生态“对赌”，赌的是生态保护力度。在生态保护上，全社会早就达成了共识。一般的生态保护，相对容易落实属地责任，但河流往往并不为一地所有，对上下游的协作要求较高，任何一段保护不到位，都会影响整条河流。

在浙、皖边界的鸠坑口，两省跨省界的国控断面所在区域，有一座水质监测站，用于实时监测水质的氨氮、高锰酸盐指数等。每月在这里检测出的数据结果，关系到亿元“对赌”资金走向。只要任何一段的保护力度放松了，这里的数据就会第一时间预警。因此，这场生态“对赌”，就是要比一比谁对生态保护更重视，谁的保护力度更大和更持久。

这场生态“对赌”，赌的是绿水青山价值。生态保护是需要投入的，有时还要付出巨大的代价，特别是对于上游迫切需要加快经济发展的地区，如何平衡发展与环保的关系是一个难题。对于上游来说，得到一定的补偿，有利于更好地激发生态保护，更能彰显绿水青山的价值。

在新安江里用网箱养鱼曾是黄山市沿新安江乡镇的特色养殖业，许多渔民靠之维持生计，但是对新安江水质的污染不容忽视。为保新安江水质清澈，黄山市牺牲了渔业养殖。事实上，除了获得生态补偿、守护了一江清水外，黄山市也在旅游业上实现了突破，更好地释放了绿水青山的价值。

这场生态“对赌”，赌的是未来发展空间。良好生态环境是人民所求、高质量发展所需。生态“对赌”，不仅筑牢了长三角的生态屏障，也倒逼上游地区产业转型、绿色发展，给沿河流域的未来拓展了发展空间。

10年来，新安江上游流域总体水质为优，跨省断面水质达到地表水环境质量Ⅱ类标准以上，获得了57亿元的补偿资金，每年向千岛湖输送近70亿立方米干净水，占千岛湖年均入库水量的近70%。

正所谓，源头活水出新安，百转千回下钱塘。新安江流域生态保护补偿机制试点推动了全流域生态文明建设，也探索走出了一条绿水青山向金山银山转化的有效路径。

四

生态“对赌”到底谁赢了？可以说，安徽赢得了良好生态和实实在在的补偿收益，浙江享有了一江清水，这是一场没有输家的赌约。

事实证明，生态补偿对上下游都是有利的，这是一种双赢的制度安排。它将生态系统服务的提供方和需求方直接联系起来，帮助上游促进污染预防治理，帮助下游节省污染治理成本。

如今，以生态补偿为核心、以生态环境保护为根本、以绿色发展为路径、以互利共赢为目标、以体制机制建设为保障的“新安江模式”，已在全国其他13个流域、18个省份复制推广，在更广阔和更综合的生态系统“开花结果”。

党的二十大报告提出，建立生态产品价值实现机制，完善生态保护补偿制度。生态保护补偿制度已经成为生态文明制度的重要组成部分，是落实生态保护权责、调动各方参与生态保护积极性、推进生态文明建设的重要手段。

谁受益、谁补偿，谁损害、谁赔偿。在生态保护的道路上，没有谁是“局外人”，也绝不是“谁保护谁吃亏”，而是应该责任共担、利益共享。

人不负青山，青山定不负人。在生态保护补偿机制的激励下，我们相信，“落霞与孤鹜齐飞，秋水共长天一色”的景色就在眼前，只要坚定信念、久久为功、齐心协力，定能让绿水青山底色更亮、金山银山成色更足。

（徐　毅　执笔）

绿就是金

新冠肺炎疫情过后，旅游业迎来复苏，人们纷纷选择用久违的旅行犒劳自己。在浙江，西溪湿地、千岛湖、天目山、莫干山等景区凭借良好的生态康养环境成为热门目的地，节假日“与绿水青山赴一场约会”“来一次说走就走的旅行”让很多景区人满为患，被网友调侃：“看山不见山，看人全是人。”

以绿色、康养为主题的文旅消费不仅让“憋了三年”的人们对高品质生活有了新期待，也给绿水青山的守护者们带来了就业致富的新契机。

从“八八战略”提出到今天，浙江在“生态富民”的路子上走了很多年。新时代浙江要奋力推进“两个先行”，更加需要写好生态这篇大文章。

一

《习近平在浙江》一书中写道，习近平同志在浙江工作期间，经常对身边的人说：生态太重要了。在他看来，光有绿水青山还不够，还需要发展经济，百姓还要增加收入。他曾多次讲过，生态效益、经济效益、社会效益，三大效益必须统一。光讲生态效益，不讲经济效益，生态效益也没有保证。

他特别关注浙江欠发达山区的发展，对如何缩小区域发展差距、加强欠发达山区扶贫开发的重要性和规律性进行了实践探索与理论思考，提出以“加快绿色发展、生态富民”为代表的一系列创新思路。

比如，《习近平在浙江》中记载，习近平同志曾强调：“保护环境就是保护生产力，保护一方青山绿水就是发展。”《干在实处　勇立潮头——习近平浙江足迹》中也提到，在浙中山区磐安调研当地农家乐发展情况时，他告诫当地村干部，发展旅游经济必须要有好的生态环境。

2003年，在习近平同志亲自推动下，浙江开展了“千村示范、万村整治”工程。全省各地涌现出一批示范村，如安吉余村、高家堂村、临安白沙村等。这些村将环境整治、古村落保护与旅游业开发相结合，农家乐、观光休闲农业等成为农村经济新的增长点。“千万工程”成为浙江“生态富民”的一次生动实践。

从美丽生态、美丽乡村到美丽经济、美好生活，绿色成为浙江发展最动人的色彩，生态文明建设成为探路共同富裕的关键抓手。

二

从安吉余村、淳安下姜村、开化金星村到奉化滕头村、磐安花溪村……浙江涌现出一大批生态致富的“明星村”。

2022年，全省集体经济年经营性收入50万元以上的行政村占比超过50％，城乡居民收入比已降至1.90。可以说，这些美丽乡村的蝶变之路就是绿色致富的发展之路。

中国古代对“富”的理解，停留在简单朴素的“仓廪实”“衣食足”，古人的生态观与财富观几乎不相干。人类进入工业时代以后，很长一段时间内，将现代化建立在大量消耗能源、破坏环境上，20世纪发生在西方国家的“世界八大公害事件”，时刻警醒人们生态换经济的“黑色增长”代价惨重。

笔者以为，我们今天追求的绿色致富，是对传统意义上的“富”和资本堆出来的“富”的超越，这种“富”将改写现代化的增长方式，在理论上和实践上都是一种创新。

实践证明，传统“靠山吃山”式发展，完全依托大自然的馈赠，解决不了老百姓高质量就业的难题，更谈不上让老百姓发家致富。只有写好转化文章，将“靠山吃山”转化为“靠山发展”，才能实现真正意义上的“富”。

比如，发展乡村旅游、民宿产业、农村电商等新兴业态，把优质的生态环境转化为更高的经济收益；比如，通过市场机制赋予生态产品合理的价格，进行有价有偿的交易，让山水有情也有价。

人们追求的高品质生活需要“美丽”来装点，享受绿水青山也是一种民生福利。因此，绿色发展不仅仅体现为经济上的收益，还有“卖方”思想观念的转变和“买方”精神体验上的满足。

三

从盼温饱到盼环保，从求生存到求生态，从卖资源到卖风景、卖文化，从穷山村变身“网红村”，浙江围绕“生态富”做文章，走出了多条致富的路径。

这些年，浙江的民宿成了香饽饽。比如在丽水，“丽水山居”已成为民宿产业的标杆，年接待游客超3600万人次，实现营收近40亿元，农民在家门口坐地生财，城乡融合发展之路越走越顺。

素有“群山之祖、诸水之源”之称的磐安县，则依靠中草药开辟了一条“就地取材”的淘金之路——从山上一株寻常小草，渐变成富民一大支柱产业，再滋养出一座知名江南药镇。药农们从“地里刨食”变为“地里掘金”，家家种药材、镇镇闻药香成了一道风景。

除了借助产业发展将生态优势转化为高质量发展优势，浙江还不断进行体制机制创新改革，破解疑难杂症。

比如，浙江在国内率先启动集体林地地役权改革，“你承诺保护，我兑现补偿”，让当地村民坐享良好生态环境的果实。衢州开化钱江源国家森林公园、丽水百山祖国家公园都通过权利让渡撬动生态保护，用好的生态环境换来了连续攀升的旅游收入。

不仅如此，浙江还率先打造了一把丈量全省生态价值的“绿色标尺”，探索实施GEP核算，推行生态产品价值实现机制。比如，衢州常山通过组建“两山银行”，将各类生态资源归集整合统一开发，并赋予其经济价值。如今在常山，绿水青山亦能“投资”。

“人不负青山，青山定不负人。”浙江没有辜负这片青绿，而这片青绿也回馈了浙江。

四

“生态兴则文明兴，生态衰则文明衰。”作为“绿水青山就是金山银山”理念的发源地，浙江该如何继续走深走实“生态富民”的路子？

“生态富民”要与乡村振兴、民生福祉紧紧连在一起，不妨整合好“绿”的资源，最大限度让“沉睡”的乡村“资产”活跃起来，让高品质的“绿”源源不断地转化为在城乡之间不断流动的“富”。

比如，相邻近的村庄可以抱团发展整合资源，精心规划，划分多功能区域，进行整体开发，实现“风景美”向“共富美”、“一处富”向“处处富”提升；比如，将水果林和低效工业用地、民居村落等进行整合，推进景村融合；比如，借助“银发经济”的崛起，丰富发展康养旅游产品，共同发力赢得发展机遇。

浙江有2万多个村社，千村千面，在资源禀赋、发展阶段、区位条件、功能定位等方面存在差异。提升“绿水青山就是金山银山”转化效率，实现更高境界的富裕，还需因地制宜、因时制宜。

在生态环境基础较差的地区，通过复绿、增绿等夯实可持续发展根基，实现“添绿增金”；生态环境底子好、特色产业较发达的地区，可以发展“生态＋”产业和打造生态品牌，延伸上下游产业链，实现“点绿成金”；生态环境优良、资源丰富、区域生态文明体制改革创新能力较强的地区，则可建立绿色资本市场、发展绿色金融，更好实现“借绿生金”。

“一水护田将绿绕，两山排闼送青来。”以绿水青山为底色，以“厚实家底”为基础，沿着生态优先、绿色发展的方向走，乡村振兴的路子将越走越实，浙江百姓的致富路将越走越宽广。

（王人骏　徐俊晖　张博文　执笔）

循环经济如何积厚发展“本钱”

古语有云，“天育物有时，地生财有限，而人之欲无极”。自然界的资源供给是有限的，而人类追求发展的欲求是无限的，两者构成了一对永恒的矛盾。

西方工业革命的发展历程突出地验证了这一点。当工业生产规模不断扩大、经济持续快速增长时，人类想的并不是放慢步伐，而是索求更多，继续加大对自然资源的开采和攫取力度，生态环境由此承受巨大压力并不断滋生大量污染。

狄更斯在《雾都孤儿》中对当时的伦敦有这样一段描写：泰晤士河面上笼罩着一层雾气，乌黑的河水连它们那粗大丑陋的样子也照不出来，两岸的建筑物都非常龌龊，河上的船只黑黢黢的。

很显然，没有人会乐意生活在一片晦暗的天空之下，但对于21世纪初的浙江来说，处境有些进退两难。

让老百姓的日子富起来需要依靠经济发展，但浙江工业的马达鸣声正隆、还未全速运转时，生态环境就亮起了红灯。在工业生产与资源约束的十字路口，是继续走粗放式经济的老路，还是努力平衡经济资源、守护住这一方碧海蓝天？浙江必须找到一条良策。

一

面对浙江的资源困境，时任浙江省委书记习近平一语中的：“继续沿袭传统的发展模式，以资源的大量消耗、环境的大量污染来实现工业化和现代化，已经难以为继。大力发展循环经济，转变增长方式，建设资源节约和环境友好型社会是我们发展的唯一出路。”

回望人类发展历史，资源太少，但发展的需求很大，这样的困境并不鲜见。20世纪50年代，新中国成立初期，民生凋敝、百废待兴，物资十分匮乏，一分钱要掰成两半花。因而，人们便想方设法发挥出手中已有存量的最大效用。比如，供销社会回收旧物资，简单翻新处理后再利用；冶炼钢铁时，制钢厂会在开采、选矿、加工等各个环节回收废料、边角料，搜集起来再生成其他工业品。

譬如，一件破旧的衣服可以扯下布条当抹布、编成绳结、制作布包，东西虽然就这么多，但可以延伸出五花八门的使用场景。类似朴素的对物资进行循环利用的做法，在一定程度上帮助我国度过了最艰难的一段岁月。

2003年1月，浙江成为全国第五个生态省建设试点省，省委、省政府随即成立了生态省建设工作领导小组，习近平同志担任组长。《浙江可持续发展规划纲要》《浙江生态省建设规划纲要》等文件相继出台，着重提出要建设以循环经济为核心的生态经济体系。

浙江所要倡导发展的循环经济，不仅仅是废品回收那么简单，而是要在回收利用这个根本逻辑不变的基础上，打通资源循环的各个环节，设计出一整条可循环往复、互为推动的经济链条。有学者做过这样一个比喻：循环经济好比是人体的血液循环。传统经济是这个血液循环中的动脉，从心脏运送新鲜血液到机体各部的血管，而循环经济则起到了静脉的功能，把血液从身体各部运送回心脏，串联激活起整个生命系统。

二

简单来讲，循环经济就是在生产、流通和消费等过程中进行的减量化、再利用和资源化活动。首先，在源头上，要求尽量减少资源投入和损耗；另外，则是要增强产业内和产业间的循环链接，为废弃物找到更多可再次发挥作用的渠道，提高它们的再生利用率。因而，这不仅能减少污染物的产生，还能增添经济效益，可谓一举两得。

循环经济具体要怎么实行？浙江的构想很大。在习近平同志的亲自部署下，全省各地积极运用高新技术改造传统产业，率先在工业节水、垃圾发电、清洁生产、废旧金属拆解等重点领域推进循环经济试点。在后来谋划的“991”工程中，更是提出要在九个重点领域，采取“九个一批”的工作抓手，加快实施100个循环经济项目。

只不过，循环经济对很多人来说还是一个新事物，推进实施得讲究章法。

先是让老百姓明白这件事的利害关系，认可循环理念。对此，浙江直接让党员和机关干部带头示范，积极使用清洁能源、乘坐公共交通等，逐渐在全省范围内营造起一股节能环保的良好氛围。等火候差不多了，各地便逐步开展关于循环经济的宣传活动，尽量不兜圈子、用通俗的道理给老百姓讲清楚浙江省的资源形势和节约环保的必要性与实用性，让群众自发形成节约意识和资源意识。

着重盯着“耗能大户”，用政策“倒逼”相关企业加快改造。对于那些吃得少、产蛋多、飞得高的“俊鸟”，政府就加大用人、用地、用电等资源要素配置上的倾斜力度。反之，吃得多、产蛋少、飞得低的“笨鸟”，则会被督促整改、降低扶持标准。各企业想要在市场竞争中有利可图、更具效益，就必须主动去优化产业发展模式和增长方式。

鼓励“从身边做起”，让生活变化实实在在看得见。比如，针对垃圾怎么处理的问题，扶持垃圾焚烧发电等资源再生利用产业，让垃圾处理既少了污染，又带来了经济效益；对那些废旧家电、电子产品及废旧电池等，也设置专门的回收处理体系，转而又将其变成可用的工业原料。同时，鼓励城市居民对生活垃圾进行分拣，促进废金属、废塑料、废纸、废玻璃等材料的回收利用，将节能、节水、节材等方面的新技术转化成生活中的小物件，如变频节电器、绿色照明等，让居民随手就能用得上。

利用技术驱动“变废为宝”。废品能否再次派上用场的关键在于是否有先进的环保技术，这是发展循环经济的核心。除了向国外在循环利用方面已经走在前列的国家与企业学习之外，浙江对内则大力整合高等院校、科研院所、骨干企业的科技资源，努力开发应用于循环经济的减量化技术、再利用技术和资源化技术。到了今天，浙江在生活垃圾、固体废料、危险废物等处理上已经走在了全国前列。

三

10多年来，浙江的循环经济为生态文明建设和绿色发展起到了重要支撑作用。2021年，浙江万元GDP用水量为23.7立方米（2020年价），较2003年下降89%，水资源利用效率是全国同期的2倍多；万元GDP能耗为0.38吨标准煤（2020年价），较2003年下降64%，多年位居全国前列。

《浙江省循环经济发展“十四五”规划》中提出，实施循环经济“991”行动计划升级版，促进经济社会发展全面绿色转型，积极推动碳排放率先达峰，打造全国绿色低碳循环发展新标杆。

党的二十大报告中明确了“实施全面节约战略，推进各类资源节约集约利用，加快构建废弃物循环利用体系”，循环经济的发展将成为推进“人与自然和谐共生的中国式现代化”的关键一步。

但正如习近平同志当年就指出的，发展循环经济是一项长期、复杂而艰巨的任务。

如何让生态文化成为人人推崇的新时尚是关键一步。习近平同志在《之江新语》一书中指出：推进生态省建设，既是经济增长方式的转变，更是思想观念的一场深刻变革。加强生态文化建设，在全社会确立起追求人与自然和谐相处的生态价值观，是生态省建设得以顺利推进的重要前提。

“节约”是中国传统文化里一种为人称赞的美德，《墨子》中就写道：“俭节则昌，淫佚则亡。”但在“金钱至上”“及时行乐”等消费主义思潮的影响下，现代也有不少人会掉入陷阱，认为节能环保只不过是在物资匮乏时期对自身不能掌握足够资源的无奈之举，若非囊中羞涩，又何须处处精打细算、讲求节制？这也要求我们深入宣传阐释生态文化，将“生态兴则文明兴”的丰富内涵和社会红利充分释放出来。

此外，循环经济虽然强调要用生态规律来指导人类的经济和社会活动，但也难免让人担心“循环不经济”现象，找不到那么多可循环的渠道怎么办？习近平总书记就曾指出，“变废为宝、循环利用是朝阳产业。垃圾是放错位置的资源，把垃圾资源化，化腐朽为神奇，是一门艺术”。

拿新冠肺炎疫情期间消耗量最大的物资口罩来说，有机构做过统计，在疫情高峰期，全球每月消耗口罩多达1290亿只。如此巨量的废弃口罩能否变废为宝呢？有研究人员实验发现，提取口罩中的聚丙烯超细纤维，加上氧化石墨烯溶液，再和水泥拌在一起，其韧性比普通水泥更高，盖楼和铺路都不成问题。另外，口罩和其他材料混合后，甚至还能用来做电池，其效能堪比常见的锂离子电池。

可见，打开思维疆界或许就能看见不同风景。要有意识地打破旧的思维定式和条条框框，用创新培育新兴产业、发掘增长动力。循环经济不仅是一种理念，更是一种产业发展趋势，只要用对思路，它或许就能成为“朝阳产业”和“未来风口”。

（张　俊　执笔）

07

念好“山海经”

浙江如何越过“山丘”

在地理学界，有条著名的“胡焕庸线”，即按照人口密度的格局，在中国地图上画条线，由黑龙江瑷珲（今黑河）至云南腾冲，把中国分成西半壁和东半壁。

在浙江，也有一条类似的分割线，连接临安的清凉峰镇和苍南的大渔镇，叫“清大线”。分割线的东北侧，是繁华的杭嘉湖、宁绍平原和甬台温等地，经济社会发展水平总体较好；分割线的西南侧，则是深藏在绵延群山中的丽水、衢州、杭州建德和淳安、温州苍南与泰顺等县（市），属于浙江的欠发达地区。

如何突破“胡焕庸线”，是中国发展建设的重要命题之一。如何跨越“清大线”，摆脱区域发展不平衡的羁绊，则是浙江发展前路上必须解决好的问题。

一

浙江山多、岸长，山海共生，在闪亮的21世纪浙江经济版图中，绿、蓝的互动和交响显得格外耀眼。

早在2003年，浙江省委在“八八战略”中就明确提出“进一步发挥浙江的山海资源优势，大力发展海洋经济，推动欠发达地区跨越式发展，努力使海洋经济和欠发达地区的发展成为浙江经济新的增长点”。

此后，“山海协作工程”纲举目张，念好“山海经”，实现省内发达地区和欠发达地区开展优势互补的协作，成为浙江缩小地区差距、促进区域协调发展一以贯之的战略选择。

山海协作讲起来容易，做起来却非常难。这是一项系统工程，涉及政府、市场和社会三大主体，涉及经济发展、社会进步、群众增收等多个领域。如何将“海”边的资金、技术、人才与“山”里的资源、生态、劳务等优势有机结合，形成互动双赢的局面，从宏观布局到微观落子，非常考验智慧和技巧。

经过多年“接力”，浙江已成为全国区域发展最均衡的省份之一。2022年浙江城镇和农村居民收入倍差已缩小至1.90。

浙江领海和内水面积4.4万平方千米，海岛总数、海岸线长度均居国内第一。习近平同志同样重视向“海”发展，鲜明指出，海洋是浙江未来的希望，浙江要在新一轮竞争中继续保持领先地位。浙江自此扬帆深蓝之境。如今，宁波舟山港年货物吞吐量连续14年位居全球第一，海洋生产总值占全省GDP的比重保持在14%以上。

不因山海阻隔，浙江努力耕山牧海；不甘被山海定义，浙江人勇做定义山海的人。

二

省内“山”与“海”并进，省外东西部之间“山”与“海”携手。

《干在实处　勇立潮头——习近平浙江足迹》一书中记载，习近平同志多次谈道，“加快欠发达地区发展步伐，不仅是一个很重要的经济问题，也是一个关系到国家长治久安的政治问题，是治国安邦的大事”。可见，习近平同志心中的“山”与“海”，不局限于浙江，还包括浙江对口支援的中西部地区。

浙江利用浙商和市场的优势、模式创新的优势、人文资源的优势，在“组团式”帮扶、“互动式”合作、“精准式”对接上继续发力，通过推进对口工作，书写一段段动人的“山海情”。比如，2022年，浙江推动援藏那曲一拉萨“飞地”产业园建设，建成那曲第一家服装加工厂，帮助500多名农牧民实现自主就业。

浙江与四川、贵州、湖北、吉林等，虽然环境不一，连生活习惯也不一样，在地图上隔着上千千米，但在现实中，却用情谊架起帮扶的桥梁。

多年来，一批又一批援建干部、教师、医生等，舍小家为国家，义无反顾接续西行，他们带着资金、项目入疆进藏，将心血汗水挥洒在群山之间，有的甚至将生命留在了大山深处。目前，浙江对口支援、东西部协作和对口合作三个板块，共结对新疆、西藏、青海、四川等7个省（区、市）28个市（地、州）168个县（市、区），总面积近160万平方千米。

如果把视角拉得更宽，环顾全球，解决区域发展不平衡问题是一个世界级难题，许多国家的“锈带”地区转型突围都陷入了困境。

党的十八大以来，在精准扶贫战略指导下，我国东西部扶贫协作围绕全面建成小康社会目标，重点在产业合作、劳务协作、人才支援、资金支持等方面进行探索，走出了一条“东成西就”的双赢之路。

三

中国式现代化的本质要求之一，就是“实现全体人民共同富裕”，这也是摆在浙江面前的一道“必答题”和“必得题”。

经过多年发展积累和实践探索，浙江成为全国区域发展最均衡、城乡收入差距最小的省份之一。但也要清醒地看到，浙江山区26县2022年的GDP仍只占全省的9.5%，依然与其他县（市、区）存在一定发展差距。相较于发达地区，不少山区县、海岛县在基础设施和公共服务方面仍相对滞后，这就导致县城的人气聚不起来、能量难以释放出来，甚至出现“小马拉大车”的现象。

差距即是潜力。深入推进“山海协作工程”，念好新时代“山海经”，解决好山区26县跨越式高质量发展，正是浙江探索建设共同富裕示范区的重中之重，也是浙江越过“山丘”的“未来乐章”。这方面，还有很多问题值得深入思考。

比如，关于如何打造更多独具特色的“拳头产品”。磐安县是浙江最大的中药材主产区之一，“浙八味”中的五味主产于磐安，传统的中药材种植已从一株“小草”渐变为百亿元级强县富民产业。常山胡柚是国家地理标志产品，常山县聚焦打造胡柚全产业链，使胡柚成为当地农民增收致富的“金果子”。可见，用好“一县一策”“一岛一功能”来培育“一县一业”，才能不断增强山区县发展动能。

又如，关于如何做足“土”文章。永嘉县依托悠悠三百里的楠溪江发展“民宿＋”，各类民宿百花齐放，成了楠溪江旅游的“金名片”，也成了返乡创业者的首选项、本地村民的致富经。可见，以“土”“特”“产”为发力点，就能激发山区县潜能，形成比较优势。

再如，关于如何厚植“文”的底蕴。天台县是中华和合文化的主要发祥地，是浙东唐诗之路上的闪亮明珠，天台把和合文化深度融入城市建设，给群众带来丰厚的精神滋养，也为经济发展提供了强有力的文化支撑。可见，山区县要突出优秀文化传承，通过创造性转化、创新性发展，推进文旅融合成为山区县实现跨越式高质量发展的重要手段。

山海缘未了，山海情更深。在不停地翻过无数座山后，我们终会攀上这样一座山顶，在这座山的那边，就是海，是一个全新的世界……

（徐伟伟　执笔）

欠发达地区怎样解好“另道超车”方程式

经济学中有一个“木桶理论”，说的是一只木桶的装水容量不是取决于这只木桶中最长的那块板，而是取决于最短的那块板。

道理十分浅显而又深刻。“木桶理论”告诉我们：不论是一个地方，还是一个国家，其内部的发展水平往往是参差不齐的，而总体发展水平不仅有赖于优势部分，更受制于劣势部分。因此，推进发展不仅要看到优势和长项，更要看到劣势和短板，并尽量补齐短板。

那么，浙江是如何补好欠发达地区这块短板的呢？

一

“七山一水二分田”的先天体质，曾让浙江不同地区之间横亘着一条发展不平衡、不充分的沟壑，这在过去相当长的一段时间里都是浙江发展的“失衡之痛”。

浙江的山区“天赋异禀”却又“青山锁门”，尽管山清水秀、资源丰富、人文独特，经济和社会发展却长期落后。因此，很多人一提到山区，第一反应就是贫穷落后、交通不便、空间狭小，认为这是发展的包袱。

但在习近平同志看来，山区不是包袱，而是发展的希望所在，“欠发达地区虽然经济总量小，占全省比重低，但发展的潜力大。推进欠发达地区跨越式发展，可以形成新的经济增长点，从而为全省经济加快发展做出贡献”。

所谓跨越式发展，不是指发展中达成更快的速度、更大的总量，而是指在发展过程中跨越传统发展模式中的某个甚至某几个阶段。对于如何推进欠发达地区跨越式发展，习近平同志给出了一串破解难题的答案。

比如，他十分注重以思想破冰引领发展突围，认为欠发达地区要实现经济的跨越式发展，首先要实现思想观念的跨越式转变，确立“不进则退、小进慢进也是退”的观念，确立“跨越式发展、赶超型发展”的思想，确立“大转折孕育大机遇、大开放促进大发展”的意识。

在加快欠发达地区发展的思路上，习近平同志提出要把握好四个关系：一是把握好加快经济发展与保护生态环境的关系，二是把握好经济发展与社会发展之间的关系，三是把握好坚持自主发展与争取外部支持的关系，四是把握好围绕中心与强化核心的关系。

此外，他还提出要根据欠发达地区现有的基础条件和发展要求，综合运用“加减乘除法”：加法，即加快经济发展，扩大经济总量；减法，即减少资源消耗、生态破坏和污染排放；乘法，即推动技术进步和提高劳动力素质；除法，即促进人口向城市集聚和对外转移。

这些“锦囊妙计”具有极强的前瞻性和深邃的发展智慧，成为浙江山区“另道超车”的独特解法。

二

“海誓山盟”立得好，协调发展没烦恼。

早在2002年4月，浙江省委、省政府就正式启动实施“山海协作工程”，将沿海的发达地区与山区的欠发达地区“结对捆绑”起来，实现优势互补。

习近平同志到浙江工作后，把“山海协作工程”摆在更加突出的位置。2002—2006年，他参加了每一年的“山海协作工程”情况汇报会。

习近平同志之所以如此重视欠发达地区发展，是因为他深刻认识到，“没有欠发达地区的小康，就没有全省的全面小康；没有欠发达地区的现代化，就没有全省的现代化”。

在习近平同志的推动下，浙江打出了一套“山海协作工程”、欠发达乡镇奔小康工程、百亿帮扶致富工程的“组合拳”。

这些年来，浙江的山海之间越融越紧，山海协作之路越走越宽，不仅为“山”这一边发展提供了新引擎，也为“海”那一边拓展了发展新空间，形成了山呼海应、共同发展的生动局面。

2015年2月，浙江召开推进26县加快发展工作会议。山区26县包括衢州、丽水两市所辖的县（市、区），以及淳安、永嘉、平阳、苍南、文成、泰顺、武义、磐安、三门、天台、仙居等县。

在这次会议上，浙江考虑到原欠发达县经济发展水平已超过全国县域经济发展的平均水平，部分县在经济总量、财政收入等方面甚至已赶超中西部省区地级市的水平，于是决定摘掉26个县“欠发达”的帽子，并“松绑”GDP考核，将经济发展的速度与质量、民生保障与生态保护等进行综合考核，努力走上一条“绿富美”的蝶变之路。

变化大不大，数字来说话。从经济运行态势看，2022年山区26县实现GDP 7404.0亿元（占全省的比重为9.5%），比上年增长4.1%，增速比全省高1个百分点；全体居民、城镇居民和农村居民人均可支配收入分别为44560元、56303元和29607元，比上年增长5.7%、4.8%和7.2%，增速分别比全省高0.9、0.7和0.6个百分点。

三

共同富裕路上，一个也不能掉队。

解决地区差距、城乡差距、收入差距，是探索实现共同富裕的主攻方向。浙江建设共同富裕示范区，就要紧盯“三大差距”，率先突破发展不平衡不充分问题。其中，重点在山区26县，难点在山区26县，突破点也在山区26县。

为此，2021年7月，浙江省委、省政府正式印发了《浙江省山区26县跨越式高质量发展实施方案（2021—2025年）》，不仅聚焦特色，为每个县量身定制“一县一策”“一县一业”的发展方案和政策工具箱，而且定下了一个目标：到2025年山区26县经济发展水平明显提升，人均GDP超过全省平均的70%，达到全国平均水平，年均增速达8.2%；群众生活水平明显提升，城镇、农村居民人均可支配收入年均增速分别达到8%、9%，常住人口城镇化率总体达到65%。

目标可谓很丰满，要想实现却并不是一件容易的事。这不仅需要统筹资源加大“输血”力度，将用地、资金、政策等全面向山区县倾斜，更要推动山区26县加快形成自我“造血”机制、提升内生发展动力，走出科技创新、数字化和绿色低碳的融合聚变之路，厚植特色放大特色的快速裂变之路，加速山区基本形态整合提升的全面蝶变之路。

浙江的实践充分证明，“协调”二字讲起来容易，做起来却大有门道，需要准确把握和处理好“短长”“先后”“内外”等各种问题。实际上，这既是实现高质量发展需要掌握的辩证法，也是扎实推进共同富裕必须解好的方程式。

放眼全国，党的十八大以来，习近平总书记从全国范围内思考协调发展的蓝图，我国区域发展格局得到重塑、产业结构更加协调优化、城乡一体化有力推进。数据显示：2021年，我国中部和西部GDP分别达到25万亿元、24万亿元；东部与中西部人均GDP比分别从2012年的1.69、1.87下降至2021年的1.53、1.68。中西部地区经济增速也连续多年高于东部地区，区域协调发展呈现新面貌。

党的二十大报告清晰勾勒了走好全国“一盘棋”的全景图：“深入实施区域协调发展战略、区域重大战略、主体功能区战略、新型城镇化战略，优化重大生产力布局，构建优势互补、高质量发展的区域经济布局和国土空间体系。”

“千钧将一羽，轻重在平衡。”如果说在过去经济发展水平落后的情况下，主要任务是要跑得快，但在跑过一定路程后的今天，就要注意调整节奏，更加注重发展的整体效能。因为只有这样，我们才能跑得又好又快。

（陈培浩　执笔）

“浙”片大海又有哪些新的传奇

辽阔浩渺的海面一望无际，阵阵海浪翻涌不息，远方海天交界处，一轮红日正在霞光中冉冉升起……这是海洋题材纪录片《东向大海》开篇一个令人印象深刻的画面。

浙江面朝大海而生。海洋，是浙江省域版图中不可忽视的“一抹深蓝”。

习近平同志在浙江工作期间，就将浙江新一轮发展的视野投向了广阔的“蓝色国土”，并作出了一个具有预见性、前瞻性的重要判断：“新世纪新阶段浙江经济进一步发展的天地在哪里？在海上！”

如今，这一判断已然变成了现实。在海洋经济受到全球瞩目的当下，浙江在海洋这篇“大文章”上做得怎么样？面对新形势新机遇，“浙”片海又将如何提挡增速，开启全新“加速跑”？

一

英国古典政治经济学创始人威廉·配第有一句名言：“劳动是财富之父，土地是财富之母。”资源是发展的基础。在传统的经济发展观念中，土地一直被视为最宝贵的资源之一。

进入21世纪，随着陆地资源的趋紧，占地球表面71%面积的广袤海洋，因其丰富的资源矿藏、无穷的开发潜能、重要的战略价值，日益成为全球角逐的“蓝色热土”，时刻牵动着世界经济的神经。

浙江陆地面积10.18万平方千米，是全国陆地面积最小的省份之一，且地形复杂，素有“七山一水二分田”之说。因为缺少陆域土地资源，人多地少，发展空间有限，浙江一直被认为是“资源小省”。

但同时，把视线向东拉长，浙江又是一个名副其实的“海洋大省”，海洋资源十分丰富：拥有海域面积26万平方千米，是陆域面积的2.6倍；海岸线长约6700千米，占全国的五分之一；面积大于500平方米的海岛有2800多个，数量居全国第一。

在浙江工作期间，习近平同志曾专门组织相关部门负责人、专家学者，一同越海跨岛，前往舟山、宁波、台州等地开展了为期4天的调研。通过充分的调研座谈，他对浙江的资源有了全新认识，在多个场合提出要客观辩证地看待资源，重新认识浙江的资源优势。

2003年8月，浙江召开全省海洋经济工作会议，全面系统地阐释了浙江发展海洋经济、建设海洋经济强省的战略意义、战略目标、战略任务和战略布局，正式吹响了“向海洋进军”的集结号。

此后，《关于建设海洋经济强省的若干意见》《浙江海洋经济强省建设规划纲要》等文件先后出台。浙江海洋经济以年均19.3%的增长率快速发展。2005年，海洋经济总产值占全省GDP的比重上升到8%。“海上浙江”掀起的这股“蓝色旋风”，为浙江经济注入了强劲的新动力。

如果说，最初陆域经济的拓展生发了“跳出浙江发展浙江”的理念，那么建设海洋经济强省，则是“跳出浙江发展浙江”在辽阔海洋的生动演绎。

二

“潮平两岸阔，风正一帆悬。”

在“八八战略”的指引下，浙江转变资源观念，调整战略布局，坚持向海发展、蓝色崛起，从广阔的海洋中找资源、找空间、找潜力、找增长点，争做发展海洋经济的“探路者”和“排头兵”。

数据是最好的证明：2022年，浙江实现海洋生产总值10499亿元，约是2003年702亿元的14.96倍，海洋生产总值占全省GDP的比重保持在

13.5%以上，高于全国平均水平4—5个百分点。

与经济指标“强势上扬”相对应的，是一众港口“硬核”实力的显著增强和“江湖地位”的快速提升。以宁波舟山港为例，2022年货物吞吐量达到12.61亿吨，连续14年居全球第一；集装箱吞吐量3335万标箱，稳居全球前三。此外，宁波舟山港还曾多次接卸全球最大油轮、最大集装箱船等，俨然成为全球大船的“网红”打卡地。

这份亮眼的“成绩单”背后，是一项项海洋重大战略、一个个涉海重大项目的稳扎稳打、接续蓄力。从舟山大陆连岛工程的建成、杭州湾跨海大桥的通车，到浙江海洋经济发展示范区正式获批、浙江舟山群岛新区应运而生，再到中国（浙江）自由贸易试验区、舟山江海联运服务中心等一批国家级重大涉海战略的落地实施，支撑浙江蓝色经济跨越式发展的“主引擎”越来越稳。

与此同时，科技创新作为引领经济发展新“动能”的关键要素，也为“浙”片海插上了“腾飞的翅膀”。“十三五”期间，全省海洋科技重大攻关取得了一批令人瞩目的标志性成果。比如，世界首台“3.4兆瓦LHD模块化大型海洋潮流能发电机组”成功并入国家电网，不断刷新海洋潮流能发电时长的“世界之最”。

科技的突破进一步打开了浙江海洋经济产业链接全球资源的开放通道，海洋高端装备、海洋电子信息、海洋新能源开发、海洋生物医药、海洋科技研发……一批“海洋＋”“科技＋”的新兴产业和国内外龙头企业，在东海之滨迅速崛起，构成了浙江东部沿海一道独特的风景线。

海洋，这条浙江经济的“蓝色动脉”，正强劲有力地跳动着。

三

党的十八大以来，以习近平同志为核心的党中央提出了海洋强国、21世纪海上丝绸之路、陆海统筹、海洋命运共同体等一系列经略海洋的新战略新举措，明确发展海洋经济、建设海洋强国的战略目标。

如今，这个备受瞩目的赛场上，一场场“海上竞速”愈发激烈。

放眼全球，各国都将发展海洋经济纳入21世纪的战略重点。比如，美国谋划制定了《蓝色经济2021—2025年战略规划》，新加坡推出“2030年下一代港口”计划，英国发布“海事2050战略”。

再看国内，沿海兄弟省市也纷纷布局、频频“出招”。比如，广东提出“十四五”期间将打造5个千亿级以上海洋产业集群；福建把培育壮大海洋产业与优化海洋开发空间布局结合起来，着力建设2个万亿级、4个千亿级、5个百亿级产业集群。

如何在时代风口中抢抓机遇，不断拓展蓝色经济空间，释放“蓝色生产力”，考验着浙江推进“海洋强省”建设的决心和发展海洋经济的能力。笔者认为，有三句话值得思考。

第一句话：树立全域谋海的“大格局”。

海洋经济是陆海一体化经济，发展海洋经济不能就海洋论海洋。相对于我国很多内陆省份而言，浙江整体上是一个沿海省。因此，我们要强化全省域海洋意识、沿海意识，打破简单把海洋经济等同于“海边经济”的传统思想壁垒，把握好陆海资源、陆海生态、陆海产业、陆海空间的协调互补、互联互通，推动陆域经济和海域经济实现“双向奔赴”、联动发展。

第二句话：锻造无可撼动的“硬实力”。

当前，海洋科技创新能力和发展水平已经成为争夺全球海洋领导地位和话语权的关键之一。浙江海洋科技“独门武功”是什么？“撒手锏”在哪里？这些都将直接关系到事业最终的成败。我们要牢牢抓住海洋科技创新这个“牛鼻子”，集中优势资源要素，把海洋科创平台建多建强，广纳天下海洋科技人才，加快推动核心技术攻关及成果转化，在世界和国家海洋研究科技前沿留下更多“浙江创造”“浙江专利”。

第三句话：打开开放共赢的“新天地”。

开放是海洋的天然属性，合作、开放、包容、共赢是海洋经济高质量发展的必由之路。在海洋经济的“竞技场”上，并非所有“玩家”都在玩“零和竞争”，而更应该提倡一种“竞合关系”，走立足差异、彰显特色、互为补充的错位发展、双赢合作之路。我们要更好地利用全球资源和市场，发挥地域优势，在建设全球海洋中心城市上“加速奔跑”。同时，深化与周边区域的涉海合作，共构“一带一路”国际贸易物流圈、长江经济带江海联运服务网，共推长三角一体化港航协同发展，等等。

小说《海底两万里》中这样写道：“比天空更深的是海洋。”浩瀚大海，还有更多未知等待着我们去探索、去发现。走向深蓝，浙江未来可期。

（李戈辉　执笔）

“千岛之城”如何实现“蓝色增长”

海子的一句“面朝大海，春暖花开”，不知撩动了多少游客。一到夏天，位于浙江的舟山群岛就成了很多游客“奔赴大海”的首选之地。《后会无期》取景地东极岛，《幸福触手可及》取景地泗礁岛，文艺小清新的花鸟岛，武侠气十足的桃花岛，都被很多游客追捧。

殊不知，这些著名的海岛，昔日都曾是偏远的渔村小岛。它们的蜕变背后映射的是舟山这个“千岛之城”的“蓝色增长”。2022年，舟山海洋生产总值占GDP的比重高达68.5%，成为全国海洋经济比重最高的地级市之一。

曾经与大陆隔海相望而“非舟楫不相往来”的舟山，是怎么走出发展之路的呢?

一

舟山由2085个岛屿组成，是中国第一个以群岛建制的地级市。曾经一句“船老大好当，西堠门难过”的民谣，不仅道尽了西堠门水道的艰险，更说出了舟山住民们饱尝孤悬于海上的辛酸苦楚。

进入千禧年，舟山与内陆腹地的联动仍十分有限。对渔业经济的高度依赖，一方面造成大批本地渔民面临转产转业的迫切形势，另一方面又导致对沿海内陆城市人才和资金等资源的吸引力缺乏，舟山群岛的经济社会发展依然受到制约。

然而，这并不是舟山的全部，其实它拥有许多得天独厚的优势：舟山群岛素有“海天佛国”之美誉，旅游资源特色显著。舟山渔场是“世界四大渔场”之一，是长三角乃至中国重要的海上开放门户，适合开发建港的深水岸线达280千米。同时，舟山群岛还拥有丰富的风能、潮汐能、潮流能以及海底油气、矿产等资源。

好马终究还需伯乐识。

2002年，怀着深厚“海洋情怀”的习近平同志来到浙江后不久，便开始谋划浙江海洋经济的发展前景。在省委十一届二次全体（扩大）会议上，习近平同志参加了舟山组讨论，并对舟山发展给出了明确的思路。他认为，舟山有渔、港、景优势和区位优势，虽然暂时有这样那样的困难，但应该积极推动舟山的开发，“可能就是我省一个很大的后发优势”。

2003年1月，习近平同志第一次来到舟山调研。他说：“发展海洋经济，是我长期致力和探求的一件事。浙江是海洋大省，舟山是海洋大市。”他高屋建瓴地作出了“以更大的气魄、更宽的视野、更高的标准，推进海洋开发，努力建设海洋经济强省”的重要指示，要求“采取宜港则港、宜渔则渔、宜养则养、宜工则工、宜贸则贸、宜游则游的原则，走出具有浙江特色的海洋经济发展路子”。

在浙江工作期间，习近平同志先后13次深入舟山群岛，为舟山的发展不断打开思路，明确方向，指出“基础设施的互联互通，是一个区域开放的基础，更是海洋经济与海岛发展的‘牛鼻子’”，鼓励舟山“大张旗鼓推动海洋经济”。

2015年5月，习近平总书记第14次来到舟山考察。在舟山定海区新建社区与当地村民座谈时说，他喜欢海边，喜欢海岛，尤其喜欢舟山，舟山这几年发展变化很大，现在的样子已完全认不出了，同时寄予了舟山更高更远的期待。

二

时光虽不语，却能回答很多问题。按照习近平同志指引的路子，舟山在海陆经济联动发展中找到了自身独特的优势和地位。

在舟山当地，有一个共同观点是，如果说习近平同志当年将舟山放在浙江全面推进海洋经济发展战略的重要位置上是第一次思想大解放，那么大力推进舟山跨海大桥工程建设，则是他为舟山带来的第二次大解放。2009年12月，国内最大岛陆联络工程——舟山跨海大桥全线通车，标志着“孤悬海外”的舟山由此迈入大桥连通的全新时代。

很多小岛也随着大桥的连通走上了“另道超车”的发展之路。金塘大桥一端连接着宁波镇海，另一端沟通着舟山“桥头堡”金塘岛，这里专门生产塑机螺杆。早年，金塘人只能通过乘船去宁波等陆域进货，常常受天气、班船的影响。舟山跨海大桥通车，为金塘岛的产业发展带来了更多生机。

特别是在新冠肺炎疫情之初，医用口罩物资短缺，而这里出产的塑机螺杆是口罩无纺布制造中的关键零件。岛上的机车转个不停，来金塘岛拉螺杆的卡车绵延数里。一座大桥不仅带着渔民致富，也连起了海岛人民的家国情。

和金塘岛一样实现跨越式发展的小岛还有很多，从过去的零星分布式的“单打独斗”到如今“形成合力”，舟山群岛作为浙江海洋经济发展的成功样本，拿下了很多全国乃至世界之“最”，比如，全国最大、全球第二的石化基地，全国最大的能源保障基地，全国最活跃的油气产业发展高地，全国第一、全球第六大国际船加油港……

从共创产业到共建乡村，从传统渔业向休闲旅游，舟山在探路海岛共富上积累了丰富经验，为高水平建设现代海洋城市奠定了坚实基础。值得一提的是，10多年来，舟山坚持财政支出三分之二以上用于保障和改善民生，城乡居民收入增幅居全省前列，统筹城乡发展水平居全国前列，基本公共服务均等化实现度全面达标。

三

风从海上来，扬帆正当时。

党的二十大报告明确提出，“发展海洋经济，保护海洋生态环境，加快建设海洋强国”。

从过去20年的发展来看，舟山能否进一步实现“蓝色增长”，早已不仅仅是一市、一省之事。面对全球海洋经济百舸争流、千帆竞发的新格局、新生态，舟山如何“向海而胜”？

首先，不断放大生态文明新优势。山海共美，才有可能带来蓝色文旅持续不断的经济红利。一些曾经被称为“空心岛”“老人岛”的岛屿，近年来成功吸引了全国各地的创业青年和外来投资集团进驻，并有了更多的本地返乡青年。这些都得益于当地海岛生态工程的逐步推进，在基础建设、公共服务等方面的不断完善，以及“一岛一品、一岛一策”差异化发展路径的创新实践。以花鸟岛为例，2016年以来共投入约1亿元进行环境整治及公共设施完善。这两年，花鸟岛已经成为霸榜各大旅游App的“网红”景点。

其次，要用好珍贵的海洋宝藏。在2023年浙江省政府工作报告中，有这么一段话：大力发展海洋经济，深化甬舟温台临港产业带建设，谋划打造一批海洋产业平台，培育壮大海工装备、海洋生物医药、海洋新能源、海洋新材料等现代海洋产业，加快建设“海洋强省”。对于海洋城市而言，舟山只有进一步做大“一条鱼”全产业链，才有可能找到海洋经济发展新的增长极。

最后，要继续开放与合作。大海有多大，对外开放的空间就有多大。开放，才能融通世界，任何关起门来搞建设的想法都是不可能的，世界也绝对不可能退回到彼此封闭孤立的状态。舟山需要拥抱大海，结识更多的“蓝色伙伴”，在共享蓝色中破解新的难题、创造新的机遇，稳稳地走向下一个深蓝。

从海防群岛到现代化海上花园城市，从传统单一产业到海洋优势资源的多元发展，从边陲小城到对外开放战略高地，“千岛之城”的故事未完待续，浙江实现高质量“蓝色增长”值得期待。

（吴　洋　执笔）

“千里走亲”只为一句承诺

2020年2月，几十辆满载防疫物资的大货车疾驰在高速公路上。司机们啃着方便面，迎着风霜雪，横跨大半个中国，昼夜兼程驰援新冠肺炎疫情严重的温州。

这些货车来自青海格尔木、四川青川、新疆阿克苏等地。它们有个共同点，就是都来自浙江对口帮扶地区。当地在得知温州防疫物资短缺后，主动提出支援，送来千里之外的慰问。温州百姓则捧出鸡蛋面和红糖、鸭舌等特产，回赠远方的兄弟。

这一次特殊的“反向支援”，是“投我以木瓜，报之以琼琚”的现代演绎，是浙江与结对地区几十年兄弟情谊的缩影。追溯这段深厚感情，还要从很多年前说起。

一

《干在实处　勇立潮头——习近平浙江足迹》中提到过这么一个故事：2002年10月，习近平同志刚调任浙江不久，就要求有关单位给浙江对口支援的八个地区分别写一封信，信中既体现了党中央对中西部贫困地区的关心，又表达了浙江做好对口支援工作的决心。

锦书联谊，尺素传情。信发出后，在当地引起热烈反响，群众纷纷感叹：“浙江的领导真是把我们当自家人看。”

“自家人”，对中国人来讲，是个最温暖、最亲近的称呼，准确描述了习近平同志与对口帮扶地区群众的感情。他经常讲，要把对口帮扶工作作为自己的“责任田”来种，而且只有比以前搞得更好，才算履行好我们的职责。

把对口工作越做越好，不仅仅是工作要求，而且是对帮扶地区的郑重承诺。习近平同志在浙江工作期间，从繁忙工作中抽出时间，调研考察四川广元市、南充市，重庆涪陵区，新疆和田市，推进对口帮扶工作，推动浙江对口支援工作再上新台阶。

调任上海后，习近平同志依旧记挂着贫困地区的“亲戚”，第一时间又给八个地区去了信，表示将继续给予帮助，还就未能如愿前往西藏那曲市、贵州黔东南苗族侗族自治州和黔西南布依族苗族自治州，特意向当地表达遗憾和歉意。

其实，最初省内一些同志对东西部支援工作不是很理解，认为浙江自身也有不少需要帮扶的欠发达地区，中央下达给浙江的对口支援任务太重。

可习近平同志并不这么认为。在他看来，西部地区是“山”，浙江所在的东部地区则为“海”。东部地区经济发展水平较高，但支撑其40多年快速发展的劳动密集型产业面临成本上涨、需求萎缩、国际竞争加剧的三重挤压。西部地区经济发展水平落后于东部地区，但具有资源丰富、劳动力便宜、消费市场潜力大等后发优势。

沿海的发展离不开内地的支持，内地的崛起离不开沿海的支持。对口支援，为缩小东西部发展差距找到了一个支点。“浙江力量”推动西部地区资源开发和劳动力利用，西部地区为浙江发展提供市场和资源，共同推进区域协调发展。

二

“口言之，身必行之。”这些年来，浙江一直信守“把对口工作越做越好”的承诺。

“山”与“海”，携手同行，不仅为“山”这一边发展提供了新引擎，也为“海”那一边拓展了发展新空间。

就像亲戚之间你搀我一把、我扶你一程，浙江开展东西部协作实际上也是“跳出浙江发展浙江”的一种实现形式。对口协作带动一大批浙江企业走向全国，支持了中西部地区的经济社会发展，带动了当地多种行业的发展，浙江企业则借此走出浙江，同全国多地广泛合作，形成了遍地开花结果的良好态势。比如，浙江在阿克苏建起浙产西进暨义乌小商品直销中心，充分利用当地的市场。浙产西进的同时，阿克苏和兵团一师的产品也往沿海地区输入，援疆班列推动南疆地区产品集结进入长三角，畅通特色产品出疆物流体系。

数字最直观，数字也最有说服力。在助力对口帮扶地区打赢脱贫攻坚战三年行动中，浙江累计投入脱贫攻坚财政帮扶资金102亿元，实施帮扶项目3835个；选派222名党政干部和8142名专技人才挂职；组织1559家企业到对口帮扶地区投资兴业，到位投资867.29亿元；帮助对口帮扶地区36.25万名贫困劳动力就业。对口支援的13个国定贫困县（区）在2019年底全部脱贫摘帽。

2017—2021年，浙江实施援疆项目1422个，投入援疆资金94.18亿元，支持各类产业园区项目建设，吸纳10万余人就近就地就业。

2022年刚收官的浙江第九批援藏工作，三年累计投入计划内援藏资金16.5亿元，争取计划外援藏资金1.3亿多元，完成援藏项目120个。

一个个帮扶项目为地区经济社会发展注入了强大动力与活力，各族群众从一个个可触可感的项目中真切地感受到了来自浙江的温暖，真实地享受到了“看得见、摸得着”的实惠。

数字之外，一个个投身其中的人、一颗颗结出的硕果，让“山”与“海”千里相遇的故事更加鲜活。

比如，时代楷模陈立群远赴黔东南贫困地区义务支教，家访并资助100多户苗族贫困家庭，足迹遍布台江县所有乡镇，三年多来培养出一支优秀的教师骨干队伍，帮助当地大幅提升教育质量。

再如，安吉黄杜村捐赠2240万株茶苗帮助三省五县贫困地区脱贫，累计带动2064户6661名贫困人员增收致富，续写“一片叶子再富一方百姓”的故事。

三

随着我国打赢脱贫攻坚战，国家东西部协作工作也迈入新阶段。

对于浙江来说，加强对口支援和东西部协作，既是党中央交给浙江的重大政治任务，也是实现“跳出浙江发展浙江”的重大机遇，还是浙江高质量发展建设共同富裕示范区的应有之义。如何与“亲戚”越走越亲，需在交往走动之外多动动脑筋。笔者以为，需要从四个方面发力：

第一，增进产业协作。浙商群体是浙江最有活力和创造力的一股力量，发挥他们的产业优势、市场优势、技术优势、资本优势，是浙江开展帮扶的一大特点。积极引导民营企业家投身中西部发展，实现帮扶地区与浙商群体的双赢发展，还需要继续付出努力。

第二，利用数字支援。近年来，浙江在发展数字经济、推进数字治理、提升便民服务、建设数字政府等方面积累了很多经验做法，可以用来助力帮扶地区提升经济治理、社会治理、公共管理、公共服务的数字化水平。

第三，加强消费帮扶。用好浙江平台经济和市场优势，帮助改造提升帮扶地区基础设施，促进电子商务、智慧物流、“网红经济”等“互联网＋”新业态发展，帮助西部产品进一步开拓销售市场，不断扩大特色产品的影响力，依然大有可为。

第四，深化交流交融。文化交流润物细无声，影响是长远的、双向的。充分发挥文化浙江建设丰硕成果的作用，不断深化浙江与帮扶地区的文化交流，开拓旅游、教育、医疗等文化交往新模式，仍然是一项重要课题。

脱贫摘帽不是终点，乡村振兴前景广阔。如今，中国式现代化已开启新的征程，新一轮的东西部协作已经拉开大幕，跨越千里的山海情谊正在书写新的篇章。

（倪佳凯　执笔）

“飞地经济”怎样飞得更高更远

在磐安山外、金华城中，有一块跨越山水的“金磐飞地”。

20世纪90年代中期，浙江金华市以“飞地”形式，在金华经济技术开发区内划出3.8平方千米土地，设立了金磐开发区，以“异地扶贫”形式对磐安县实施精准“造血式”扶贫。

如今，这一传奇“飞地”以县域五百分之一的用地规模创造了全县二分之一的规模以上工业产值、三分之一的税收收入，成为磐安经济发展的重要平台、对外开放的“重要窗口”、财政收入的重要支柱。“金磐飞地”开创了全国“生态补偿”的先河，率先探索出了一条“精准扶贫、异地开发、山海协作、生态补偿”的“飞地经济”发展新模式。

作为浙江实施“山海协作工程”、促进区域协调发展的重要抓手，小小“飞地”为何有如此大的魔力？新形势下，“飞地经济”如何飞出一片新天地？

一

所谓“飞地经济”，是指两个互相独立、经济发展存在落差的行政地区打破原有行政区划限制，通过跨空间的行政管理和经济开发，实现两地资源互补、经济协调发展的一种区域经济合作模式。

通俗点说，“飞地经济”就好比一根扁担，一头连着发达地区，一头连着欠发达地区。

“飞地经济”是浙江深入实施“山海协作工程”的有效途径和重要举措。《干在实处　勇立潮头——习近平浙江足迹》一书记载了这样一则小故事：习近平同志刚到浙江工作时，就以代省长的身份主持了浙江“山海协作工程”情况汇报会。“山海协作工程”实施之初，在“山”与“海”握手、“山”与“海”对接的热烈氛围中，也有个别发达地区领导对这项工程不够重视，“山热”遇“海冷”，成为推进落实中的难点。对此，习近平同志明确表态，“如果你不重视，我就把你换到欠发达地区工作，你就会感受到该不该重视”。习近平同志对“山海协作工程”的重视程度，由此可见一斑。

2004年11月，习近平同志在“山海协作工程”情况汇报会上鲜明指出，要“通过实实在在的项目、技术、管理、资金等全方位、各领域的合作，推动欠发达地区以最小的资源环境代价谋求经济、社会最大限度的发展，以最小的社会、经济成本保护资源和环境，走上一条科技先导型、资源节约型、生态保护型的经济发展之路”。

在习近平同志看来，发达地区和欠发达地区各自的比较优势，是推进山海协作的基础所在。这不是简单的“输血式”援助，而是要实现优势互补、多方共赢。

此后，浙江山海协作的发展势头一浪高过一浪，“山海协作工程”的内涵和外延不断拓展，逐步走向宽领域、全方位、多层次的合作。

二

随着时代的发展和形势的变化，浙江的“飞地经济”也在不断调整飞行姿态。

一开始是以产业协作为主的“从高向低飞”。这是最传统的“飞地经济”，也是浙江先富带动后富、市场要素向欠发达地区流动的一项举措，旨在通过要素导入和优势互补，实现“飞出地”带动“飞入地”快速发展。

在“山海协作工程”多年探索实践的基础上，浙江于2012年8月在衢州、丽水启动柯城—余杭、衢江—鄞州、江山—柯桥、龙游—镇海、常山—

慈溪、莲都—义乌、龙泉—萧山、遂昌—诸暨、松阳—余姚9个省级山海协作产业园共建工作，就是“从高向低飞”的模式。

后来，“飞地”的合作不再将眼光仅仅局限于自身的一亩三分地，而是放眼区域，乃至全国，开始“飞”到城里去，出现了许多“平飞”“两地互飞”“从低向高飞”等更加多元的合作模式。

为强化山海协作，实现全省高质量发展，浙江还结合脱贫攻坚、生态保护等发展需要，探索出了“消薄飞地”“生态补偿飞地”“科创飞地”等多种“从低向高飞”的特色模式。以衢州市为例，自2012年以来，该市先后在上海、杭州、北京、深圳等地创建的“科创飞地”，就是典型的“反向飞地”。这类“飞地”能够通过异地孵化、本地开花，进一步共享经济发达地区的资金、人才、创新资源，实现本地产业的跃迁式发展。

再后来，“反向飞地”的模式再次升级。2021年初，浙江印发《关于进一步支持山海协作“飞地”高质量建设与发展的实施意见》，支持山区26县的经济实体到省内其他地区开展异地投资建设。重点鼓励山区26县在大湾区新区、省级高能级平台等相关产业发展平台布局以先进制造业为主、不小于1平方千米的“产业飞地”，到2025年实现山区26县“产业飞地”建设全覆盖。

打法不断迭代升级的背后，体现的是浙江念好“山海经”的战略定力，这也是浙江“飞地经济”能够越飞越高、越飞越远的根本所在。

三

近几年，“飞地经济”可以说是越来越火。

实际上，早在2015年12月，国家发改委就发布了《关于进一步加强区域合作工作的指导意见》，提出支持有条件地区发展“飞地经济”。2017年6月，国家发改委等八部门联合印发了《关于支持“飞地经济”发展的指导意见》，进一步提出创新“飞地经济”合作机制，积极探索主体结构、开发建设、运营管理、利益分配等方面的新模式。

在“国字号”政策的引导和加持下，各个地方就“飞地经济”展开了不同形式的实施和探索。一些好的经验和做法值得学习，但也有一些地方的“飞地经济”陷入“前几年热情高涨，后几年水不活鱼不跳”的尴尬处境，其中暴露出来的问题，同样值得我们警醒。

国家“十四五”规划纲要提出鼓励探索共建园区、“飞地经济”等利益共享模式。中共中央、国务院印发的《关于支持浙江高质量发展建设共同富裕示范区的意见》中，也提到探索共建园区、“飞地经济”等利益共享模式。

可见，在中国式现代化大场景中，发展“飞地经济”不仅仅是浙江一省之事。浙江如何在山海共富的大棋局中落好子？笔者想到了三点：

首先，珍珠千颗，金丝一条。发展“飞地经济”，不能“大珠小珠落玉盘”，要有“一盘棋”的思维，抓好顶层设计，加强政府统筹协调，遵循市场规律，引导企业积极参与，发挥行业协会作用，提升“飞地”的市场化和专业化水平。

其次，“双向奔赴”才能长长久久。“飞地经济”要实现长远的发展，就必须把“飞出地”和“飞入地”这两头的积极性都充分调动起来，既要“谈感情”，更要“明算账”，通过构建形成风险与收益的共享机制，建立起区域间合作“双飞”的新桥梁。

最后，适合自己的才是最好的。发展动力要靠产业来支撑，其成效最终也要通过产业效益来体现，而找准最适合自己的“飞地”是发展“飞地经济”的关键，这就需要找准合作方，厘清供需关系，推动创新链、产业链、资金链、人才链等实现精准对接、深度融合。

未来，浙江“飞地经济”必将飞得更高更远！

（陈培浩　执笔）

08

“软环境”“硬环境”两条腿走路

从“小平安”到“大平安”

安居乐业始终是人们对美好生活的向往。美国当代著名政治学家塞缪尔·亨廷顿考察20世纪下半叶全球主要发展中国家处理秩序与发展关系的不同实践后，得出了一个经典结论：“人类可以无自由而有秩序，但不能无秩序而有自由。”这也说明了和谐稳定的社会秩序对于国家发展与人民幸福的重要价值。

在这方面，浙江做得不错。过去五年，浙江刑事案件发案量逐年下降，刑事立案数、命案数分别下降了24.3％、46.3％；浙江交通事故、火灾事故、安全生产事故死亡人数分别下降了47.91％、27.88％、69.67％。据国家统计局调查，2022年，浙江省群众安全感达99.28％，高于全国平均值1.13个百分点。

这些年来，“平安浙江”的高分答卷一年比一年好。

一

改革开放以后，浙江坚持“走改革路、吃改革饭”，依靠制度机制创新释放了强大的发展动能，推动浙江迅速从资源小省发展成为以民营经济和块状经济为主要特征的县域经济强省。然而，社会事业和平安建设领域“一条腿长、一条腿短”的问题也逐渐暴露出来，经济结构、社会事业、治安状况、城乡差距以及政府管理水平等领域的不足，给经济可持续发展和人民生活质量提升造成了负面影响。

我们常说，作为改革开放前沿阵地和市场经济先发地区，浙江在经济高速发展的同时，也提早面临“成长的烦恼”。这种“成长的烦恼”不仅仅是教育、科技、医疗、卫生、文化、环境等社会事业的发展相对滞后，生产安全、社会治安、公共安全等问题时有发生带来的安全感不足也是浙江面临的大问题。

“人富了，为什么安全感反而少了？浙江生活条件那么好，为什么还会发生影响安全稳定的事件？”这些问题困扰着浙江的干部和群众。与此同时，人民群众对拥有一个更加和谐稳定的生产生活环境有着更高的期待。

对于这些没有经验可以借鉴、没有规律可以遵循的新问题新挑战，有些人觉得，这是经济高速发展的必然，是非交不可的“学费”，只要经济指标好看，出现这样那样的一些问题可以理解，大可不必上纲上线；还有一些人则觉得，改革与发展都没有稳定重要，在自己任内，“不求有功，但求无过”，当“太平官”最好。

如何处理好改革、发展、稳定这三者之间的关系？当时在浙江工作的习近平同志思考得很深入，真正解决好三者之关系，“必须建立健全一整套良好的和谐社会运行机制”。

二

在这样的背景下，建设“平安浙江”的战略部署应运而出。

2004年1月29日，省委理论学习中心组学习会上，习近平同志首次明确提出建设“平安浙江”的设想。5月10日，省委十一届六次全体（扩大）会议作出《关于建设“平安浙江”促进社会和谐稳定的决定》。在这次会议上，习近平同志全方位阐述了自己的“平安观”。

比如“平安浙江”中的“平安”，不是治安好、犯罪少的狭义“平安”，而是涵盖经济、政治、文化和社会各方面的宽领域、大范围的广义“平安”。

比如，强调“平安”，并不是放松改革与发展，更不能因为在改革与发展的过程中出现一些影响“平安”的问题，就因噎废食，不思改革，不抓发展，这样不是“平安”而是“平庸”。

比如，领导干部要树立正确的“政绩观”，坚持“两手过硬”，学会“十指弹琴”，把建设平安社会、促进和谐稳定放在十分重要的位置，努力做好这方面的工作，推动物质文明、政治文明、精神文明协调发展。

“没有平安的浙江，就没有全面小康的浙江；没有和谐稳定的浙江，就没有繁荣富裕的浙江。”浙江的路怎么走，习近平同志一锤定音。

这仅仅是个开始。

历届省委、省政府坚持一张蓝图绘到底，一任接着一任干，各地把建设“平安浙江”作为一项长期战略任务，一级抓一级、层层抓落实，构建起严密的平安建设组织体系。

近20年来，社会的不断发展给“平安浙江”建设带来了许多新的问题和挑战。比如，地区、城乡、群体等发展不均衡，教育、医疗、就业、住房、养老等民生领域新旧矛盾交织，新冠肺炎疫情防控、网络金融、房地产风险、网络舆情、信访积案等重点领域风险隐患持续高位。

但是，浙江始终坚持“大平安”理念，持续深化系统治理、综合治理、依法治理、源头治理，针对可能存在的各类风险，织密风险防控网络，努力建设更高水平的“平安浙江”。浙江跑出了经济高速发展和社会平安稳定两大“加速度”，人民群众安全感满意率始终位居全国前列。在浙江，社会越来越安全，群众越来越安心。

“平安浙江”也走出了浙江。

三

党的十八大以来，以习近平同志为核心的党中央面对国内外矛盾风险挑战的新形势，顺应人民群众平安和谐的新期待，提出并部署了全面推进平安中国建设战略。

2014年4月15日，习近平总书记在中央国家安全委员会第一次会议上提出并阐述“总体国家安全观”。它是“推进国家治理体系和治理能力现代化、实现国家长治久安的迫切要求，是全面建成小康社会、实现中华民族伟大复兴中国梦的重要保障”。这构成了新时代推进平安中国建设的重要内容。

从“小平安”到“大平安”，从“平安浙江”到平安中国再到“总体国家安全观”，浙江再一次干在了实处、走在了前列。在笔者看来，推进平安建设还需要注重以下三点：

公平正义是平安建设的意义所在，人民群众的呼声在哪里，平安工作就应该推进到哪里。扫黑题材剧《狂飙》为什么能一路收视爆棚，火热“出圈”？抛开演员精湛的演技和抽丝剥茧、环环紧扣的剧情，强化观众“爽感”的，是剧中邪不胜正所彰显出的公平正义。平安工作需要在社会治安、安全生产、消防安全、交通安全、流动人口管理、电信网络诈骗等重点领域更进一步，让老百姓更踏实、更安心。

平安建设为了群众，同样也依靠群众，群众的力量有多强大，平安建设的成效就会有多大。这两年，浙江不断完善“一中心四平台一网格”基层社会治理体系，健全共建共治共享的社会治理制度。随着“党政领导、政法主导、社会协同、各方参与、齐抓共管”工作格局逐步形成，平安的基础也变得更牢更实。

数字时代，“数字＋”可以为平安建设赋能。有学者指出，最高明的社会治理不是“哪里起了火，再去哪里救火”，而是“为之于未有，治之于未乱”。“未有”和“未乱”靠什么来预知呢？靠的是现代科技与社会治理的深度融合，比如浙江上线的“民呼我为”等线上应用，具有即时性、便捷性、交互性的优势，有力解决了群众的烦心事、操心事、揪心事，群众“呼”得更便捷，政府“为”得更高效。

老百姓常说：“出入平安”“一路平安”，说到底，平平安安就是最大的幸福。

（云新宇　执笔）

浙商的安全感从哪里来

提起浙江，除了如诗如画的江南风光，还有一个深入人心的印象是，浙江人特别会做生意。这是有依据的。

据统计，目前浙江市场主体超过900万户。此外，还有数量庞大的浙商深耕国内市场乃至全球各地。可以说，浙商是目前中国最活跃的商人群体之一。

但对大部分民营企业家来说，过去三年并不好过。国内外新冠肺炎疫情形势延宕反复，国际环境复杂多变，全球经济遭受重创。在艰难的处境中，浙江民营企业却能迎难而上。全国工商联发布“2022中国民营企业500强”榜单，论上榜数量和总营收，浙江都是冠军。

“创业创新闯天下，合心合力强浙江”。我们不禁思考，浙商的信心从何而来？中流击水的安全感又是如何构建起来的？

一

电视剧《县委大院》中有个情节，老崔准备在光明县开家火锅店，结果因为一个营业执照变更手续，老崔一跑再跑，材料一交再交。最后，火锅店迟迟没法开业而被迫转让。

政府部门对市场主体的关心和支持到底有多少？这是影响安全感的重要因素。

广大浙商长期耕耘民营经济，是浙江经济的最大特色和最大优势。但罗马不是一天建成的，浙江民营经济的雄厚基石也不是一蹴而就的。浙江各级政府，努力为浙商在广阔世界实现梦想提供了满满的安全感。

回想21世纪之初，由于对市场经济的认识还不统一，浙商群体承受着质疑和压力：民营经济的发展，会不会蚕食社会主义公平？非公有制经济的发展，会不会动摇公有制的主体地位？

当时在浙江工作的习近平同志却不这么看。他在多个场合高度肯定浙江民营企业和浙商群体：“浙江最大的优势是民营经济先发优势。”“我们浙江的民营企业家很不容易，党和政府一定不能瞧不起他们，要亲近他们，给他们支持。”

这样引领时代的观点与后来一些经济学家的研究不谋而合。有学者发现，中国经济增长最成功的地区不一定是自然资源最丰富的地区或者发展基础、区位条件最有利的地区，而是政府与市场结合最完美、匹配最成功的地区。

此后各个阶段，浙江各级政府对民营企业和民营企业家群体始终是高看一眼、厚爱三分，努力为浙商创新创业营造最优环境。

比如，浙江省商务部门率浙江省赴香港投资促进团奔赴香港，开启招商推介、商务洽谈，由此掀开“投资浙里”全球大招商年“走出去”招商的大幕，“千团万企拓市场抢订单行动”在全国燃起一把“拼经济”的火。

浙江，“既关心浙商飞得高不高，更关心浙商飞得累不累”。比如，针对民营企业发展遇到的暂时性困难，为了提升纾困政策实效和获得感，2022年一年浙江就为市场主体减负4000亿元以上。

让“无形之手”充分施展，让“有形之手”更加有效，浙江也成为有为政府与有效市场亲和的典范。

二

从企业经营者角度来看，不敢投资生产、缺乏安全感的一个原因，就是不确定性：新官会不会不理旧账？说好的政策会不会变？

加强法治保障，有利于提升民营企业的安全感。在省十四届人大一次会议上，审议《浙江省促进中小微企业发展条例（草案）》成为一项重要议程。

事实上，浙江连续多年通过立法支持保障民营经济，这成为浙商信心很重要的来源。早在2006年，浙江就出台了《浙江省促进中小企业发展条例》，在法律层面，为民营企业发展打开空间。随后，在2020年，浙江出台《浙江省民营企业发展促进条例》，这是全国第一部促进民营企业发展的省级地方性法规。那以后，《浙江省电子商务条例》等10余部与民营经济发展息息相关的地方性法规又相继出台，一套较为完备的民营经济法律体系逐渐形成。

在政策层面，浙江政府全力争取政策、创新政策、用好政策，努力让那些群众有感、企业受益的好政策继续实施下去，这是浙商群体敢于应对冲击、面对不确定性的确定性。正如2022年7月底中共中央政治局会议强调的那样，“要发挥企业和企业家能动性，营造好的政策和制度环境，让国企敢干、民企敢闯、外企敢投”。

比如，2022年，浙江省政府制定了“5+4”稳进提质政策体系，并因势迭代、动态调整。五轮政策实施下来，企业获得感足足的。2023年浙江省政府工作报告中提出，将“精准高效实施‘8+4’经济政策体系，推动经济稳进提质”作为2023年重点抓好的12方面工作之首。

“制度是经济增长的根本原因”——这是经济学家道格拉斯·诺斯的著名观点。在他看来，欧洲在16世纪到18世纪初所建立的现代金融制度、现代公司制度等才是欧洲兴起的真正原因。而制度的好处在于界定并限制选择，减少了交易中的不确定性。

有恒产者有恒心。从一系列法规和连贯的政策体系中，不难看出浙江政府对于加快发展的紧迫感、责任感，也不难看到浙江支持民营经济发展是可信的承诺。从制度意义出发，政府为企业爬坡过坎铺路，为浙商提振信心架桥，足以让大家吃下安心发展的定心丸。

三

政府的“扶持之手”对民营企业的发展当然重要，但安全感也来自浙商群体长期以来自身所积累的发展经验、自我认同。浙商的安全感，也是自己给的。

《习近平在浙江》一书记载，在浙江工作期间，习近平同志就把浙江民营经济发展凭借的“走遍千山万水、说尽千言万语、想尽千方百计、吃尽千辛万苦”的“四千”精神纳入浙江人文优势的内容，提出“进一步发挥浙江的人文优势，积极推进科教兴省、人才强省，加快建设文化大省”。

浙江广大人民群众为发展生产力、过上好日子所展现的首创精神、奋斗精神，是财富来源，也是底气来源。

回顾浙江民营企业的发展历史，我们发现，浙商群体不会等到万事俱备才动身，而是即刻启程。滚石上山，再难也要“活下来，并要活得好”，是几十年来浙商生存发展的真实写照。

1979年，18岁的温州人章华妹为了生计偷偷摸摸地在自家门口摆小摊卖纽扣还担心被抓的时候，不会想到在第二年她就会拿到中国改革开放后的第一张个体工商业营业执照。

1982年，敢同县委书记吵架要求开放城乡市场的义乌人冯爱倩，也不会想到她脚下的这块土地未来将成为“天下第一大市场”。

1997年，吉利创始人李书福开始造汽车时，更不会想到有一天他的汽车能跑遍全球。

面对社会物质财富匮乏、总体科学技术水平较低、计划经济影响深厚的经济背景和“一缺技术、二缺资金、三缺人才”的客观条件，那一代浙商凭着自己的努力拼搏，挟着一股开拓进取、敢于担当的精气神创出了一片广阔天地。

接上交接棒，在传承父辈事业的同时，新一代浙商逐渐崭露头角。他们抓住人工智能、大数据、云计算等新兴产业迅猛增长的风口，一点点为浙企拓展空间、闯出新路。

百年未有之大变局下，浙商生存发展环境发生了重大变化。大道向前，征途如何？这又成为不少民营企业面临的现实问题。

但正如“足球诗人”贺炜的金句：“请不要相信胜利就像山坡上的蒲公英一样唾手可得，但是请相信，世上总有一些美好值得我们全力以赴。”

浙商兴则浙江兴，浙江好则浙商好。

2023年是经济社会发展活力恢复之年。面对“后疫情时代”的新形势新课题，浙江更要直面困难、放眼未来，把安全感做足，把信心提起来，把油门踩下去，在机遇与挑战中书写新的篇章。

（云新宇　执笔）

浙江的“投资之道”

投资是什么？

从个体和企业看，投资是一种资本积累，比如债券投资、股票投资、基金投资等。在经济工作中，投资通常指建造和购置固定资产，比如修建高铁、建造学校、购买生产设备等。在拉动经济增长的“三驾马车”中，投资的作用异常关键，而浙江也尤为重视投资。

2023年浙江省“新春第一会”上，省委就强调，要实施数字经济创新提质“一号发展工程”、营商环境优化提升“一号改革工程”、“地瓜经济”提能升级“一号开放工程”。在浙江大力实施三个“一号工程”，强力推进创新深化、改革攻坚、开放提升的大背景下，具体推进“十项重大工程”，大抓投资、大抓项目，可谓牵一发而动全身。

浙江为什么如此重视投资？投资与浙江的发展有什么关系？今天我们就来聊一聊浙江的“投资之道”。

一

要回答好这个问题，或许得将时光倒回到20年前，甚至是更久之前。

2003年，浙江正面临一连串“成长的烦恼”——电力短缺、土地紧张、水乡“喊”渴、环境污染……破解资源环境约束与经济粗放发展之间的矛盾，已然成为当时迫在眉睫的事。

面对这样的窘境，习近平同志亲自谋划实施“五大百亿”工程，瞄准基础设施、信息化、科教文卫体、生态环境、帮扶致富五大领域抓投资。

这其中，不乏很多浙江人耳熟能详的明星项目。比如，甬台温铁路、宣杭铁路、诸永高速，改善了区域交通网络布局；秦山核电三期、浙能乐清电厂，缓解了电力供应紧缺状况；生态保护公益林、万里清水河道整治、康庄工程，让天更蓝了、水更清了、出行更便利了。

《干在实处　勇立潮头——习近平浙江足迹》记载，习近平同志第一次到宁波调研，就指示要千方百计争取早日把杭州湾跨海大桥建成。大桥奠基仪式时，习近平同志亲自启动开工按钮。2008年大桥建成通车时，他还专程发来贺信。作为当时世界上最长的跨海大桥，杭州湾跨海大桥建成后使沪杭甬路网格局从“U”字形变为“A”字形，大幅缩短了杭州湾南北岸的距离，实现沪杭甬两小时交通圈，有力推动了长三角区域一体化发展。

此后，浙江像接力赛跑那样一棒一棒地接下去，每五年相继实施“三个千亿”工程、“411”重大项目建设行动、“4＋1”重大项目建设计划，虽然投资重点不同，但都聚焦需求、切中痛点。

尤其是近三年，在新冠肺炎疫情之下，面对出口不确定性和消费持续低迷，浙江投资持续发力，展现出强大的韧性，增长速度既快于同期全国投资增速，也快于同期全省经济增速，对经济增长的贡献率超过40％。

值得一提的是，投资不是一投了之，而是坚持系统思维、全局观念，围绕国家战略规划、地方发展所需谋篇布局，用大项目、好项目为高质量发展提供“硬支撑”。比如，历经十年建成通车的舟山大陆连岛工程，将舟山本岛与宁波相连，解决了舟山孤悬东海问题，使其从“海岛时代”跨入“大桥时代”。又比如，2022年，六横公路大桥二期工程开工，作为甬舟一体化的重要纽带，大桥连接宁波舟山港的六横和梅山两大核心港区，六横区域竞争力被加上了重重的砝码。

从资源“虐出圈”到全国“尖子生”，可以说，浙江发展史就是一部热血励志剧。正是一个个重大项目的夯基垒台、立柱架梁，强有力地支撑了浙江从资源小省到经济大省再到经济强省的华丽转身。

二

一路走来，投资对浙江发展的重要性不言而喻，而在不断探索和实践中，浙江也找到了抓投资工作的三个关键。

关键之一，要有效。投资，重在产生经济社会效益。既要防止“一哄而上”，低水平重复建设，造成产能过剩，也应避免好大喜功、不切实际，搞一些华而不实的面子工程，甚至烂尾工程。

那么，如何充分利用有限的土地、资金等要素资源？如何让投资效益最大限度发挥？浙江率先提出“有效投资”，从注重传统基建向新型基建转变，从注重物的投入向创新投入转变，从注重经济投入向生态环保投入转变，从注重单体项目投资向综合网络型转变，从注重投资规模速度向优结构提效率转变。

通过有效投资，浙江投资规模不断扩大，同时结构在优化、质量在提升。比如，在创新投入方面，浙江大力推进之江实验室、良渚实验室等10家省级实验室建设，充分动员政府、企业、社会等各方力量，总投资超400亿元，展现了大布局、大手笔。又比如，在产业投资方面，总投资325亿元的衢州时代锂电项目、一期投资180亿元的杭州富芯半导体项目、总投资108亿元的三一装载机吴兴项目等，一个个大项目落地，培育了一个个大产业，推动当地实现产业结构转型升级。

关键之二，靠项目。投资，离开项目就是无根之木、无源之水。重大项目建设，是真金白银的投入，也是发展动能的积蓄。没有什么比高楼拔地而起更能提振发展的信心，没有什么比项目接踵落地更能激发经济的活力。

比如，宁波舟山港的发展，得益于一系列码头航道、疏港公路、铁路支线等项目建设，有效提升航道运输、江海联运、海铁联运服务能力，港口年货物吞吐量连续14年位居全球第一，成为浙江开放发展的“金名片”。

来看一组数字：2018年至2022年，杭州至黄山、杭绍台、商合杭、九景衢4条高铁建成通车，浙江铁路出省通道达12个；新增高速公路里程数

1177千米，实现高速公路陆域“县县通”；杭州地铁运营里程516千米，居全国城市第五位；超重力离心模拟与实验大科学装置实现“零的突破”……一个个重大项目落地开工、加快建设、投产投用，形成了推进省域高质量发展和现代化先行的强劲引擎。

关键之三，抓改革。用足用好改革这个关键一招，才能持续提升投资便利化水平，充分激发投资活力，实现投资可落地、可持续。

这些年，从推广政府和社会资本合作模式，到支持民营资本进入铁路、油气等传统垄断领域；从推行企业投资项目审批“最多跑一次”改革，到率全国之先探索工业用地“标准地”改革……每一次改革探索的步伐，都给投资增长、项目落地提供了全新的动力。

比如，我国首条民营控股高铁——杭绍台铁路，2022年1月建成通车，政府一次投入42亿元，就撬动了440亿元的重大项目。同样由民营企业控股的杭温铁路，预计2024年建成通车。我国首个民营控股的混合所有制炼化企业浙石化公司，实施浙江有史以来最大的单体产业项目——舟山基地4000万吨/年炼化一体化项目，总投资超2000亿元，建成投产后将有力维护国家石化产业链原料供应安全。

近五年来，浙江民间投资占整体投资的比重始终保持在56%以上，为经济社会发展作出了巨大贡献，成为拉动投资增长的主力军。

三

有句话说：今天的投资结构就是明天的产业结构，今天的项目数量就是明天的经济总量。

当前，国际形势依然复杂严峻，国内经济复苏的态势仍不稳固，投资仍是稳增长的“压舱石”和关键驱动力所在。未来五年，浙江怎么干好“千项万亿”这项大工程？笔者认为，关键是聚焦方向、主体、路径，解决好“投向什么、谁来投资、怎么推进”这三个核心问题。

首先，明确“投向什么”。经济发展期盼更高端的产业，那么我们就将资金投向先进制造业和科技领域，比如具有浙江优势的数字安防、集成电路、新能源汽车、绿色石化等产业项目；老百姓期盼更优质的民生服务，那么我们就将资金投向民生设施和文旅融合领域，比如西湖大学、浙医一院国家医学中心、京杭大运河博物馆等，进而打造“浙里优学”“浙里健康”“浙有善育”等七张“金名片”；大家期盼交通更便利，就将资金投向通苏嘉甬铁路、甬舟铁路、杭州地铁四期；等等。

总之一句话，围绕先进制造业、科技、民生设施等九大领域，每年1000个项目，完成投资1万亿元以上。

其次，每年1万亿元，由谁来投？随着地方政府债务持续严格控制，依靠政府投资“单条腿走路”模式早已行不通。唯有通过政府投资撬动，鼓励更多民间资本参与，并深化与大型央企、国企、外企的合作，实现政府投资、民间投资、国企投资、外商投资“四个轮子”一起转。

“千项万亿”浪潮下，政府和社会资本合作机制必将越来越健全，投资主体必将越来越多样，全社会的投资潜力也必将充分挖掘。

最后，有项目、有人投，怎么推动落地？2023年初，浙江省召开扩大有效投资“千项万亿”工程工作部署会，各厅局、各地市都签了“军令状”，要干什么、谁来干、干不好“鞭子”打在谁身上，都清清楚楚。干不好的约谈、干得好的激励，既要鞭打“慢牛”，也要激励“快马”。此外，政策工具箱也是“干货”满满，金融工具、地方政府专项债券、中央预算内资金、重大产业项目用地、能耗单列……对重大项目的要素需求，全力做到应保尽保。

今天的投入，就是明天的产出。百舸争流、千帆竞发的新格局下，尤其需要实干争先、勇开新局。稳定经济运行，激发内生动力，促进转型升级，催生更多新的消费增长点，投资这块“压舱石”，在浙江奋力推进“两个先行”的新征程上，依然大有可为，也必有作为。

（王世琪　郑　浩　执笔）

给法治大考画重点

在浙江乃至中国的法治进程中，2006年是不同寻常的一年。那一年4月，在时任浙江省委书记习近平的提议下，省委作出了建设“法治浙江”的重大战略部署。

战略既定，下一步就要把大家的思想统一起来、干劲鼓舞起来。

为了帮助全省广大干部特别是领导干部加强学习，加深对“法治浙江”的理解，在习近平同志的指导下，浙江有关部门编写出版了《“法治浙江”干部读本》，书中对建设“法治浙江”的决策进行了全面、深入的解读，并对要开展哪些工作作了具体说明。

习近平同志亲自为读本作序，在序言中写道：按照建设社会主义法治国家的要求，积极建设“法治浙江”，是时代赋予我们的光荣使命。

后来，这本集中反映“法治浙江”建设理念的书，成为浙江省“五五”普法指定用书，被摆上了浙江各级领导干部的案头。

一

法治精神是法治的灵魂。人们没有法治精神、社会没有法治风尚，法治只能是无本之木、无根之花、无源之水。

培育法治精神，普法至关重要。习近平同志在浙江工作期间就非常重视普法工作，认为普及公民法制教育、形成全社会法治风尚，对建设“法治浙江”具有全局性、先导性、基础性、决定性作用。

以往，普法的对象主要是群众，根据习近平同志的要求，浙江普法教育和法律服务不仅要进机关、进社区、进乡镇、进学校、进企业、进单位，还要深入各级领导干部中，这在当时是一大创新。

领导干部是各项工作的组织者和领导者，尤其需要具备法律意识。据《习近平在浙江》记载，习近平同志在多个场合反复强调，党纪国法不能成为“橡皮泥”“稻草人”，领导干部要做尊法学法守法用法的模范，要确保在法治轨道上推进改革。

他是这么说的，也是如此亲身垂范的。

比如，他始终重视人大工作。身兼省委书记和省人大常委会主任两大重要职务的他，时常嘱咐工作人员排日程的时候要尽量协调安排好，凡是人大有会，他都要去参加，时间上尽量不要冲突。

习近平同志说到做到，在任省委书记期间，省人大常委会的会，他基本都参加，也都有发言，给人大工作、立法工作作了很多具体的指导。

再比如，在他的关心下，浙江在全国率先开展“民主法治村（社区）”创建工作，在扩大基层民主、维护社会稳定、增强干部群众法律意识和法律素质方面取得了显著的成效。浙江还制定了第一个农民专业合作社条例，很多创制性规定成为国家相关立法的蓝本。

二

复习备考，掌握考试重点方能事半功倍。为了推动“法治浙江”建设，习近平同志充当了一回班主任，撸起袖子、拿起笔头，自己动手宣传普及法治理念，在《浙江日报》“之江新语”专栏连续发表四篇文章，篇篇关乎法治，为领导干部划出了法治这场大考的重点。

第一，法治是一种思维方式。法治建设是对行政方式以及领导干部思维方式、工作方式的一场革命。对领导干部来讲，需要从根本上转变不适应法治要求的思维方式、领导方法和工作习惯，提高运用法治思维和法治方式的能力，做到在法治之下，而不是法治之外，更不是法治之上想问题、作决策、办事情。

第二，习惯于在受监督下工作。“治国者必先受治于法”，领导干部普法的一大重点就是树立职权法定的理念，习惯于在受约束受监督的环境里推进工作。这就意味着任何一项权力的行使都必须有法律的明确授权并符合法律的目的，每一个执法环节都必须符合法律的要求，每一个行为都不能超越法律的界限，一切违法行为都要毫无例外地受到法律的追究。

第三，法治社会建设是重中之重。《之江新语》中提到，实现社会和谐有赖于人们对法律的信仰和遵循。法治的力量不仅在于定纷止争、化解社会矛盾，法治更深层次的力量还在于形成尊法信法用法的社会氛围。在这一氛围之下，群众在遇到矛盾或者纠纷时，习惯于通过法治途径寻找解决问题、维护权益之方。领导干部要率先垂范，使法治逐渐成为全体公民的一种信仰、一种习惯、一种方式、一种意识。

三

春风化雨，润物无声。

回首过往，从“法治浙江”的生动画卷到法治中国的宏伟蓝图，法治在浙江的历史上留下光辉印记。

再看今朝，党的领导、权力运行、营商环境、社会治理等法治化程度持续提升，群众民主法治意识不断增强，法治闪耀更加灿烂的光芒，凝聚起沿着“八八战略”指引的路子走下去的坚定信心。

法治中国建设在省域层面的探索开启新的篇章。

截至2021年，在立法引领方面，浙江共制定（修订）地方性法规160件、政府规章134件，其中《浙江省民营企业发展促进条例》等20多部地方立法开创了全国第一；在法治政府建设上，先后开展4轮行政审批制度改革，公告执行的行政许可事项442项，省、市两级共清理取消证明事项198项，市、县（市、区）两级累计2816项证明事项实行告知承诺制，共让群众少提交证明4000多万件；在司法质量、效率和公信力上，浙江法院、检察院精简内设机构比例达33%，组建新型办案团队5000余个，认罪认罚从宽制度适用率为89.43%，试点法院民事案件小额诉讼、简易程序适用率分别为21.2%、62.8%，一审、二审独任制适用率分别为86.6%、42.7%；在基层治理方面，全省来信来访和非正常上访量持续下降，90%以上的县（市、区）基本实现无信访积案目标。

“法者，治之端也。”10多年来，“法治浙江”建设作为“八八战略”的重要组成部分，为浙江经济社会发展遮风挡雨、保驾护航，帮助浙江成为审批事项最少、办事效率最高、营商环境最优、群众和企业获得感最强的省份之一。

（倪佳凯　执笔）

为什么说法治和德治是“双轮”“两翼”

现代社会，没有法律是万万不能的，但法律也不是万能的。对于极其复杂的“社会魔方”来说，要想实现良性有序的正常运转，既离不开法治的“硬”约束，也离不开道德的“软”约束。

关于这一点，习近平同志可谓有着深刻的认识。在《之江新语》一书收录的《坚持法治与德治并举》中，他就鲜明指出：“法律与道德，历来是建立公序良俗、和谐稳定社会的两个保障。法治与德治，如车之双轮、鸟之两翼，一个靠国家机器的强制和威严，一个靠人们的内心信念和社会舆论，各自起着不可替代而相辅相成、相得益彰的作用，其目的都是要达到调节社会关系、维护社会稳定的作用，保障社会的健康和正常运行。”

为什么说法治和德治是“双轮”“两翼”？在现代社会治理中，如何让“双轮”并驾齐驱、让“两翼”比翼齐飞？

一

古往今来，法治和德治都是治国理政不可或缺的重要手段。回望历史，坚持法治和德治相结合，其实有着源远流长的传承。

从孔子提出“宽猛相济”到孟子提出“徒善不足以为政，徒法不能以自行”，从荀子提出“隆礼重法”到董仲舒强调“阳为德，阴为刑”，从唐代提出“制礼以崇敬，立刑以明威”到宋元明清时期一直延续德法合治，“德治与法治相结合”实际上贯穿中华历史。

可以发现，在古代中国的“治国之道”中，既少不了法律制裁的强制力量，也离不开道德教育的感化力量。步入法治社会，人与人之间的关系按照明确的法律秩序运行，法律在社会系统中居于最高地位，发挥着准绳的作用。与此同时，道德则愈发成为法治的基石。

一方面，法律只有以道德为支撑，才能成为有广泛社会基础的善法。“立善法于天下，则天下治；立善法于一国，则一国治。”要真正实现法治目标，一个重要前提是法律本身必须是“善法”。另一方面，道德滋养着法治精神、支撑着法治文化，并在一定程度上弥补着法律由于预见性、周延性、灵活性差而带来的局限。在法律“力所不能及”之处，德治就可以发挥更大的作用。只有植根于深厚的道德土壤，法治精神和法治文化才能获得持久的生命力。

法外有德，德中有法。道德和法律，一个主观一个客观，一个在内一个在外，一个柔性一个刚性，二者须臾不可分割。

正如法国启蒙思想家卢梭的一句名言：“一切法律中最重要的法律，既不是刻在大理石上，也不是刻在铜表上，而是铭刻在公民的内心里。”法治的力量不仅来源于法律的权威性，更来源于民众内心对法治的信仰。法律如若不被信仰，则形同虚设。

二

时间回到2006年4月，习近平同志首次提出建设“法治浙江”，开始了法治中国在浙江省域层面的实践探索。

实际上，“法治浙江”作为一种“地方法治”“区域法治”，不仅有以民营经济为主的市场经济作为经济基础，有民主恳谈会等基层民主制度作为政治前提，更有优秀传统文化中的法治与德治结合思想作为历史文化基础。

习近平同志明确指出，建设“法治浙江”，“必须把握法治与德治的互补性、兼容性和一致性，坚持一手抓法治建设，一手抓道德建设”。

“法治”是他律之治，它对一个人的内心世界无从干预，通过约束人的外在行为来实现治人，属于治外之治；而“德治”则是自律之治，它依靠一个人内心的力量，通过约束人的思想意识来约束人的个体行为，属于治内之治。越小的社会基层治理单元，越需要法治与德治两手抓、两手硬。

多年来，浙江各地不断从体制机制上创新社会治理模式，探索出了德治、法治、自治“三治融合”的基层社会治理实践，有效形成了“大事一起干、好坏大家判、事事有人管”的社会治理新格局。

比如在桐乡市，《关于推进社会管理“德治、法治、自治”建设的实施意见》出台后，全市211个村（社区）逐步构建“一约两会三团”治理载体——村规民约，百姓议事会、乡贤参事会，百事服务团、法律服务团、道德评判团，走出了一条现代化基层治理的桐乡特色路。

改变仍在发生。借助政府数字化转型的力量，基层治理进一步插上“智治”的翅膀，“三治融合”迭代升级为“四治融合”。2021年，中共浙江省委办公厅印发《关于深入推进法治社会建设的实施意见》的通知，明确提出“坚持自治、法治、德治、智治融合”，为全国创新基层社会治理再一次提供浙江样板。

三

“法律是成文的道德，道德是内心的法律。”法律与道德，只有同向发力、同频共振，才能最好地规范社会关系、维护社会秩序。

习近平总书记指出，“中国特色社会主义法治道路的一个鲜明特点，就是坚持依法治国和以德治国相结合，强调法治和德治两手抓、两手都要硬”。这既是历史经验的总结，也是对治国理政规律的深刻把握。

党的十八大以来，在习近平总书记的引领下，以法为教，以德铸魂，法治与德治的结合更加紧密。

2014年，党的十八届四中全会第一次作出了“全面推进依法治国”的顶层设计，明确提出“坚持依法治国和以德治国相结合”，“国家和社会治理需要法律和道德共同发挥作用”。

2020年，十三届全国人大三次会议高票表决通过《中华人民共和国民法典》，这也是新中国历史上首个以“法典”命名的法律。

2021年，《新时代公民道德建设实施纲要》出台，提出“以法治承载道德理念、鲜明道德导向、弘扬美德义行”。

……

法治和德治就像“双轮”“两翼”，在相融相济中散发出巨大的能量。党的二十大报告进一步明确提出，要“坚持依法治国和以德治国相结合，把社会主义核心价值观融入法治建设、融入社会发展、融入日常生活”。

未来，如何使法治和德治更好地互为补充、互为支撑，还有许多问题值得探索。

比如，在立法上，如何更好推进社会主义道德法律化，把实践中广泛认同、操作性强的道德要求及时固化为法律规范，还需要进一步研究；在守法上，如何把全民普法与公民道德建设工程紧密结合，引导全体人民自觉践行社会主义核心价值观，还需要进一步落实。可以肯定的是，道德和法律并举，将带来明德守法的良好风尚，推动社会健康有序向前发展。

说一千道一万，人民才是法治与德治的最终主体。面临诸多复杂难题，只要我们坚持德法相依的治理原则，坚定道德追求，不断凝聚向上向善的正能量，就一定能让法律和道德协同发力，推动国家长治久安。

（苏　畅　执笔）

为民办实事是效能建设的“靶心”

2023年央视春晚小品《坑》以幽默辛辣讽刺了现在的“躺平式干部”，其中有两句台词是：“你这一年为老百姓做了几件实事儿？”“那你借我两件。”这从反面反映了，为群众办实事的多少是机关干部一年工作成绩好坏的衡量标准，亦是机关效能建设的重要内容。

在浙江，早在2003年，时任浙江省委书记习近平提出“八八战略”，其中就有“进一步发挥浙江的环境优势，积极推进以‘五大百亿’工程为主要内容的重点建设，切实加强法治建设、信用建设和机关效能建设”。机关效能建设如何推进？为民办实事如何成为机关效能建设的浙江经验？

一

机关效能建设是管理科学的重要组成部分，是一种高层次的管理形式和载体。其中，机关及其工作人员是效能的体现者，人民群众是效能建设的受益者。通俗地说，效能建设是一种以服务群众为宗旨、以群众满意为目的的行政行为。

在浙江，为民办实事是机关效能建设的重要举措，历来不是一句口号，也不是短期做法，而是有其实在的行动，更有其体制机制的长期保障。

比如，在2022年省第十五次党代会上，部署加强党的全面领导和全面从严治党时，报告就指出，要构建“为群众办实事、为企业解难题、为基层减负担”常态长效机制，并提出健全民情通达机制等举措。“三为”指向的，都是努力为民办实事，这正是举措之实与为民之情的结合。

其实，早在2004年，习近平同志就提出并亲自组织实施了建立健全为民办实事长效机制的探索实践，着力解决群众“最关心最直接最现实”的民生问题。

改革开放以来，浙江经济社会快速发展，人民生活水平得到提高，但也带来很多“烦恼”，比如群众的需求层次越来越丰富，遇到的问题越来越多样。浙江也在思考建立回应社会群众诉求的新机制新方法。习近平同志来浙江工作后，深入基层一线，问计于干部群众，走访于田间地头。

《习近平在浙江》中有个细节。时任浙江省省长吕祖善回忆，习近平同志曾对他说：“浙江尽管总体比较富裕，但还是有贫困的地区、有贫困的群众，我们要多为他们做一些实事。”“为民办实事应该形成一个长效机制，而不仅仅是做一两件事。”

2003年，习近平同志高瞻远瞩地提出“八八战略”，把机关效能建设作为其中重要内容。机关效能建设怎么推进？2004年5月，浙江省委就把“为民办实事”作为效能建设的着力点，提出“努力形成为民办实事的长效机制”。

2004年10月，浙江省委、省政府出台《关于建立健全为民办实事长效机制的若干意见》，系统提出就业再就业、社会保障等为民办实事十大重点工作领域，明确加快建立健全民情反映、民主决策等五大工作机制。

干部工作做得好不好，不靠嘴说、不用笔写，看实事做了多少、百姓满意度怎样。机关效能建设以百姓满意为导向，真正用“为民办实事”来量化。

从此，为民办实事长效机制延续至今。

二

实事是怎么确定的？

每年，浙江省委、省政府都会专题研究为民办实事问题，并将十方面实事项目列入省政府工作报告。

早在2005年，省政府就通过公开征集方式，确定政府要办的人民群众“最关心最直接最现实”的民生实事；2015年，首次通过网络征集为民办实事项目。

办什么实事？老百姓有发言权。怎么办实事？党委、政府冲在前头，坚持高标准落实、高效率推进、高品质建设。

比如2023年，“新改扩建公办中小学校100所”“为130万老年人免费接种流感疫苗”“新增100个托育机构”“新建五星级文化礼堂500家”等都被列入十方面民生实事，并且将实时公布进度、接受群众监督，确保每件实事都做实做细。

也许你会说，十方面民生实事就够了？这照顾不到生活的方方面面。

浙江除了每年办好十方面民生实事，还把功夫下在平时，不断破解痛点、堵点。比如，2021年中央层面将“我为群众办实事”实践活动作为党史学习教育的重要内容。作为“为民办实事”的发源地，浙江更是将其拓展为“我为群众办实事、我为企业解难题、我为基层减负担”专题实践活动。

在专题实践活动中，浙江聚焦群众、企业、基层关心的一系列重点问题，拿出举措。省、市、县领导深入开展民情民意大走访活动，全省广泛开展“征集一批民生意见、发布一批清单事项”等“六个一批”活动，处理“群众身边不满意小事”5万余条……将“服务指数”有效转化为群众的“幸福指数”。

一路走来，浙江坚持以“为民办实事”提升政府机关效能建设水平，不管是在办事内容上，还是在办事方式上，都在不断“翻新”。

三

政党如人，最宝贵的是历尽沧桑仍怀赤子之心。

如今，在推动中国式现代化、共同富裕先行和省域现代化先行背景下，为民办实事有了更高要求、更大难度。

当人民群众的生活水平已大幅提高，党委、政府该如何进一步缩小收入差距，推动均衡发展？

当人民对教育、医疗服务等有了更多需求，党委、政府该如何打响“浙有善育”“浙里健康”等品牌，促进公共服务优质共享？

当诸多政策红利已经释放，党委、政府该如何进一步打开政策空间，不断激活政策的乘数效应？

显然，我们面临的是“百尺竿头，更进一步”，是“船到中流浪更急，人到半山路更陡”，而浙江正在不断破题。

党的二十大报告提出，要扑下身子干实事、谋实招、求实效。的确，不忘初心，竭尽全力让百姓过上好日子，才是政府机关效能建设的应有之义。

这是旗帜鲜明的态度，也是一份庄严的承诺。

从这个角度来说，中国式现代化并不抽象，而是很实在、具体。它体现在一件又一件民生实事的高质量办理上，体现在百姓的获得感、幸福感、安全感和认同感上。

（刘雨升　执笔）

“浦江经验”如何破解“天下第一难事”

要问基层工作中哪一项最难，估计很多人都会说是信访工作。有些地方流传着“天不怕、地不怕，就怕信访来电话”“不怕苦、不怕累，就怕信访群众有误会”的段子。甚至还有些人直言，信访工作就是“天下第一难事”。

然而，在20年前，时任浙江省委书记习近平把金华浦江作为领导干部下访接访群众的第一站，在现场解决群众难题，开创了省级领导干部下访接访的先河，“浦江经验”由此形成。

20年来，传承弘扬“浦江经验”，浙江广大党员干部不仅进一步做好了信访这个“送上门来的群众工作”，还让“天下第一难事”成了拉近干部群众距离、赢得老百姓真心点赞的好事。不禁要问，“浦江经验”是如何形成的？“浦江经验”为啥能发挥这么大的威力？

一

故事可以从一条路说起。

210省道浦江段（原20省道浦江段），是一条风光秀丽的公路。每天都有满载农产品的货车，把沿途村庄的新鲜蔬果送到义乌、兰溪等周边地区，甚至送到杭州、上海等地的餐桌上。当地老百姓盛赞这是将绿水青山转化为金山银山的康庄大道。

但在20年前，这条始建于20世纪50年代的道路却因为山高坡陡、年久失修而漫天尘土、遍布坑洼、事故频发，不仅限制了当地山区村民的出行，影响了广大群众的生活质量，还严重制约了山区的经济发展。当地群众怨言很多，要求改建的呼声也很高。

事情的转机发生在2003年。当年9月8日起，一则公告在《浦江报》头版连续刊登三天：9月中旬，省委主要领导及省级有关部门负责同志将与浦江县领导一起接待群众、处理信访。公告一出，全县轰动，大家纷纷报名，有的群众甚至翻箱倒柜，把几十年的积案都翻了出来。短短3天时间，登记报名就达429批次。面对这么大的阵仗，县里只能把接访地点放在浦江中学，并在学校里临时划分出14个接待室。

9月18日早上，时任浙江省委书记习近平同志如约而至，同时在现场的还有近千名来访群众，有的甚至从几十里外的乡下赶来。

50岁的村民蒋星剑作为第一批群众代表冲在最前面，向习近平同志反映了20省道浦江段的拓宽改造问题。习近平同志仔细听完他的诉求，在征求省有关部门负责人的意见后，当场拍板：这是一条山区群众的"小康之路"，不仅要建，而且要建好。

如此斩钉截铁的肯定答复，让整个浦江西部山区都沸腾起来。当年12月，20省道浦江段改造工程破土动工。2005年10月，全长19.8千米的210省道（原20省道）浦江段全线贯通。

这条路不仅带领群众致富、奔小康，也拉近了党委、政府和老百姓的距离。2006年新年伊始，一封盖有浦江西部山区97个村民委员会鲜红印章、代表20多万村民的感谢信，寄到了习近平同志的手中。

蒋星剑的经历并不是特例。那一次，习近平同志和有关同志总共接访436批667人次，当场解决了91个问题。

这样大规模的领导接访活动，这么多基层群众主动参与，这么短时间里当场解决一批信访问题，多年来都是少见的。

此后，在习近平同志的带动下，领导下访在浙江全面推开，省、市、县三级领导干部下访蔚然成风。各级领导干部直奔基层、直面群众、直击矛盾、直接解决问题，面对面听民声、心连心解民忧、实打实惠民生，逐步形成以"变群众上访为领导下访，深入基层，联系群众，真下真访民情，实心实意办事”为主要内容的“浦江经验”。得益于此，2005年，浙江全省信访总量出现了自1992年以来的首次下降，信访秩序明显好转。

二

20年后再度回首，“浦江经验”的成功绝非偶然。它能够破解“天下第一难事”，至少是因为做到了以下四点。

一是群众在哪里，目光就锁定哪里。基层既是矛盾问题的主要来源，也是解决问题的最佳主场。很多基层工作者说信访是“天下第一难事”，但对一些群众而言，因诉求无门而选择信访又何尝不是“天下第一难事”。

“浦江经验”推动领导干部走出去、走下去，和群众同坐一条板凳、同围一张桌子，面对面了解民生疾苦、掌握实际需求，让群众对干部多份信任、少些怨气。问题解决了，老百姓心气顺了，信访问题自然也就迎刃而解了。

二是矛盾在哪里，脚步就走向哪里。20年前，历史选择浦江并不是偶然。当时的浦江县是名副其实的信访大县，县信访局接访登记的案件可谓“堆积如山”。习近平同志的第一次下访颇有些“明知山有虎，偏向虎山行”的意味，就是要去情况最复杂、矛盾最尖锐、难度最大的地方。这既需要有迎难而上的足够勇气，硬着头皮往矛盾窝里钻，也需要有敞开大门、放下身姿，坦诚面对各种困难的开放自信的心态。

“浦江经验”是对领导干部能力水平的一场考试，群众是考官、矛盾是考题，群众满意就是正确答案。

三是需求在哪里，工作就做到哪里。“浦江经验”能赢得民心，不是因为做出了下基层的样子，更不是因为说了几句“漂亮话”、打了一套“太极拳”，而是因为把落脚点放在“事要解决”上，真正发现并满足了群众的需求，让大家得到了实惠。

是真情实意、全心全意地来解决问题，还是虚情假意、三心二意地来作秀，对老百姓的需求是“马上就办”还是“层层空转”，每个人心里都有一杆秤。《习近平在浙江》记载，20年前习近平同志拍板改建的这条路，被当地老百姓亲切地称为“近平路”。真真切切为群众做实事解难题，群众不会忘记。

四是发展到哪里，治理就跟到哪里。许多信访问题就是社会发展带来的利益纠纷的反映。21世纪之初，社会转型带来的矛盾冲突不断凸显。浙江作为市场经济先发省份，“春江水暖鸭先知”，利益诉求多样复杂、矛盾纠纷频繁多发、信访问题新老交织，社会治理面临不少难题。

“浦江经验”能够及时发现政府政策和社会治理中的苗头性、倾向性问题，从源头上预防减少矛盾纠纷的产生，“抓前端、治未病”，让领导干部每一次走下去，都成为对基层治理底座的一次加固夯实。“浦江经验”和同样发源于浙江的“枫桥经验”，一个由上而下，一个由下而上，互为补充、相互贯通，成为浙江社会治理的“金钥匙”。

三

现在看来，“浦江经验”不仅是一次创举，更是在时代变迁中的一次激荡回响。

面对当时严峻复杂的信访形势，习近平同志开辟了信访工作的一种新探索和新思路——领导干部下访接访。各级领导干部必须到基层去，和群众面对面地了解情况、解决问题，变群众上访为领导下访，从源头上、根本上化解矛盾。

20年弹指一挥间，实践反复证明，在大量减少上访数量、及时化解社会矛盾、推动社会治理创新和人民安居乐业上，“浦江经验”是行之有效的有益创举。时至今日，浙江基层治理水平、社会公平程度、群众安全感指数都居于全国前列。

当然，新时代、新征程必然会有新矛盾、新问题。“浦江经验”跨越20年的实践价值依然熠熠生辉，但也需要我们在新时代的基层治理中继续发扬光大。

比如，民意去哪里找？践行“浦江经验”，领导干部主动到基层上门找问题、听民意、解难题，仍然是一种好传统、好作风。同时，随着大数据和数字化手段的发展，互联网上民意聚集，网络也成为群众反映诉求的重要渠道。传承发扬“浦江经验”要学会通过网络走好群众路线，让各类网络服务平台整合民意。这既便利了群众，也能够更大范围收集民情民意，更加精准解题破难。

比如，事情由谁来办？弘扬“浦江经验”，抓的是领导干部这一“关键少数”，强调各级领导干部要以身作则，落实好守土之责。传承发扬“浦江经验”要推动从“关键少数”向“绝大多数”普及，让各级党员干部都成为民情民意的“瞭望哨”。比如，浙江这些年来全面推行“网格化管理、组团式服务”，配备网格治理团队84.5万人，在进网入格中发现问题、解决矛盾，就是如此。

比如，问题要如何解？“浦江经验”注重有什么问题就解决什么问题，以问题的现场解决来增强群众的满意感、获得感。新时期传承发扬“浦江经验”要更善于从源头发力，避免小问题拖成大问题、一般性问题演变成信访突出问题，实现社会风险化解的关口前移。同时，还要把个体问题和共性问题、局部问题和面上问题结合起来，从深层次的制度机制上找原因，通过解决一个问题带动解决一批问题、一类问题。

（云新宇　金君莉　执笔）

台风来了　牢记“一三四”

一到夏天，东南沿海的台风都会不期而至。

对于浙江人来说，这是一个熟悉的陌生人。说熟悉，是因为它常常光顾，很少缺席；说陌生，是因为它每次都是不一样的面孔，让人猝不及防。

抗台成了浙江人民夏天的必备动作，面对台风的来势汹汹，财产损失还是小事，稍不留神，可能就有人员的伤亡。

抗台风、保安全，浙江走出了自己的一条路子。

一

浙江一直是“招风”大户。

据统计，自1949年至今，已有47个台风登陆浙江。它们登临的月份最早在5月，最迟在10月，其中8月登临的频率最高，“狠角色”也最多。

比如2004年的“云娜”，登陆时最大风速达58.7米/秒，相当于17级大风。

17级大风是个什么概念?

据中国气象局描述，12级（32.7米/秒）的大风已经可以吹翻列车，把一个20吨重的汽油罐抛至80米高空，17级大风的毁灭性可想而知。

在“云娜”过境的短短13个小时内，浙江的75个县（市、区）、765个乡（镇）受灾，受灾人口高达1299万人，直接经济损失180多亿元。

很多人觉得这应该是浙江历史上最大的台风了吧？不是的。

2006年的“桑美”在温州苍南登陆时风力达到17级（60米/秒），导致254.9万人受灾，直接经济损失超过127亿元。“桑美”强度之强、风力之大均为百年一遇。

再看2019年的“利奇马”，登陆时中心附近最大风力达16级（52米/秒），累计造成全省763.4万人受灾，紧急转移安置179万人。

台风喜怒无常，说来就来，防不胜防。

历史的经验告诉我们，抗台风是一道必答也必须答好的综合考题。我们只有把各项准备工作做得再细一点、再周全一些，才能把损失降到最低。

二

浙江多地沿海，经历的台风不少，在防汛防台方面可谓久经考验。

面对台风的频繁侵袭，习近平同志在浙江工作期间给我们留下了一部实用管用的“一三四”防台宝典。

“一”是指一个目标，就是“不死人、少伤人”。生命最可贵，安全第一位。这一目标深刻表明，最大限度保护人民群众的生命安全，是防台防汛工作的根本要求和价值所在。

“三”是指三个“不怕”，“不怕兴师动众，不怕‘劳民伤财’，不怕十防九空”。三个“不怕”，讲到底就是在危急关头，党员干部得听得起抱怨、担得起责任、扛得住压力，这是一种不计个人得失、豁得出去的大无畏精神。

“四”是指四个“宁可”，“宁可十防九空，也不能万一失防；宁可事前听骂声，不可事后听哭声；宁可信其来，不可信其无；宁可信其重，不可信其轻”。四个“宁可”，贯通了“以工作确定性应对风险不确定性”“做最坏的打算，尽最大的努力，争取最好的结果”的强烈底线思维，凸显了“安全是1，其他是0。没有安全保障，其他一切发展无从谈起”的辩证思维，体现了“用大概率思维应对小概率事件”“以万全之策确保万无一失”的科学方法。

可以看出，“一三四”是基于防台工作实践总结出来的宝贵经验和规律认识，彰显了“人民至上、生命至上”的政治大担当、为民大情怀、干事大智慧。

《干在实处　勇立潮头——习近平浙江足迹》里有这么一个小故事：

台州温岭市有个住在海边的老婆婆，面对屡次上门请她转移的乡镇党委书记，始终不为所动。情急之下，这位书记背起老婆婆就往外走。刚离开房屋没多远，房子就倒塌了。原本还在骂骂咧咧的老婆婆，顿时傻了眼。回过神来以后，她不停地感谢乡镇党委书记：“你是我的救命恩人啊！”

这个故事告诉我们，在关系生命安危的大题前，决策者和执行者都必须头脑清醒、及时决断、敢于作为，毕竟此时的每一分每一秒都容不得我们瞻前顾后、缩手缩脚。

三

凡事预则立，不预则废。只有积极准备、严阵以待，真正学好用好“一三四”防台宝典，才能把大台风之后可能引发的大涝损失减小到最低程度。

台风“狡诈粗暴”，带来的强风暴雨可能导致旱涝急转。必须把思想这根弦绷紧，提高警惕，强化底线思维、极限思维，坚决克服麻痹思想和侥幸心理，宁可信其有、宁可信其重，立足最不利局面，做最充分准备，下好先手棋、打好主动仗。切记思想上松一寸，行动上就会塌一尺。

防汛防台工作，压实压紧各方责任很关键。只有严格落实“市包县、县包镇、镇包村、村包户”，督促各级基层防汛责任人加密巡查监测，发挥群防群治作用，才能打好防汛防台的人民战争。

在工作举措方面，要突出闭环落实，严格排查风险，细化风险清单，落实落细各项举措，形成严密的责任落实闭环，全方位、无死角摸排隐患漏洞。

此外，还要有效利用“数字利器”，提升防台整体智治水平。比如，用好“防汛防台在线”应用，动态更新风险清单；用好“掌上应急”应用，更有效实现预警信息快速直达、人员转移精密智控、责任落实到岗到人。

倘若久旱逢台风，我们不能寄希望于它做个“有修养”的好台风，而是应该“丢掉幻想，准备斗争”。

（王云长 沈於婕 陈培浩 夏亦冰 执笔）

09

文化是灵魂

浙江的“诗画”气质是怎样炼成的

浙江省第十五次党代会报告中，“诗画江南、活力浙江”这一省域品牌主题词正式官宣。简单的8个字，把浙江的风韵气质展现得淋漓尽致。

从古至今，“如诗如画”一直是人们形容浙江用得最多的词。“人人尽说江南好，游人只合江南老”，“西湖烟水茫茫，百顷风潭，十里荷香。真乃‘上有天堂，下有苏杭’”……脍炙人口的诗句，将江南一幅幅诗意画卷展现在眼前。难怪有人说，是浙江定义了什么是“诗画中国”。

一个人气质的形成绝非朝夕之功，需要日复一日的积累与沉淀，一个省份亦是如此。浙江为何独具“诗画”气质？它又是怎样一步步修炼而成的？

一

浙江的“诗画”气质离不开它的天然禀赋。“七山一水二分田”，浙江大地众多的自然造化、山水风光，赋予其精致灵秀的底色。

“七山”的浙江，地形由西南向东北倾斜，呈阶梯状下降。浙江的山不在高，却因风光锦绣、文化璀璨而名。如天台山，平均海拔仅500多米，主峰华顶峰不过1098米，却以“佛宗道源，山水神秀”享誉海内外，成为古代文艺青年的打卡圣地，留下1300多首诗歌名篇，有“一座天台山，半部《全唐诗》”之称。

而“一水”点睛，造就神韵灵动的“江南”。自北而南，浙江有苕溪、京杭运河（浙江段）、钱塘江、甬江、灵江、瓯江、飞云江、鳌江八大主要水系。另有杭州西湖、绍兴东湖、嘉兴南湖、宁波东钱湖四大名湖，以及人工湖泊千岛湖等。其中，钱塘江被称为浙江的“母亲河”，润泽两岸约4.4万平方千米土地上的民众。

湖光水色，山峨耸翠，钱塘大观，西溪旖旎，雁荡群山巍巍，古镇余烟袅袅，瓯江帆影入画，廊桥千年遗梦……大地为纸，山川作笔，清水为墨，呈现出一幅美丽山水画卷。

尽管山水资源丰富，但作为工业大省的浙江，城乡环境也一度脏乱不堪。从“脏乱差”变身“绿富美”，“诗画”的背后，离不开年复一年、久久为功的付出。

2002年，习近平同志在浙江工作期间提出生态省建设目标，2003年倡导主持启动“千万工程”，2005年首提“绿水青山就是金山银山”理念，都为未来的浙江定下了绿色的底色。

20年来，浙江坚持把绿水青山建得更美，把金山银山做得更大。从发布省域美丽建设中长期规划纲要、深化“千村示范、万村整治”、建立“亩均论英雄”的考核激励制度，到开展“五水共治”、首创“河长制”、实施全国首个跨省流域生态补偿机制等创新打法……一系列响当当、硬碰硬的举措，让“美丽浙江”的山水长卷越描越清晰、越画越灵动。

“千万工程”点亮“美丽乡村”，“美丽城镇”扮靓“美丽浙江”，践行“美丽”、追求“更美”成为浙江发展路上一贯的自觉。

二

美丽的皮囊千篇一律，高贵的灵魂万里挑一。“诗画”气质，不仅靠天然去雕饰的底色，还得靠满腹诗书的气蕴。浙江自古以来被称为人文渊薮，诗、画艺术流派纷呈，是江南文化的重要发源地。而浙江深幽丰富、多姿多彩的山水形态，也为艺术家提供了源源不断的创意灵感与丰富资源。

先说浙江的诗。经过两晋之发生发展、唐宋之兴盛繁荣、明清之深化融合，浙江逐渐形成大运河诗路、钱塘江诗路、浙东唐诗之路、瓯江山水诗路

“四条诗路”。脍炙人口的诗句散落其间，留下了诗人们最柔软的情怀。

浙江大地是诗人们的心灵泊放之乡、诗意栖居之地。他们共同把心灵深处最柔软的东西、精神世界最宁静的片段，都留在了这里。

有人说，唐诗里最美好的一次春游——“几处早莺争暖树，谁家新燕啄春泥”，最动人的一次回乡——“儿童相见不相识，笑问客从何处来”，最豁达的一次梦境——“安能摧眉折腰事权贵，使我不得开心颜”，都写在浙江。

再说浙江的画。元代大画家黄公望所作的《富春山居图》被誉为中国十大传世名画之一。它以初秋富春江两岸为背景，处处体现富有变化的用墨和旷远不羁的情调，呈现为一幅雅致浑厚的山水长卷。

浙江山水画历经南宋、明清时期的发展，逐渐形成了以戴进、吴伟、蓝瑛为代表的浙派山水画，独具特色，影响深远。

三

浙江的“诗画”气质形神兼备，是“诗和远方”“美和诗意”的融合，是物质富裕、精神富有兼具的象征。

习近平同志在浙江工作期间，高度重视文化建设，在“八八战略”中明确提出进一步发挥浙江的人文优势，积极推进科教兴省、人才强省，加快建设文化大省。他把文化比作人的“灵魂”，将文化软实力视为经济发展的“助推器”、政治文明的“导航灯”、社会和谐的“黏合剂”。

《之江新语》中《物质文明与精神文明要协调发展》一文写道，“只有把精神文明建设好，才能满足人民群众多样化的精神文化生活需求”。

在浙江高质量发展建设共同富裕示范区的先行之路上，实现物质富裕与精神富有相统一，为“诗画江南”注入了时代意涵。

历史文化的“金名片”更亮了。习近平总书记多次作出重要批示的“中国历代绘画大系”成果展惊艳亮相国家博物馆，历时17年的“中国历代绘画大系”文化工程即将结项；德寿宫暨南宋博物馆建成开放，一面“宫墙红”频频刷爆朋友圈。

精神富有的底色更足了。杭州国家版本馆盛大启幕，展现了中华版本文化的无穷魅力，成为浙江新时代文化高地的新地标，被公众称为“网红”打卡地；之江文化中心即将建成，“15分钟品质文化生活圈”遍及城乡，新时代文明实践中心、文化礼堂实现省内全覆盖，文化活动的半径越来越小，服务越来越全，居民的文化需求越来越得到满足。

交融意象和现实，结合地理与人文，贯通历史与未来，浙江的“诗画”气质，将在时间长河的沉淀中越发深刻而独特、淳厚而丰盈。

（张诗妤　执笔）

“浙商精神”如何走向世界

“忆往昔，浙商前辈开风气之先，通市、富民、兴国，嘉绩远播南北。看今朝，浙商传人承先祖之脉，创新、补链、强国，勇立时代之潮头。”2022年12月，这封第六届世界浙商大会家书，道出了“天下浙商”走南闯北的创业传奇。

回看浙商成长之路，我们不禁要思考，如今已成为“浙江人代表”的浙商群体，是靠什么发展壮大的？“浙商精神”又是怎样走向世界，赢得掌声，在新时代焕发出别样光彩的？

一

浙商的历史往前可追溯到公元前5世纪，陶朱公范蠡帮助越王勾践复国后，弃官从商，留下“商圣”传奇。

两晋时期，宁波“商贾已北至青、徐，南至交、广”。

唐宋年间，浙江成为中国商贸重地，明州（今宁波）、温州港通天下，浙江的商船横渡东海，到日本开展“海外业务”。临安（今杭州）作为大运河南端的起点，更成为全国工商业的中心，铺陈开“市列珠玑，户盈罗绮”的繁华景致。

到了明清，浙江成为商帮摇篮。远赴重洋创业求生的青田商人，以湖丝出口闻名的南浔商帮，主营珠宝、印书、造纸的龙游商帮，把浙产商品和浙商口碑带到全国、带向了世界。宁波帮从“闯上海”起家，足迹遍布全球，用积累的财富开办了中国第一家商业银行、第一家华商证券交易所、第一家航运公司、第一家保险公司……

其后，从改革开放到中国“入世”，从“温州模式”到“浙江现象”，越来越多的浙江人牢牢把握时代机遇，漂洋过海到国外“闯荡”，浙商逐渐崛起为“当代中国第一商帮”。

如今，浙江市场主体超过900万户，以全省6500多万常住人口计算，每7个浙江人中就有1个创业者。还有600多万浙商纵横国内市场，200多万浙商在境外投资创业。根据美国《财富》杂志最新发布的“世界500强”榜单，9家浙企入选。而在“2022中国民营企业500强”榜单中，浙江独占107席，总数居全国首位。这一纪录，浙江已保持了24年。

二

要问浙商靠什么走遍天下？武功秘籍在于练出了三个“气”。

浙商走向世界，有点儿胆气。

浙江是资源小省，“僧多粥少”倒逼着一代代浙江人形成了“跳出浙江发展浙江”的开放型发展意识。

“敢为人先”才能“先人一步”，“先行先试”才能“快人一招”。老一辈浙商在技术、资金、人才、资源都缺的情况下，鼓足勇气怀揣致富梦想，凭借敏锐的市场洞察力，走南闯北找出路、探新路、造大路，“无中生有”闯出了一片天地。改革开放后，又凭借超人的胆略，主动接轨国际，在全世界播下了“浙商”品牌的种子。

到了21世纪，经济全球化进程加快、国际产业结构调整、产业转移加速，新技术革命迅猛发展。中国“入世”既标志着对外开放进入新阶段，也给“走出去”的中国企业带来了新的复杂考验。然而，风险中蕴含着机遇，变局中孕育着新局。新一代浙商传承先人胆识，敢想敢试，与时俱进，主动把握新兴产业风口，参与全球供应链重构，开放的步子越迈越大，“买全球、卖全球”的生意也越做越大。

浙商走遍世界，有点儿豪气。

如果说浙商走向世界是“顺势而为”“伺机而动”，那么浙商能够在海外扎下根、开辟一番天地，则更是因为其能忍常人所不能忍、为常人所不能为。

别看江南水乡娇柔婉转，卧薪尝胆的故事就发生在浙江，2000多年后又成为浙商坚韧不拔、艰难创业的写照。“走遍千山万水、说尽千言万语、想尽千方百计、吃尽千辛万苦”的“四千”精神，“白天当老板，晚上睡地板”的“两板”精神，生动概括了浙商创业初期的奋进面貌。

浙江人既善于在没有条件中创造条件，在没有机遇中创造机遇，不为困难所慑服、不因逆境而动摇，也能够在顺境中不忘初心，秉持一身正气，诚信立业。在改革开放数十年的历程中，浙江提炼出“千方百计提升品牌，千方百计保持市场，千方百计自主创新，千方百计改善管理”的“新四千”精神，“坚韧不拔、敢为人先、兴业报国、开放大气、诚信守法、追求卓越”的新时代浙商精神，把“浙产”品牌的质量和素质都提升到了最高标准，这才实现了义乌小商品“买全球、卖全球”、绍兴轻纺城“布”满天下。

浙商享誉世界，有点儿侠气。

浙江是金庸先生的故乡，之江大地也充盈着侠义风范。浙东永嘉学派提出的“经世致用，义利并举”，历来被浙商奉为圭臬。新时代的浙商开拓全球视野，更加心怀世界、情系家国，扶弱助困、乐于奉献。

大批浙商通过建立农村发展扶持项目、建设产业园区、培训创业人才、捐助养老育幼设施、成立关爱自闭症儿童慈善基金等方式，助力共同富裕建设。新冠肺炎疫情期间，海外浙商侨商全力奔走，向祖国捐赠了大量的医疗物资。

作为开拓非洲市场的先行军，浙商不仅给当地带去了大量投资项目，办起了现代化的企业工厂，解决了当地的就业问题，也在文化、教育、经济等领域为非洲培训和输送了大量人才。

在人类减贫事业、可持续发展等领域也不乏浙商的活跃身影。比如2006年起转型进入光伏新能源领域的正泰集团，在全球布局投资建设光伏电站，实现年减排二氧化碳640多万吨。

过去，浙商和浙产商品走向世界，为浙江争来了广阔的发展舞台、空间和市场。今天，浙商更成为“世界看中国”的一扇“重要窗口”，天下浙商成为代表浙江经济形象、人文形象的行走的名片。

三

“浙商是浙江驱动发展的‘金宝贝’、展示形象的‘金名片’、打造亮色的‘金招牌’、传播名声的‘金话筒’、用心呵护的‘金凤凰’。”这是每一个浙江人的切身体会。而新时代怎样帮助浙商更好地“勇闯天涯”，也可以在“八八战略”中找到解题思路。

20多年前，习近平同志到浙江工作后，高度重视民营经济的发展。他指出，一部浙江改革开放的发展史，很大程度上是一部浙商敢为人先、勇立潮头的创业史。在“八八战略”中，更是突出了“进一步发挥浙江的体制机制优势，大力推动以公有制为主体的多种所有制经济共同发展，不断完善社会主义市场经济体制”，为浙江经济发展确定了战略方向。如今奋进“两个先行”，更是要牢牢扭住方向盘，沿着这一战略方向坚定地走下去。

浙商创业从来不是孤军奋战，而是以创新体制机制为坚强支撑。浙江充分尊重群众首创精神，把发展权交给民众，并通过“刀刃向内”的改革，在全国率先构建起了相对完善的区域市场经济体制，成为全国审批事项最少、管理效率最高、服务质量最优的省份之一。

如今，浙商办事“最多跑一次”，还能享受要素市场化配置改革带来的透明与公平。2022年度“万家民营企业评营商环境”调查中浙江位居第一，实现“三连冠”；城市榜单中浙江占据三席，杭州勇夺榜首。

习近平同志在浙江工作期间就大力支持民营企业“走出去”，从政策制度上为民企出海保驾护航。比如，浙江在全国率先进行境外投资外汇管理改革、建立“走出去”的专项扶持基金、扩大企业出口信用保险等，鼓励企业到境外设立外贸公司、建立生产基地，收购国外企业、开拓当地市场。在这些强有力的政策扶持下，乘着改革开放的东风，浙商打通了通往世界市场的大道，打出了一片全新的发展天地。

而在当下地缘政治冲突加剧和“逆全球化”趋势下，浙商“走出去”面临更多复杂难题，更需要政府活用政策“多扶上马”，打通创新“助推一鞭”，延长服务“再送一程”。比如，全面接轨国际标准，构建全产业链全生命周期服务体系，进一步提升市场竞争规范度和制度规则开放度，以数字化改革实现营商环境无感监测，等等。

“浙商精神”从浙江绵延千年的创新创业史中积淀生发，也成为浙江人民接续奋斗的内驱动力，再次证明了不论是个人进步还是地方发展，先天禀赋当然重要，但绝不是决定性的，人本身才是最关键的要素。

正如习近平总书记说的：“同困难作斗争，是物质的角力，也是精神的对垒。”在“浙商精神”的引领下，浙江人不畏困难、保持定力，克难攻坚、闯关夺隘，才能够在一次次大战大考中“凤凰涅槃”“浴火重生”，在转危为机中打开事业的新天地，书写永不止步的创新创业传奇。

（朱昱炫　执笔）

文化产品如何平衡“两个效益”跷跷板

走出疫情的阴霾，大众迎来了阔别已久的“文化大餐”——

根据国家电影局统计，2023年春节假期，全国电影票房达到67.58亿元，位列影史春节档票房第二名，《满江红》《流浪地球2》等热门影片票房与口碑齐飞。大银幕外，小荧屏同样精彩。现象级扫黑剧《狂飙》引发全民追剧热潮，收视率直线飙升的同时，更是拿下豆瓣8.6的高分，被无数网友点赞“良心好剧”。

这些“出圈”的影视作品成为人们走亲访友、茶余饭后的话题和谈资，也给当下的文化市场注入了一剂“强心针”。“爆款”的出现再次证明：好内容“自带”大流量，创作更多“两个效益”相统一的优质文化产品空间巨大、未来可期。

一

一直以来，文化产品都被视为是一类“特殊的产品”。

从字面上看，它可以拆分为“文化”和“产品”两个部分，分别对应“两个属性”：既有教育人民、引导社会的意识形态属性，也有通过市场交换获取经济利益，实现再生产的商品属性、产业属性、经济属性。这是文化产品与一般产品最大的区别。

由于具有“两个属性”，文化产品在进入消费流通后相应地会产生“两个效益”。两者的内涵价值、实现形式和功能指向大不相同，衡量标准和尺度也不一样。

一方面，文化产品以文化为资源进行生产，和其他商品一样，遵循市场原则和运行规律，总是想以最小的投入获取最大的产出，具体反映为经济指标和统计数字，即“经济效益”。

比如，电影发行放映带来票房收入，电视剧在电视台、网络视频平台等播出产生广告收入和流量分成，图书出版后得到相应的销售收入，话剧、舞剧、演唱会、脱口秀等演出则通过门票销售获取利润，等等。

另一方面，文化产品又因其独有的文化属性，承载着思想观念和精神内容，潜移默化地对人的认知能力、知识素养、道德修养和行为准则产生影响，最终表现为公众反映和社会评价，即“社会效益”。

比如，近年来像电影《我和我的祖国》、电视剧《山海情》和《我们这十年》、“中国历代绘画大系”展览等一批优秀的文化产品，或激发爱国情怀，或激励奋斗逐梦，或创新传统文化，都让受众得到美的享受、陶冶高尚情操、提升精神境界，收获了热烈反响和广泛好评。

步入21世纪，在全球一体化的大背景下，文化的力量正得到前所未有的彰显。文化产品、文化产业越来越成为国与国之间综合国力竞争的重要因素。生产推出更多兼具“两个效益”的高质量文化产品，已经成为一项时不我待的重要任务。

二

习近平同志在浙江工作期间，就敏锐关注到了文化产品“两个效益”的关系问题。他在《之江新语》中提出：“先进的文化产品，应当既体现先进性，又能体现群众性；既不‘趋利媚俗’，又不远离市场、忽视市场。从这个意义上讲，文化产品的意识形态属性与产业属性是一致的，占领市场与占领阵地是一致的，社会效益与经济效益是一致的，文化产品的先进性与实现人民群众的文化利益是一致的。”

“坚持把社会效益放在首位、实现社会效益和经济效益相统一”，这一把握“两个效益”关系的基本准则，也在文艺创作和文化市场的发展中不断得到验证。

2014年，习近平总书记在文艺工作座谈会上强调，“文艺不能在市场经济大潮中迷失方向，不能在为什么人的问题上发生偏差”，“当两个效益、两种价值发生矛盾时，经济效益要服从社会效益，市场价值要服从社会价值。文艺不能当市场的奴隶，不要沾满了铜臭气”。

如果简单地将文化产品的“两个效益”割裂、对立开来，容易走向“非此即彼”的两种极端。但如果把“两个效益”统一起来，将其中一方视为另一方存在和实现的前提基础，就能在两者之间形成双向支撑、互相转化、相互成就的良性循环。

通俗理解就是，我们生产高质量的文化产品，是为了更好满足群众的精神文化需要。只有满足了人的需求，文化产品才能得到以受众为消费主体的市场的认可，获得更多经济利润。而这些经济收益，反过来也为推动文化产业发展、持续产出优质内容提供坚实的经济基础。

当然，不可否认的是，在市场经济条件下，很多时候“两个效益”难以统一，社会效益的高低与经济效益的大小不成正比。比如传统戏曲、高雅艺术相对小众、受众面窄，而低俗游戏、商业炒作却屡禁不止、愈演愈烈。这时，基于文化产品的特点和社会主义制度的本质属性，就必须坚定不移地把社会效益放在首位。

三

有人曾将文化产品的“两个效益”比作“跷跷板”，这一比喻也许并不十分精准，却让我们有了更加直观的认识。只要找到“窍门”，“跷跷板”也可以保持平衡、两头兼顾。

令人欣喜的是，经过多年的探索和实践，越来越多的文化产品“叫好又叫座”，成功实现“两个效益”的“双向奔赴”。

在2022年央视春晚舞台亮相的舞蹈诗剧《只此青绿》，不仅成为当年最受关注的春晚节目之一，在全国多个城市的巡演也大受好评，短短一年就演出147场，买票都要靠“秒杀”才能抢到。

又如河南卫视连续推出的“中国节日系列”节目，从《唐宫夜宴》一炮走红，到《元宵奇妙夜》《端午奇妙游》持续形成破圈效应，成为全网讨论的话题流量“收割机”。由此衍生的“唐宫文创”目前已开发文创产品300款，IP产品销售突破4亿元。

这些文化现象的出现带给我们信心，也证明在大众生活越来越多样化的当下，人们对于高质量的文化产品依旧抱有很高期待。虽然“爆款”的出现往往具有一定的偶然性，可遇而不可求，但其背后的一些必然因子却值得我们深入思索和把握。

比如，尊重基本的规律。文化产品既要遵循内容生产的创作规律，又要遵循市场运行的经济规律。

遵循创作规律，就是始终以“受众想要什么”为出发点，不为一时之利而动摇。遵循经济规律，就是将文化产品置于广阔的市场大潮中去接受检验，克服生产目的和消费对象不明确、为创作而创作的“不正常现象”，不走“评完奖就束之高阁”“演几场就封箱”的老路子。

又比如，顺应时代的潮流。面对互联网时代信息爆炸、注意力分散、审美疲劳的新形势，必须拿出更加“硬核”的内容，凭借好内容争夺大众眼球；必须主动“下场”，像抓创作一样下大力气研究文化产品的流通，抓宣传推广、抓市场营销，将“流量”转化为“留量”。

还比如，找准衡量的尺度。合理设置发行量、收视率、票房收入等量化指标，针对不同的文化产品类型，确定适当的市场回报率，加强对文化产品经营和流通消费的科学管理。完善文化市场发展制度、准入制度、监管制度，引导文化产品生产不仅有“量”的增长，更注重“质”的提高。

有人说，在“两个效益”之间，统一性是理想，矛盾性是现实，优先性是选择。我们期待更多“双效统一”的文化产品，能够穿越历史的长河，为这个时代留下厚重的注脚。

（李戈辉　执笔）

从文化看大省强国

近年来，中国文化领域“花开盛世”，有三朵“花”尤为芬芳。

第一朵“一总三分”。国家版本馆开馆，包括北京的中央总馆文瀚阁，杭州分馆文润阁、广州分馆文沁阁和西安分馆文济阁，绝对是一等一的重大文化工程。其中，杭州国家版本馆极具风雅宋韵，迅速成为“网红”打卡地。

第二朵“十年一见”。2022年国庆前夕，17年磨一剑的“中国历代绘画大系”成果展在中国国家博物馆开幕，约2000件历代绘画精品佳作集中亮相，盛世修典蔚为大观，千年风采一日尽览，引发各界围观点赞。

第三朵“香飘四海”。由浙江牵头申报的“中国传统制茶技艺及其相关习俗”，成功入选人类“非遗”代表作名录。至此，中国以43个“非遗”项目成为入选数量最多的国家；浙江拥有11个人类“非遗”项目，继续领跑全国。

从这些文化盛事可见，作为文物之邦、中华文明发祥地之一，浙江与中国如此密切相连；越是民族的，越是世界的；文化让过去与现在交融，又指向未来。

一

有位哲学家说，政治是骨骼，经济是血肉，文化是灵魂。这一比喻形象地说明文化对人类社会发展的作用。

目光有多远，路就能走多远。早在浙江工作期间，习近平同志就深刻指出，“今后一个时期浙江能否在全面建设小康社会、加快现代化建设进程中继续走在前列，很大程度上取决于我们对文化力量的深刻认识、对发展先进文化的高度自觉和对推进文化大省建设的工作力度”。习近平同志为浙江量身打造的“八八战略”，其中之一就是“进一步发挥浙江的人文优势，积极推进科教兴省、人才强省，加快建设文化大省”。

2005年7月，省委十一届八次全会通过《关于加快建设文化大省的决定》，形成浙江文化建设“3+8+4”的总体框架思路。“3”，即增强先进文化的凝聚力、解放和发展文化生产力、提高社会公共服务力；“8”，即实施文明素质工程、文化精品工程、文化研究工程、文化保护工程、文化产业促进工程、文化阵地工程、文化传播工程、文化人才工程；“4”，即建设教育、科技、卫生、体育“四个强省”。

这些年，从文化大省递进到文化强省、文化浙江，再升级到打造新时代文化高地，文化建设果实累累，浙江文化软实力不断提升。如，成为首个设区市全国文明城市创建“满堂红”的省份，宁波、湖州进一步争创全国文明典范城市；“礼让斑马线”成了亮丽风景线，“最美浙江人”名片越来越闪亮；“中国历代绘画大系”圆满结项，习近平总书记作出重要批示；宋韵文化传世工程深入推进；等等。

党的十八大以来，文化建设上升到更加重要的位置。文化自信成为中国特色社会主义“四个自信”的重要内容。党的十九届五中全会提出2035年建成文化强国的战略目标，并作出总体谋划部署。党的二十大进一步提出，推进文化自信自强，铸就社会主义文化新辉煌。

从文化大省建设蹚出的浙江之路，展望文化强国的漫漫征途，印证了那句简短而有力的话——“文化是灵魂”。

二

能看到多远的过去，就能看到多远的未来。扬帆远航，必须溯源寻根，走进历史深处。

“有人将文化比作一条来自老祖宗而又流向未来的河，这是说文化的传统，通过纵向传承和横向传递，生生不息地影响和引领着人们的生存与发展”，习近平同志2006年在“浙江文化研究工程成果文库”总序中写道。

环顾世界，中华文明是几千年来唯一没有中断、发展至今的文明。具体到浙江，有着“万年上山、五千年良渚、千年宋韵、百年红船”的深厚家底。

不少人知道杭州有两大世界遗产——西湖和良渚古城遗址，但可能不知道，当年的良渚一度陷入保护与发展的矛盾中，遗址区分布着30余家石矿，噪音大、粉尘浓。考古学家痛心疾首地批评这一地区“炮声隆隆如战场”。

2003年7月，时任浙江省委书记习近平到良渚遗址调研，听了相关情况汇报后，斩钉截铁地说：“良渚遗址是实证中华5000年文明史的圣地，是不可多得的宝贵财富，我们必须把它保护好！”自此，良渚从“炮声”中回归宁静，青山从此还绿色，2019年成功入选世界遗产名录。

“我们从哪里来？我们走向何方？中国到了今天，我无时无刻不提醒自己，要有这样一种历史感。”党的十八大以来，习近平总书记以坚定的文化自觉与自信，引领中国人民迈向中华民族伟大复兴之路。

从总结提炼“红船精神”、提出与时俱进的浙江精神，到弘扬伟大建党精神；从当年开启浙江文化研究工程，到批准编纂出版《复兴文库》；从拍板浙江美术馆选址西湖畔，到国家版本馆“一总三分”建成开馆……站在中华5000年文明高度，以习近平同志为核心的党中央不断推动中华优秀传统文化创造性转化、创新性发展。

三

马克思认为，文化是“人的本质力量的对象化”。文化即“人化”，文化事业是养人心志、育人情操的事业。在浙江工作期间，习近平同志指出，“加快文化大省建设，不断满足人民群众日益增长的多层次精神文化需求，推动人的全面发展，已经成为我省现代化建设的一项重大而紧迫的任务”。

2004年，浙江承办的第七届中国艺术节上定格了感人一幕：一位银发飘飘的耄耋老人，牵着一位稚气十足的小女孩，在台上敲响了艺术节开幕的大锣。这个别具一格的开场，是习近平同志亲自敲定的，为的就是体现“人民的节日”宗旨。

关于西湖边长椅的间距，习近平同志也亲自过问。考虑到西湖边恋人很多，如果椅子之间距离太近，恋人们会感觉到不自在。如今，在西湖边走累了，找一张长椅坐坐，一种闹中取静的心境便油然而生。

党的二十大报告提出，中国式现代化是物质文明和精神文明相协调的现代化，要“满足人民日益增长的精神文化需求”。建设文化强国，必须让文化走进人民心中，浸润于一呼一息，体现在一举一动。

践行以人民为中心的工作导向，这些年，我国艺术创作持续繁荣，“我和我的”系列主旋律电影、《觉醒年代》《山海情》《只此青绿》等优秀文艺作品不断涌现，刷屏“出圈”。现代公共文化服务体系日趋完善，公共图书馆、文化馆、美术馆、综合文化站和大部分博物馆免费开放。群众歌咏、广场舞展演、乡村“村晚”广受欢迎，群众文化生活更加丰富多彩。浙江2023年十方面民生实事其中之一，就是新增“15分钟品质文化生活圈”3000个。最关键的是，人民群众的精神力量显著增强，真正可以“平视”世界了。

四

国家与国家的竞争，地区与地区的竞争，10年比的是经济，50年比的是制度，而100年比的是文化。

2003年，习近平同志指出：“浙江作为经济发达的沿海开放省份，理应在世界文化交流和竞争中加快建设文化大省，为增强中国特色社会主义文化的吸引力和感召力，增强综合实力和综合竞争力，作出应有的贡献。”

从承办G20杭州峰会，到一年一度的世界互联网大会·乌镇峰会，再到

2023年即将举办的杭州亚运会，“诗画江南、活力浙江”省域品牌日益闪亮，一个绽放魅力的浙江，一个“重要窗口”的浙江，努力为中国添彩点睛。

“一花独放不是春，百花齐放春满园”，中国人民崇尚“和而不同”“兼容并蓄”。这些年，中国举办了北京冬奥会、亚洲文明对话大会、“一带一路”国际合作高峰论坛等高端盛会，奏响文明交流互鉴的世界交响乐，推动构建人类命运共同体。

“我们愿同国际社会一道，努力开创世界各国人文交流、文化交融、民心相通新局面，让世界文明百花园姹紫嫣红、生机盎然。”2023年3月15日，在中国共产党与世界政党高层对话会上，习近平总书记首次提出全球文明倡议，受到国际社会广泛关注。这是党的二十大之后中国为全球提供的又一公共产品。

党的二十大对“增强中华文明传播力影响力”提出明确要求。文化强国，必须以更加自信的姿态走近世界舞台中央，展现一个可信、可爱、可敬的中国形象。

历史学家汤因比曾断言世界的未来在中国，人类的出路在于中国文明。大汉雄风、唐风宋韵，接力将中华文化的影响推向高峰、远播四海。如今，锻造人类文明新形态，铸就社会主义文化新辉煌，重任落在我们这一代肩上，道路就在我们的脚下。

（徐伟伟　执笔）

虚功如何做实

法国作家雨果有一句名言：“假如没有内在的美，任何外貌的美都是不完备的。”要内外兼修，就要虚实两手抓。

何为虚？何为实？许多人认为，“物质文明建设实一点，精神文明建设虚一点；在提高人们素质的工作上，科学文化素质方面要实一点，思想道德素质方面要虚一点”。

然而，精神文明建设的“虚功”并不意味着虚假、虚构、虚浮，与之相反，它最忌流于形式，最需要的就是“虚功实做”。只有“化无形为有形”，才能把精神文明建设这篇大文章写得有血有肉、打动人心。

一

“仓廪实而知礼节，衣食足而知荣辱。”党的二十大报告明确，中国式现代化是物质文明和精神文明相协调的现代化，不能光富“口袋”，也要富“脑袋”。

习近平同志在浙江工作期间旗帜鲜明地提出，“要认清物质文明建设和精神文明建设的最终目的是什么，GDP、财政收入、居民收入等等是一些重要指标，但都不是最终目的，其最终目的就是要促进人的全面发展，包括改善人们的物质生活、丰富人们的精神生活、提高人们的生存质量、提高人们的思想道德素质和科学文化素质等等”。

《干在实处　勇立潮头——习近平浙江足迹》一书中曾记录了这样一则

小故事：2004年12月14日，习近平同志专程来到越剧诞生地——嵊州东王村考察调研。让时任嵊州市越剧团团长谢顺泉记忆犹新的是，来访的前一天晚上，越剧团特地准备了约40分钟的折子戏，但习近平同志一行到达时，已是正午时分。本来担心会耽误了书记用午餐的时间，但没想到的是，习近平同志看完了所有表演，还和演员们一一握手致谢，并专门鼓励说：“精神文明建设特别是思想道德建设，一定要通过看得见、摸得着的方式，创造实实在在的载体，让广大群众喜闻乐见，寓教于乐。”

让群众喜闻乐见的关键在于有好的载体。正如习近平同志在《之江新语》中的《虚功一定要实做》这篇文章中所说：“道理要说清楚讲明白，但任何道理要深入人心，都不能光靠说教，要有一个好的载体，通过积极探索和创造更多更加贴近实际、贴近群众、贴近生活的有效载体，使精神文明建设活动开展得有声有色、富有实效。”

2003年7月，习近平同志明确将“进一步发挥浙江的人文优势”“加快建设文化大省”纳入“八八战略”。20年来，浙江通过一系列看得见、摸得着的实方法、实路子，才让精神文明建设特别是思想道德建设这一“虚功”入耳入脑，潜移默化，深入人心。

二

精神文明建设要走进人的心坎里，不仅要靠看得见、摸得着的可视化载体，更重要的是通过人性化细节化的服务，让公众在触手可及的日常生活中得到更好的精神文化满足。

比如“15分钟品质文化生活圈”。步行15分钟内可到达的公共文化场馆和公益文化空间在小程序上一目了然：300米外的社区服务中心、500米外的健身房、800米外的绿道……更有文化展览、图书借阅、文艺演出、艺术培训、志愿服务等点单式服务，满足百姓个性化的需求。

再看乡村博物馆。浙江是全国三个乡村博物馆建设试点省份之一，“十四五”期间要建成1000家乡村博物馆。挖掘地方文脉、传承“非遗”技艺、展示风土人情，南浔运河船文化博物馆、富阳元书纸文化展示馆、磐安茶文化博物馆……一座座带着泥土气息的乡村博物馆，成为挺立在广袤乡间一道道多姿多彩的人文风景。

还有遍地开花的农村文化礼堂。截至目前，浙江农村文化礼堂总数已达1.9万余家，500人以上行政村覆盖率达97%。礼堂不仅配备完善的基础设施，还组织法治讲堂、戏曲下乡、书画培训等各类丰富活动，成为村民离不开的“精神家园”。

精神文明的开花结果，也离不开榜样的力量。“最美浙江人·浙江骄傲”“万朵鲜花送雷锋”等成为挖掘最美、表彰最美、展示最美的大舞台。之江大地涌现出许多耳熟能详的最美人物和最美故事，如“最美妈妈”吴菊萍、“最美司机”吴斌、“最美‘拾荒老人’”韦思浩、“时代楷模”钱海军以及“德清嫂”“清禾公益”“公羊队”等志愿者服务组织成员，等等。

在争做争选“最美浙江人”活动中，浙江各地积极探索推出了“善文化”“慈文化”“德文化”“孝文化”“信义文化”“和合文化”等一系列地域精神文明品牌，形塑了崇德向善、遍地最美的文明风貌。

三

浙江省第十五次党代会提出，在共同富裕中实现精神富有，全面提升人民群众的获得感、幸福感、安全感和认同感。

认同感这个“第四感”，不只是单向的接纳，而是“双向奔赴”。如果说获得感、幸福感和安全感更多地体现为社会发展对于个人需求的单方面满足，那么认同感则是价值取向和主体行动层面更高的追求，能够激发个人在精神文明建设中的主观能动性，源源不断产生正向力量。

因为认同，所以自信。从“中国历代绘画大系”特展一票难求，到杭州国家版本馆人潮涌动，再到德寿宫红墙成为火遍全网的热门打卡点，传统文明与现代文明相融相生，使得文化自信不断点亮浙江人的日常生活。

因为认同，所以和谐。连续17年举办的“最美浙江人”评选，动员普通百姓寻找细微之处的美好、平凡之中的伟大，在追求人际关系和谐中让社会变得更有温度。

因为认同，更有信念。在已故金华浦江县委常委、宣传部部长徐利民身上，人们看到了为实现“让上山文化成为万年中国标识”这一理想信念，而穷其一生、殚精竭虑，直至生命最后一刻的奉献精神。

深刻把握“虚”与“实”，处理好物质文明与精神文明的辩证关系，是中国共产党推进社会主义现代化建设的一条重要经验。习近平总书记多次强调：“只有物质文明建设和精神文明建设都搞好，国家物质力量和精神力量都增强，全国各族人民物质生活和精神生活都改善，中国特色社会主义事业才能顺利向前推进。”

人无精神则不立，国无精神则不强。精神文明建设向实、向细、向深处去，让讲仁爱、重民本、守诚信、崇正义、尚和合、求大同的时代价值不断闪耀，让更多人享受到精神富有所释放的社会红利，才是值得追求的更高境界的“富”。

（吴　洋　执笔）

年轻人何以热爱杭州

爱上一个人可以没有理由，但爱上一座城总有理由。

从数百年前意大利旅行家马可·波罗口中的“世界上最美丽华贵之天城”，到如今的全国人才净流入“第一城”，千百年来，杭州这座城市始终散发着持久的魅力。

仅2021年，杭州的常住人口就增长了23.9万，超过全国绝大多数省份，而在流入人口中占绝大多数的，则是年轻人。《中国城市“95后”人才吸引力排名》报告显示，杭州被评为除北、上、广、深4个一线城市外，对“95后”吸引力最大的城市。

在杭州的街头转一转，放眼望去，全是年轻活力的面孔。可以说，当我们提到“年轻人”的时候，杭州是一座绕不开的城市。

年轻人何以热爱杭州？这座城市的吸引力又来自何处？

一

许多人说，年轻人热爱杭州，是因为这座城市有西湖。

“未能抛得杭州去，一半勾留是此湖。”白居易在千年之前的心声，直到今天仍然引发着许多年轻人的共鸣。

西湖之美，晴雨皆备，四季兼擅，处处是美景。众多的人文古迹和深厚的底蕴，充满诗意的“西湖十景”，形成了杭州最独特的吸引力。而这背后，离不开一座城市的长远规划。

新中国成立后，西湖曾经历三次疏浚，但依然面临水域萎缩的隐患。2002年，西湖综合保护工程正式启动。同年11月28日，习近平同志接任浙江省委书记仅仅8天，考察杭州的第一站，就选在了西湖。

站在湖边，习近平同志指出，把西湖建设好，实施西湖综合保护工程，使西湖的历史面貌得以还原，得到恢复，这是德政，也是得民心的善举。三天后，“西湖西进”建设工程开工，数百年前“一湖二塔三岛三堤”的西湖全景重新展现在世人面前。

2002年至2013年，西湖景区相继取消了130多个公园景点和博物馆、纪念馆的门票，西湖成为全国第一个免费开放的AAAAA级景区。没有围墙、不收门票的西湖，移步换景，一座桥一个亭，都由游客自如享用，也融入了杭州人的生活。

事实上，目前我们见到的西湖不少景观，都与习近平同志的建议密切相关。

比如，习近平同志考虑到西湖边恋人很多，如果椅子之间距离太近，恋人们会感到不自在，因而调远了长椅间的距离；又比如，针对西湖边的公园免费开放，但是晚上公共厕所关闭的问题，习近平同志建议湖边厕所24小时开放；再比如，2003年，面对“浙江美术馆要建在钱江新城还是西湖边”的问题，习近平同志经过深入调研，拍板将美术馆建在西子湖畔。他还指出，要把西湖的自然景致与美术馆的人文韵味和谐地融为一体，这才是具有时代气息、中国气质的美。

许多旅游城市发展产业，都希望将景区的门票价格提得越高越好，里面的餐饮和纪念品卖得越贵越好。杭州放弃了唾手可得的门票收入，却让西湖成为一个巨大的流量入口。过去买门票的钱，变成了到西湖周边消费的钱，人气起来了，旅游业与现代服务业的收入也有了明显的提升。

西湖景点免费，是杭州对民生的关切，也滋养了杭州人生活中的“小浪漫”。生活在杭州，人们可以拥有春天的高架月季、秋天的落叶不扫，吸引情侣打卡的1314路中意巴士，与年轻人同频共振的创意市集……随处可见的美景，结合年轻人喜爱的新消费潮流和生活方式，让人们在这个城市生活多了一份享受。

二

美景可以吸引年轻人来到杭州，但令人长期留下的，更多还是“人”的魅力。这座城市的大气包容与温暖善意，成了年轻人愿意留下的又一个理由。

在杭州，将“公共产品”的共享走在全国前列的，并不仅仅是西湖边的公园，还有各种公共文化空间。

2003年5月18日“国际博物馆日”这天，杭州市属博物馆、中国茶叶博物馆、南宋官窑博物馆宣布免费开放；2004年元旦，浙江省博物馆、中国丝绸博物馆等省属博物馆免费对外开放。

在许多人担心免费开放会不会对博物馆的展品造成伤害、服务和管理如何迅速跟上的时候，浙江省博物馆的免费开放已然得到了充分的支持。数据最不会骗人，浙江省博物馆免费开放的第一年，全年总参观人数达到105.6万人次，是此前人流量的5倍。

如今，全国已有超过90%的博物馆免费对外开放，从最初的备受质疑到渐成共识、全面推广，杭州引领了全国风气之先。

同样是2003年，杭州图书馆在全国率先推出免证阅览制度，多年以来“不拒乞丐和拾荒者”的做法温暖了无数人。保障所有人平等地享有文化权利，使杭州的包容情怀温暖了一个又一个人的心。

曾有外地到杭州的游客在社交媒体上分享自己对杭州“礼让斑马线”的感受——杭州的“车让人”让自己“不习惯”，而等回到家乡后，少了这样的自觉礼让，自己还是“不习惯”。这里的文明之风已成为生活的日常。

事实上，早在2005年，“人行横道前礼让行人”就被列入了杭州公交集团规章。从最初的公交车、出租车先行，到后来的全城参与，“礼让斑马线”在将近20年的发展中早已成为杭州的一块金字招牌。来到斑马线前自觉减速，已成为绝大多数杭城司机的肌肉记忆。

2015年，杭州市人大常委会通过《杭州市文明行为促进条例》，“礼让斑马线”首次被写入地方性法规。如今，在杭州交警定期发布的城市道路交通安全测评统计中，每个月的机动车斑马线礼让率都稳定在98%以上。这座城市节奏很快，但在斑马线前面对行人时，司机们愿意“等一等”。

市民的每一个“小确幸”，折射出的是这座城市可触可感的温度和风度。

三

年轻人热爱杭州，更因为这座城市方便高效、活力不息。

《中国城市“95后”人才吸引力排名》报告中提到，“95后”对于互联网、电子、通信等新兴行业更加青睐，其流动人才在IT行业占比为21%，杭州正是这些新兴行业的沃土。

数字经济“第一城”，集聚了先进的生产性服务业，让杭州始终保持着年轻与活力感，成了年轻人心中的梦想之城。也正是这种“年轻态”，引领着一批又一批富有创造力的年轻人选择从这里奔向理想的未来。

2022年数据显示，杭州新引进的跨城流动人才中，有超过20%来自北京和上海，这也导致“杭州吸走北京上海人才”话题登上微博热搜。杭州以诚恳的态度、优惠的政策不断接纳来自全国各方的人才，毕业未满两年的大学本科及以上学历毕业生可以在杭州先落户后就业，符合相关条件的应届毕业生还可以得到真金白银的补贴。

一个城市的投资，从根本上看是投资年轻人。毕竟，当你介绍一个城市的希望和商机的时候，没有什么比“我们这里年轻人多”更有说服力的了。

四

年轻人是城市的未来。放眼全国，近年来吸引人才力度较大的城市，年轻人普遍都感受到了高房价的压力，而杭州也是其中之一。

面对这样的形势，杭州如何让更多年轻人安居乐业？

除了提供优惠的政策，能让更多年轻人扎下根来，心无旁骛地去奋斗，也应当是杭州继续努力的方向。

先说工作。对于奋斗青年而言，一份喜爱的工作就能够成为留下来的可能。对城市而言，就是要考虑如何把产业的长板做长，持续发展，并积极探索新的产业空间，创造足够多的吸引年轻人的就业机会。

再说生活。生活是否便利，是“Z世代”年轻人的关注重点，也是一座城市需要着重考量的方面。只有在基础设施、教育、医疗、住房、就业服务上，给予年轻人足够的服务保障，才能减轻年轻人的压力，真正留住年轻人。

最后说文化。美国的硅谷之所以吸引着全球各地的青年就业，其中一个重要原因就是其鼓励创新、包容失败、宽松平等的整体文化。让年轻人与城市在气质上产生共鸣，或许是留住年轻人的最佳手段。

始于美景，陷于温度，忠于前景。

这座古老又年轻的城市不断迎接年轻人，他们不断更新着杭州的产业格局和城市气质，而这样的创新与活力，反过来又吸引了更多人源源不断地来到这里。

年轻人与杭州“双向奔赴”的爱，是这座城市的活力与未来。

（桑隽漾　执笔）

“大系” 大戏

近日，一场特殊的展览在嘉兴亮相。

盛世修典——“中国历代绘画大系”展览继在四川美术学院、浙江大学和浙江美术馆等地展出后，在这个夏日走进嘉禾大地。

这个艺术盛典，让人大饱眼福。

展陈面积5200平方米，分“盛世修典”“物华天宝”“守正创新”“以文化人”四大板块，共展出1000多件中国古代绘画打样稿，其中不少是传世级的“国宝”珍品。

一场展览，上演了一场精神文化的大戏。

一

相信每个到现场观展的人，都会深受震撼。

在历史上，中国画的整理收藏，规模大的不过几次：唐代的《历代名画记》、宋代的《宣和画谱》、清代的《石渠宝笈》。至当代，就是“中国历代绘画大系”，它是“十七年磨一剑”的成果。

2005年，在习近平同志亲自推动下，以《宋画全集》为起始，一场在全世界范围内大规模搜集中国古代绘画图像资源的行动正式启动。

此后，习近平同志始终关心记挂支持着这项工作，多次听取汇报，作出重要指示批示。

在《习近平在浙江》一书中，曾担任省委常委、浙江大学党委书记，现任浙江大学发展委员会主席、“中国历代绘画大系”总主编的张曦说：“‘中国历代绘画大系’是我到浙江大学工作后主持的一项国家重大文化工程，《宋画全集》是该工程第一期项目。项目的每一个关键点、每一段攻坚期，都离不开习近平同志的亲切关怀和高度重视。”

2010年9月13日，在《宋画全集》按计划基本出齐后，张曦写信向习近平同志汇报，建议在《宋画全集》完成后，拓展实施包括《先秦汉唐画全集》《元画全集》《明画全集》《清画全集》在内的“中国历代绘画大系”项目。

9月21日，习近平同志在批示中强调，“下一步出版‘中国历代绘画大系’的打算很好，可积极向有关部门汇报，争取各方支持”。

从2005年至2022年，“大系”项目组从零开始，系统搜集、梳理采集中国历代绘画的高精度图像，并编纂整理、结集成册。

让人振奋的是，流散在世界各地的中华文化瑰宝，在图像采集中陆续来到项目组手中。其中，散失海外的3569件（套）绘画精品，通过高精度数字化方式重返祖国怀抱，与国内8910件（套）藏品图像“团聚”，共同构成了纵贯两千余年的中国古代绘画史的恢宏图景。

为了收集流落海外的中国古画，“大系”项目组克服种种困难，仅与全球各大文博收藏单位的通讯、信函就数以万计……

“大系”项目组所付出的精力之多、所涉及的人数之众，难以估量。

当这场“一张蓝图绘到底”的文化长跑跑到今天，一个可谓“集中国古代绘画之大成”的重大文化成果呈现在世人眼前。

来自海内外260余家文博机构的12479件（套）中国绘画藏品，无言却有千钧之力。

它们静静讲述，中华文化的基因是如何传承的，中华文化的血脉是怎样赓续的。

二

文化要留下来，还要活起来，然后才能火起来。

过去，许多传世名作或为私人收藏，或属皇家珍物。有人穷尽一生，也未必能看到一幅古画风貌，更不必说尽览从先秦汉唐到清代的中国绘画精品。

比如，这次展览中的《千里江山图》，其真迹近百年来只向世人展示过寥寥数次。

此外，“纸千年，绢八百”。宫廷画家或文人画家创作的纸本、绢本绘画作品，保存期其实有限。

而现在，情况已经发生改变。

从数字化采集到数字化利用，以“大系”为代表的数字文物保护尝试和探索，为优秀传统文化创造性转化和创新性发展提供了新路径。

我们看到，数以万计的中国古代绘画珍品正插上数字技术的“翅膀”，从历史中款款而来，开启全新的“生命奇旅”。

嘉兴这次展览，就有一些技术创新之举：比如，通过AR技术，让观展者体验宋徽宗赵佶《听琴图》的美妙意境；利用全球领先的3D石窟复原技术，等比例复制中国四大石窟。

传世艺术珍品的数字化重现，正是为了“让收藏在博物馆里的文物、陈列在广阔大地上的遗产、书写在古籍里的文字都活起来”。

它还创造了一种无限“接近”的可能性，让每一个人，都能有机会近距离欣赏诞生于不同时代的艺术精品，从中汲取中国屹立于世界民族之林的文化自信。

而这，正是我们今天所言的文化共享、精神共富最本质最朴素的应有之义。

三

“大系”展览为何来到嘉兴？这颇有一些渊源。

在编纂出版“大系”过程中，“大系”项目组特别关注历代嘉兴地区对中华优秀传统文化所作出的特殊贡献。嘉兴也通过与浙江大学合作举办“大系”展览、组建“大系”研究机构等方式，全力推动“大系”在嘉兴的拓展和延伸。

入编“大系”的许多一级文物甚至“国宝”级文物画作就曾是嘉兴天籁阁旧藏；“大系”中还专门设置了嘉兴卷，收录作品100件。

值得一提的是，天籁阁是这次嘉兴展览的亮点之一，都说“一座天籁阁，半部中国书画史”。天籁阁主人项元汴是历史上著名的民间收藏家。明朝中晚期皇室衰微、无力收藏，他穷尽毕生精力收了大量奇世珍宝，悉数藏于天籁阁中。其中，他所收藏的历代绘画之宏富，令人叹为观止。本次展览在“中国历代绘画大系”所收录的中国古代绘画精品中，选出1022件集中亮相，其中356件跟天籁阁有关。

（李戈辉　云新宇　孔　越　执笔）

1个月批示6次背后的情怀

2022年9月，在出访哈萨克斯坦时，习近平主席给托卡耶夫总统带去了几件国礼，除了《习近平谈治国理政》第三卷、第四卷的中文精装版，还有一件名为《中哈友好》的景泰蓝内画尊、一幅湘绣单面绣《长城》和一套文房用品。

这些礼物形态不同、各具意蕴，但也有相通之处。景泰蓝内画尊，以中国传统礼器“尊”为器型，融合了景泰蓝工艺和内画工艺两项非物质文化遗产；而湘绣作为中国传统的“四大名绣”之一，早已被列入第一批国家级非物质文化遗产名录；“文房四宝”则更不必说，“四大名砚”、宣纸、徽墨、湖笔等都在其中。

中国有礼仪之大，故称“夏”；有服章之美，谓之“华”。承载中华民族悠久历史文化的“非遗”之作，无疑是国礼的绝佳选择，而我们对非物质文化遗产的传承保护一直在路上。

一

说到“非遗”保护传承，笔者想到了《习近平在浙江》中的一些故事。

在浙江工作期间，仅在2005年5月到6月，28天的时间里，习近平同志对非物质文化遗产保护就作出了6次批示。这些批示涉及浙江民间手工艺保护传承、浦江县登高村古村落抢救、民间艺术保护工程、落实国务院关于“非遗”保护工作的通知精神、抢救振兴永嘉昆剧等。

他在有关民间手工艺保护、开发和利用情况的调研报告上批示：浙江的民间工艺是祖国艺术宝库的奇葩，应注意保护与传承，在文化大省建设中要加强这方面工作。

他在《关于浙江省开展非物质文化遗产保护工作汇报材料》上批示：“我省民族民间艺术保护工程启动3年来，在非物质文化遗产保护方面作了许多有益的探索，下一步，要按照国办发〔2005〕18号文件的要求，认真总结，加强宣传，认真实施，扎实有效地做好我省非物质文化遗产保护工作。”

《干在实处　勇立潮头——习近平浙江足迹》中也有不少细节，都折射出习近平同志的“非遗”情结。

在衢州考察时，孔子第75代嫡长孙孔祥楷向习近平同志详细介绍了孔氏南宗的历史沿革，以及今后祭孔的设想：“南宋以降，衢州一直是孔子嫡长孙一脉的居住地。我们希望恢复南孔祭奠，采用‘现代人祭孔’，就是摒弃旧礼仪，穿现代人的服装，行现代人的礼节。”

听到这里，习近平同志点点头说，孔氏南宗家庙的历史文化内涵深广，是浙江历史文化中的一个亮点，南孔文化值得很好地挖掘和弘扬。

一番话，让孔祥楷对发扬南孔文化，有了十足的信心。

无论是在浙江工作期间，还是党的十八大以来，习近平同志始终心系“非遗”。他多次提到，中华优秀传统文化是中华民族的突出优势，是我们在世界文化激荡中站稳脚跟的根基，强调要推动中华优秀传统文化创造性转化、创新性发展。

如今，中国入选联合国教科文组织非物质文化遗产名录（名册）项目数量位居世界第一，文博热、“非遗”热、传统节日热兴起……一项项传统艺术得以延续和创新。

二

浙江是“非遗”大省。数据显示，截至目前，在联合国教科文组织公布的人类非物质文化遗产名录中，浙江已有10个项目上榜，在全国名列前茅；全省共有241项国家级非物质文化遗产、196位国家级“非遗”传承人，均居全国首位。

数量多代表什么？一方面，当然代表浙江的“非遗”丰富灿烂，昭示着我们理应对自己身边的文化有充分自信：另一方面，这更是一份警示：这么多优秀传统文化已经或即将步入“遗产”行列，摆在我们面前的保护和传承任务就更重更紧迫。

“非遗”历经时光变迁而一脉相承，积淀着一代代人最深层的精神追求，代表着民族独特的精神标识，它并非“逝去的历史”，而是“沉睡的资源”。

在温州瑞安的东源村，留存着一项古老的技艺——木活字印刷术，这是目前我国关于活字印刷术的唯一“活态”代表，再现了中国古代活字印刷的传统工艺。

今天，木活字印刷除了谱牒印制，“用武之地”十分有限，使用的人不多，传承人寥寥无几。为了让这一人类“非遗”重现生机，东源村建起了“中国木活字印刷文化村展示馆”，在城里闹市区开出了木活字印刷工作室，当地还组织高校开设实训课，将木活字印刷术引入课堂。

在2023年的“宋韵杭州奇妙夜”上，木活字印刷术受邀亮相，原汁原味地重现了北宋时期毕昇发明印刷术的场景，吸引了一众目光。

可见，只要善加转化，“非遗”就能产生意想不到的效果。在浙江，许多非物质文化遗产依然葆有自身鲜明的特征与厚重的韵味，这些都可以成为“非遗”穿越古今的密码。

宁海县的下枫槎村，立足以传统茶文化为主题的“非遗”特色，以“望府茶飨、自在曲水”为IP，打造茶文化艺术村。茶席上绣的是徐霞客地图、宁海耍牙等地方文化元素，千亩茶园都扎染上地方特色土布，“我在枫槎飨茶食——枫槎味道”传统茶点制作体验项目，引得游客跃跃欲试。

我国的“非遗”保护方针是“保护为主、抢救第一、合理利用、传承发展”。这与“保护为主、抢救第一、合理利用、加强管理”的文物工作方针相比，区别仅四个字，却也是最关键的四个字：“传承发展”。

越是任务紧迫越要看到，“非遗”传承不能简单地为即将消逝的文化戴上“呼吸机”，更要跳出“为保护而保护”的理念，在更深层次看清“非遗”事业的特殊重要性，挖掘“非遗”与当今生活的关联，不断寻求“非遗”保护工作的新突破。

三

今天仍有不少人认为，能有传承人，“非遗”就算活下来了。但事实远不是这样。

如果仅靠着为数不多的传承人默默坚守；如果仅是保留传统手工艺，没能与时俱进；又若是“非遗”仅仅成为工艺品、展示品，而其背后有如“矿山”一般的文化资源却不为人知……那“非遗”对大多数人来说仍是不为人知的“遗产”。

身处快速发展的移动互联网时代，让“非遗”真正“活起来”，还得用好符合当下的创新手段。这样的案例，在浙江也不少。

前些年，富阳油纸伞的省级“非遗”传承人闻士善加入抖音推出的“‘非遗’合伙人计划”，第一个月销售额就达10万元，如今粉丝超70万。做了30多年油纸伞的他，从没想过能成为小有名气的“网红”。在他看来，自己走红不算什么，重要的是从来没有像今天这样有这么多人关心油纸伞。

时代在变迁，保护“非遗”的方式似乎也应拿出些“不破不立”的魄力。

看到这，也许有人会质疑：“非遗”与互联网结合，那还是“非遗”吗？还能保留其中蕴含的传统文化精髓吗？

一位“非遗”保护专家曾这样表达，“非遗”之所以能历经千百年流传至今，本身就包含着无比强大的与时代同行的能力，这种能力在今天依旧强劲。

也正因此，我们能在前些天举行的中国仙都祭祀轩辕黄帝大典中，看到长号鸣天、击鼓撞钟、敬上高香、敬献花篮等九项尊重并延续“非遗”传统的做法。这“仪式感”满满的仪程，通过直播被世界各地的人们所看到。

所以，“非遗”只有穿透了人人手中的小屏幕，才能传递其背后悠久而深厚的大文化。正如《关于进一步加强非物质文化遗产保护工作的意见》提出，适应媒体深度融合趋势，丰富传播手段，拓展传播渠道，鼓励新闻媒体设立非物质文化遗产专题、专栏等，鼓励各类新媒体平台做好相关传播工作。

你可能不会到偏僻小山村观看一位花甲老人编竹筐，也可能不会去遥远古镇欣赏一位姑娘在院子里染花布，但是当他们拿起手机，将手艺展现在屏幕上，你可能会忍不住观看并为他们点赞。

“非遗”技艺可以很“旧”，但“非遗”保护的手段可以很“潮”。随着5G、AI、VR、AR技术的进一步普及应用，浙江“非遗”将越来越“动”起来、“活”起来。

在传统保护手段的基础上，与时俱进地探寻新方法、新路径，才能始终呵护“匠心”、传递“匠行”，不辜负先辈留给我们的文化馈赠，这也正是“非遗”传承面临的重要课题。

（何诗航　叶　涛　执笔）

再读《之江新语》里的三个“锦囊妙计”

这个中秋小长假，虽然天气转凉，旅游市场却十分火热。

据统计，2022年中秋假日，浙江省共接待游客1374.6万人次，同比增长10.5%；实现旅游收入170.3亿元，同比增长13.8%。

中秋节当晚，西湖景区的“人山人海”登上热搜，直到深夜11点仍有不少人涌向白堤断桥口，对着天空拍摄月亮。倘若柳永生在当代，面对假日西湖边的游客，一定会对“钱塘自古繁华”产生新的理解。

一

旅游是一种体验经济，既要“悦目”，更应“赏心”。千百年来，西湖为何让无数人魂牵梦萦？西湖游人为何始终络绎不绝？对湖泊的疏浚是一方面，对历史文化的“疏浚”则更为关键。

作为中秋传统节日活动，赏月拉动了夜游经济，直接导致一些景点人气“爆棚”。虽然月亮是古老的，游人的新鲜感却不曾消退，这便是传统文化对于旅游经济的“附加值”。

就像2022年中秋，西湖边升起33艘“月亮船”，重现三潭印月“33个月亮”经典场景。游客乘着船摇曳在湖光山色之间，欣赏歌舞、点茶表演，一幅幅宋韵盎然的画卷在眼前轮番展开。时光未曾封存西湖的美，也没有改变这里世世代代的繁华景象。

碧波荡漾，皓月当空，心中怀想的或许是历史、是故人、是乡愁，这是古今游人共通的情感纽带。

实践证明，把好风景讲出好故事、把好故事做成好产品，越来越成为“网红”旅游目的地的“杀手锏”。

每天在短视频中摔掉2万只酒碗的西安，轻轨穿楼、魔幻8D的重庆，洋溢着市井风情的成都……都以古今交融的独特景象、不同寻常的创意火花、多种多样的表达形态，成就了一个个文化与旅游融合的经典案例。

文化和旅游深度融合，“卖故事”越来越成为一种核心竞争力。山间清风、湖边明月、海上日出，这些风景在好故事的映衬下，仿佛也能在游客耳边述说亲切的话语，吸引游客不远万里前来打卡。

二

在新冠肺炎疫情影响下，一些景区不复往日的拥挤和喧嚣，即便在旺季也冷冷清清，反映出当下旅游业复苏缓慢的现实。而这个中秋假期的数据表明，人们对优质旅游资源的消费需求依然旺盛。关键是文旅产业应当修炼好“内功”，不断实现深度融合。

习近平同志在《之江新语》里的一篇短文《发展旅游经济要坚持创新与继承相统一》，给出了三个“锦囊妙计”。

要敢于“无中生有”，充分利用当地的旅游资源，大胆开发旅游项目，但“无中生有”不是简陋低俗地建几座庙宇，塑几个菩萨，甚至宣扬封建糟粕，搞迷信活动。

要善于“移花接木”，借鉴国内外现代旅游发展经验和做法，大胆吸收世界人类的文明成果，但“移花接木”不是盲目生搬硬套地模仿别人的旅游项目，开办几个娱乐场所，甚至传播资产阶级的腐朽文化。

要注重“推陈出新”，传承历史优秀文化，赋予时代发展内涵，但“推陈出新”不是胡乱“拆旧建新”，建几条假古街，造几座仿古楼，甚至用假古董破坏真古董，毁掉珍贵的文物。

不难看出，文旅融合必须把握好“守正”与“创新”的关系。近些年，借助网络平台的营销推广，市面上出现不少号称“小圣托里尼”“小奈良”“小镰仓”的景点。但脱离本土文化气质的物理移植难免“四不像”，空有其表而没有文化内涵，游客也不会长期买账。说到底，这些“洋”景点既没有守住文化自信之“正”，也未能创出独一无二之“新”。

游人来到一个地方，为的是感受当地的文化，品尝当地的美食，聆听当地的故事，刻意追求“遗世独立”的旅游景点无疑是本末倒置。唯有充分尊重历史、敬畏历史，顺着地方特色的肌理精雕细刻，才能开发出经得起时间检验的文化旅游精品。

三

每逢节假日，热门景点“超负荷”的状况，的确值得我们思考：岁岁年年相似的风景之下，如何让游客找到新的兴奋点，重新拾起对“诗和远方”的向往，感受“文化＋旅游”不一样的魅力？

用好三个“锦囊妙计”，在当下仍然具有十分重要而深远的意义。

历史文脉“换新衣”，让“诗和远方”有栖息之地。历史文化是城市的灵魂。在城市化进程中，倘若不破除轻视、滥用历史文化资源的潜在导向，就易造成城市文化个性的埋没和文脉的断裂，甚至出现“千城一面”的现象。文旅深度融合，应该在牢牢守护历史文脉的基础上，深入挖掘地域特色，不断探索新的业态、新的表达。比如，丽水缙云深挖黄帝文化，举办祭祀轩辕黄帝大典，打造《轩辕赞》实景祭祀祈福表演；温瑞塘河是温州人的母亲河，温州鹿城区打造“塘河夜画”，游客坐在游船上沉浸式体验温州的历史文化和风土人情……

抓人眼球的旅游项目，往往埋藏在日常生活之中。以往，几台大型实景演出、几条仿古步行街、几个古装拍摄点就能吸引不少游客。但在当今更加注重旅游品质的消费群体面前，必须聚焦“小而精”的文化体验，让游客漫步于城市乡村之中，就能时不时驻足欣赏，感受到扑面而来、触手可及的文化。

只有给古老文明植入现代的、年轻人喜欢的文化，才能让优秀传统文化俘获更多游客的心。比如，非物质文化遗产是老祖宗留下的宝贵财富，外地游客来到浙江，如果能看场越剧，体验一下传统陶艺制作，就可以带走更多美好的回忆。如今，越来越多的年轻人喜爱“国风”，愿意为“国潮”买单。文化旅游的体验感和在场感，通过传统工艺、传统技艺、传统民俗、传统戏曲等形式呈现和传递，“老手艺”在创新创意的碰撞下也能熠熠生辉。

“诗画江南、活力浙江”省域品牌的打造，需要更多穿越千年、亘古常新的文化旅游品牌作支撑。当“诗画江南”遇上“活力浙江”，文旅经济一定能激发出源源不断的灵感和动能。

（谢滨同　执笔）

何谓“和合”

何谓“和合”?

习近平总书记在《之江新语》中论述，我们的祖先曾创造了无与伦比的文化，而“和合”文化正是这其中的精髓之一。这种“贵和尚中、善解能容，厚德载物、和而不同”的宽容品格，是我们民族所追求的一种文化理念。

千百年来，和合文化不但广泛融入社会方方面面，而且与老百姓生活息息相关、密不可分。在我国民间广泛流传的“和合二仙”寒山与拾得的故事、活佛“济公”的故事等，都寓意着互敬互爱、成人之美的和合精神。

那么，和合文化有着怎样的前世今生?

一

中华民族讲究“和合”由来已久。

早在甲骨文中，就有“和”“合”二字的身影。“和”本意是吹奏乐器，发出美妙协调的声音，后来演化为和谐、和平、和睦等。“合”字表示上下嘴唇合拢，本意为相亲相爱，后来演化为结合、合作、凝聚等。

“和合”最早成词连用，出现在《管子》中:“畜之以道，则民和；养之以德，则民合。和合故能习，习故能偕，偕习以悉，莫之能伤也。”意思是说，畜养道德，人民就能和合；和谐团结，就不会受到伤害。

几千年来，和合文化的内涵和外延不断丰富。

孔子认为，“君子和而不同”；孔子的弟子有若则进一步提出了“和为贵”；西汉董仲舒传承了先秦时期“天人合一”的思想，认为“天人之际，合而为一。同而通理，动而相益，顺而相受，谓之德道”，论述了人与自然如何和合的问题。

以和为贵、和而不同、协和万邦、天人合一等理念一脉相承、代代相传，融入中华民族的思维和行为方式中，体现在人与人、国与国、人与世界、人与自然的关系中。

二

需要厘清的是，“和合”不是罔顾事物差异的“生搬硬凑”，其精髓在于，承认不同事物之间的矛盾和差异，擅长博采百家之长、融会贯通，纳不同地域、民族之精华为我所用。

这种包容并蓄的精神，在中华民族几千年的发展中多有体现。

比如，儒、释、道三教渊源深厚。佛教在中国本土的传播中，多次与道教、儒教融会贯通，互相影响。尽管门派不同、“招式”各异，但三教都在“和合”这一“内功”上交汇融合，找到了归宿和共性，并在作为和合文化发源地之一的天台山和谐共存。

又如，尊重外来文化。明朝时，中国欣然接纳了意大利传教士利玛窦带来的几何学、地理学知识以及人文主义的观点，开了晚明士大夫学习西学的风气。本土科学家徐光启还与利玛窦合译了欧几里得的《几何原本》，改变了中国数学发展的方向。

承认“不同”、尊重“不同”的包容心态，也体现在人与人的交往之中。

北宋王安石变法时，保守派司马光与其针锋相对，朝堂之争极其尖锐。皇帝询问王安石对司马光的看法，王安石却对其人品、能力和文学造诣等大加赞赏，称其为“国之栋梁”。当王安石改革失败，皇帝要治其罪而征求司马光的意见时，司马光恳切地告诉皇帝，王安石疾恶如仇，胸怀坦荡，忠心耿耿，有古君子之风。两人政见不同，却又彼此欣赏，成为“君子和而不同”的典范。

不同于西方文明凭借强力向世界推行“普世价值”的做法，中华民族强调多元文明“和而不同”，认为各民族文化“开放包容、互学互鉴”才是正途。

一人之美为“小美”，天下之美为“大美”，和合文化就是成人之美、大同之美的象征。

三

可以说，和合文化和之江大地，自古以来就是互相成就、互相滋养的。

生活中，和合的图腾随处可见。对称的器具，深衣、云肩等服饰，和合石窗、玉器等，都满含着和合、和美的寓意。浙江人的食谱上，也不乏“和合味道”。被不少博主推荐的“网红”美食——食饼筒，将多种馅料卷于一筒，“合着吃”让各种美味一齐向味蕾涌来；台州人新婚之夜要喝“和气汤”，寓意着夫妻和合、亲眷和睦、生活和美。

社会治理中，“大家商量着办”的理念深入人心。“民主恳谈”“政协请你来协商”“枫桥经验”等处处渗透着和合理念；和合家庭、和合调解、和合征迁、和合信访、和合诉讼等工作品牌，走进浙江人生活的方方面面；“和合指数”比比和气高低，“和合家风”吹进千家万户。

那么，为什么浙江的天台山能够成为和合文化的重要发源地之一？

历史上，由于战争和经济中心南迁等原因，浙江经历过多次人口迁入，56个民族均有人口在浙江居住。

外来文化与本土文化不断碰撞杂糅，塑造了浙江人包容、进取、团结、创新的性格，为和合文化的传承和发扬提供了丰厚的土壤。

四

以山为轴，可以观地势；以史为镜，可以鉴未来。

今天，我们为何还研究、推崇和弘扬和合文化？这一镌刻于历史的“东方智慧”，又该如何继续发扬光大，为民族复兴蓄“能量”，为世界文明通“经络”？

我们在传承中寻答案。

文化无形，停留在概念上更是看不见也摸不着。深度挖掘和合文化的丰富遗存与时代价值，需要有鲜活载体，将抽象的文化符号提炼成具象的文化实体。

正因如此，城乡建设蓝图中，和合小镇、和合圣碑公园等拔地而起；文旅融合业态里，和合文化创意街区、和合人间文化园、和合研学营地等应运而生……它们犹如花朵般点缀在东海之滨、之江大地，成为浙江“重要窗口”中的亮丽风景。

我们也在实践中求创新。

以文化人，润物无声。文化的生命力，在实践的不断检验中与时俱进，才能生生不息。换言之，从“和合之源”到“和合之用”，“和合”这篇文章，大有可为。

当前，浙江正以文化基因解码工程为笔，挥写和合文化等文化基因的研究、保护、传承与创新转化新篇章；以此为引子，孕育出《盛世和合》《天下和合》《和合人间》等各类文艺精品，春风化雨般滴入百姓心间。

此外，和合文化更要在传播中走出去。

明清时期，通过丝绸之路，天台山茶漂洋过海成为日韩茶源，将“和合”种子播撒到海外；1997年，美国作家查尔斯·弗雷泽出版了长篇小说《冷山》，卷首就引用了寒山的诗句“人间寒山道，寒山路不通”，和合思想在大洋彼岸引起轰动。

如今，和合文化全球论坛永久落户天台，必将成为又一推动多元共存和包容发展的优秀实践。

和合文化是台州的也是浙江的，是中国的也是世界的。坚持交流互鉴，向全世界展示伟大中华文明的绚烂之美，能让更多人知道和合文化这一“神秘的东方力量”，凝聚起更广泛的和合共识。

山海辉映，天地人和。之江大地，正以千百种欣欣向荣的方式为和合文化注入新的生命力，让这颗蕴含着古老智慧的璀璨明珠，焕发出更加耀眼夺目的光芒。

（申屠清儿　刘亚文　尚小星　陈飞鹏　执笔）

10

心无百姓莫为“官”

浙江党建工作也有个“八八战略”

众所周知，习近平同志在浙江工作期间，经过大量调查研究，为浙江经济社会发展量身定做了“八八战略”，这一管方向、管全局、管长远的大战略，成为浙江历久弥新的一项“战略资产”。

但很多人不知道的是，在当年浙江的党建工作中，习近平同志也曾提出过一项“八八战略”。那么，两者有何不同？抓党的建设与抓经济发展是一种怎样的关系？今天，我们又该如何以全面从严治党引领和保障高质量发展？

一

地方发展千万条，党的领导第一条。

改革开放以来，浙江经济社会发展之所以能够一路“开挂”前行，原因是多方面的，而最根本的就是围绕“中心”，强化“核心”，始终坚持党的领导，不断加强党的建设，切实改进党的领导方式和领导方法，充分发挥党的领导核心作用。

2004年10月，在习近平同志的推动下，浙江省委十一届七次全会通过了《中共浙江省委关于认真贯彻党的十六届四中全会精神　切实加强党的执政能力建设的意见》，提出以“巩固八个基础，增强八种本领”为目标，努力建设一支能够适应浙江经济社会发展要求的高素质干部队伍。

一是致力于巩固党执政的思想基础，加强理论武装和党对意识形态工作的领导，不断增强用发展着的马克思主义指导新实践的本领；二是致力于巩固党执政的经济基础，全面推进经济强省建设，不断增强驾驭社会主义市场经济的本领；三是致力于巩固党执政的政治基础，全面推进法治社会建设，不断增强发展社会主义民主政治的本领；四是致力于巩固党执政的文化基础，全面推进文化大省建设，不断增强建设社会主义先进文化的本领；五是致力于巩固党执政的社会基础，全面推进“平安浙江”建设，不断增强构建社会主义和谐社会的本领；六是致力于巩固党执政的体制基础，健全和完善党的领导制度和领导方式，不断增强地方党委总揽全局、协调各方的本领；七是致力于巩固党执政的组织基础，加强干部队伍建设和基层组织建设，不断增强自身素质和团结带领广大群众干事业的本领；八是致力于巩固党执政的群众基础，密切党同人民群众的血肉联系，不断增强拒腐防变和抵御风险的本领。

“巩固八个基础，增强八种本领”，是当时又被称为“小八八战略”的党建部署。不难看出，这一部署推动党的思想、组织、作风、制度建设与推进经济、政治、文化、社会的发展很好地实现了有机结合，党的建设贯穿于浙江各项建设之中，并为之提供了根本保证。

如果把“八八战略”比作引领浙江经济社会发展的一台发动机，那么“小八八战略”的党建部署就是这台发动机最核心的红色引擎。正是有了这个引擎，浙江才能像超级跑车一样不断跑出高质量发展“加速度”。

二

一滴水可以反映出太阳的光辉。

习近平同志在浙江工作期间有多重视党的建设，从一本书里就可以看出来。在《之江新语》的232篇短论中，党建类最多，约占到总数的一半，广泛涉及党的政治、思想、组织、作风、纪律、制度建设及反腐败斗争等多方面内容。

比如，《理论学习要有三种境界》主要论述党的思想建设问题，《执政重在基层》论述的是党的组织建设问题，《群众呼声是作风建设的第一信号》论述的是党的作风建设问题，《努力把“不能为、不敢为、不想为”的工作抓实做细》论述的是党的纪律建设问题，《莫把制度当“稻草人”摆设》论述的是党的制度建设问题，《关口前移，惩防并举》论述的是反腐败斗争问题，《不能在“温室”里培养干部》论述的是注重在艰苦岗位、复杂的环境中去锻炼、识别年轻干部的问题，《“潜绩”与“显绩”》论述的是政绩观问题，等等。

在习近平同志看来，办好浙江的事情，关键在党，关键在人，关键在于各级党委充分发挥领导核心作用，基层党组织充分发挥战斗堡垒作用，广大共产党员充分发挥先锋模范作用。这是浙江深化改革、加快发展、维护稳定的一条根本经验。

从筹备服务G20杭州峰会到筹备服务杭州亚运会、亚残运会，不论是疫情防控大战大考，还是高质量发展建设共同富裕示范区，在改革发展的主战场、攻坚克难的第一线、服务群众的最前沿，浙江始终把党的建设抓得紧而又紧，推动党的组织体系与经济发展体系深度融合，不断把党的组织优势转化为发展优势、治理效能。

可见，对于浙江而言，“加强党的建设”从来就不是一个抽象空洞的理论命题，而是解决现实问题的强大武器。

三

事在四方，要在中央。推动高质量发展是一项系统工程，涉及各方面各领域各环节，必须充分发挥党总揽全局、协调各方的领导核心作用。

党的十八大以来，我们之所以能战胜一个又一个风险挑战，推动经济发展质量和效益全面提升，续写经济快速发展和社会长期稳定“两大奇迹”，最根本的原因是有以习近平同志为核心的党中央领航掌舵，有习近平新时代中国特色社会主义思想科学指引，这为我们以伟大自我革命推动伟大社会革命提供了最大底气、最大保证。

当然，要时刻保持解决大党独有难题的清醒和坚定并不是一件容易的事。特别是党的自我革命，就如同拿起手术刀给自己动手术，刀刃向内、刮骨疗毒的过程无疑是痛苦、艰难的。

在一段时期，曾有个别声音把中国面临经济下行压力归于全面从严治党，认为抓党建、全面从严治党会抑制内需、影响经济发展。这完全无视我国经济运行规律，是对全面从严治党的一种错误判断，实在是荒谬至极！

历史和实践充分证明：全面从严治党不仅有利于更好发挥政府作用，优化资源配置和厚植发展优势，还有利于更好发挥市场在资源配置中的决定性作用，保障激活经济和提高资源配置效率机制的形成。

数据显示：新时代十年，我国经济总量从53.9万亿元提升到114.4万亿元，人均GDP从6300美元提高到超过1.2万美元，多年对世界经济增长贡献率超过30%，经济社会发展达到崭新高度。可见，全面从严治党不但不会影响经济发展，反而可以为经济社会发展扫清阻力、注入活力、增添动力。

实际上，“两个革命”如车之双轮、鸟之两翼，始终相伴相随、互促共进、相得益彰。其中，社会革命是目的和方向，自我革命是先导和保证，伟大的社会革命锻造和成就了伟大的党，伟大的自我革命保障和推动了伟大的事业。

习近平总书记在参加十四届全国人大一次会议江苏代表团审议时强调，推动高质量发展，必须坚持和加强党的全面领导、坚定不移全面从严治党。

当前，我国发展进入战略机遇和风险挑战并存、不确定难预料因素增多的时期。越是形势复杂、任务艰巨，越要坚持和加强党的全面领导、坚定不移全面从严治党，把党领导经济工作的制度优势转化为治理效能，为推动高质量发展提供坚强有力的政治引领和政治保障。

正如网友所说，只要自我革命“自转”的轮子不爆胎，社会革命“公转”的轮子就一定能转得又快又稳！

（陈培浩　执笔）

提升干部素养的三重境界

如果把故事、诗歌等文学体裁比作入口爽滑、味道鲜美的羹汤，那么理论在不少人眼中就是一块外表嶙峋、啃食费力的“硬骨头”。虽明知它浓缩了诸多智慧精华，但想真正品味到其中真义并不容易。

但理论学习的重要性如同阳光之于树木，欲成茁壮之势，思想的“阳光”必不可少。习近平同志在浙江工作期间，以学者王国维论述治学的三种情境为引子，提出了理论学习的三重境界：一是“昨夜西风凋碧树，独上高楼，望尽天涯路”；二是“衣带渐宽终不悔，为伊消得人憔悴”；三是“众里寻他千百度，蓦然回首，那人却在灯火阑珊处”。

学理论对提升干部素养为何如此重要？在思想多样、观念多变的今天，我们又该以怎样的正确打开方式来学理论？

一

“没有革命的理论，就不会有革命的运动。”

回望百余年来，中国的发展历程就是一段不断上下求索、更新思想认识的历史。风雨如晦的年代，一批批仁人志士远渡重洋，渴求吸纳先进的思想文化、科学技术，为救亡图存、挽大厦之将倾，周恩来那一声“为中华之崛起而读书”至今振聋发聩。

革命时期，我们党亦始终把加强自身学习作为党员干部的一项重要任务。毛泽东同志指出，“如果我们党有一百个至二百个系统地而不是零碎地、实际地而不是空洞地学会了马克思列宁主义的同志，就会大大地提高我们党的战斗力量”。邓小平同志说：“在不断出现的新问题面前，我们党总是要学，我们共产党人总是要学，我们中国人民总是要学。”

历史和现实反复表明，什么时候理论学习问题解决好了，什么时候科学思想、科学思维、科学理念就会占据主导地位，党的事业就会兴旺发达。

当今时代，世界局势风云激荡，正逢百年未有之大变局，更迫切要求党员干部具备符合时代要求的知识结构和理论素养。往大了看，我们的经济快速发展需要先进的理论指引，文化的创新繁荣也需要优秀的思想引领，我们在成为科技强国的道路上还有诸多“卡脖子”技术等着我们去突破；往小了说，日常工作中怎么高效有为，怎么处理好与他人、与群众之间的关系，也都需要我们掌握科学的方式方法。

为学须先立志，志不立，学习就找不到动力和靶向。这也就是习近平同志所说的，理论学习上要有“望尽天涯路”那样志存高远的追求，耐得住“昨夜西风凋碧树”的清冷和“独上高楼”的寂寞，静下心来通读苦读。这是理论学习的第一重境界。

二

“中国共产党人依靠学习走到今天，也必然要依靠学习走向未来。”

无论是对党还是对党的干部来说，理论上成熟都是政治上成熟的基础。实践表明，没有先进理论武装的党，不可能是先进的党；没有先进理论武装的共产党员，就不会有真正的党性，就不可能成为一名合格的共产党员。

当然，学习如滴水穿石、绳锯木断，绝非一日之功。面对理论学习中可能遇到的困难，我们必须要有清醒的认识。

马克思讲过一句话：“在科学上没有平坦的大道，只有不畏劳苦沿着陡峭山路攀登的人，才有希望达到光辉的顶点。”亿万人口的脱困脱贫、三年新冠肺炎疫情的平稳渡过、对国际冲突的指挥若定、思想光芒的彰显，其背后无一不是付出了“悬梁刺股”“囊萤映雪”的苦功。

也需承认，对于许多人而言，日常的工作、生活就足以让人“头大”，时间总在不经意间悄然游走。但老话也说，时间就像海绵里的水，挤一挤总是会有的。更何况，磨刀不误砍柴工，学习理论的终极目的是指导实践，不能因为初期效果不明显就搁在一边，只要勤奋努力、持续不断地刻苦钻研，能力、素养自然会在日积月累中一点一滴地增长、提升。

宝剑锋从磨砺出。想通过学习求得，就要勤奋努力，刻苦钻研，舍得付出，百折不挠，下真功夫、苦功夫、细功夫，即使是“衣带渐宽”也“终不悔”，即使是“人憔悴”也心甘情愿。这是理论学习的第二重境界。

三

“吾生也有涯，而知也无涯。”对理论学习的追求是无止境的，既需苦学，还应“善读”。

先进的思想理论都是前人历经实践考验所得的智慧成果，浅尝辄止、囫囵吞枣只会让学习流于表面，无法领悟其中的精深义理。我们不仅要掌握蕴含其中的立场观点方法、道理学理哲理，而且要知其言更知其义、知其然更知其所以然。

特别是在现在的互联网环境下，各种信息纷繁复杂，更考验我们识别信息的分辨力，既要求知善读，又要贵耳重目。正如习近平同志在浙江工作期间所谈到的，一方面，读书要用“巧力”，懂得取舍，注重思考；另一方面，我们也不能把读书看得太容易。总之，读书并不是一件很容易的事情，既要读得巧，又要读得实。

“纸上得来终觉浅，绝知此事要躬行。”要把理论从纸面上应用到实践中，成为能够解决实际问题的利刃，就要善读社会这部书，在学习中联系实际，坚持学用结合、知行合一，把学习理论同解决人民群众“最关心最直接最现实”的利益问题、本地域经济社会发展的重大问题、党的建设突出问题等结合起来，在耳闻、目见、足践之中见微知著、管窥全豹，获得真知灼见，形成正确思路，作出科学判断。

理论学习贵在独立思考，学用结合，学有所悟，用有所得，要在学习和实践中“众里寻他千百度”，最终“蓦然回首”，在“灯火阑珊处”领悟真谛。这是理论学习的第三重境界。

党的理论创新每前进一步，理论武装就要跟进一步。正在全党深入开展的学习贯彻习近平新时代中国特色社会主义思想主题教育，将理论学习作为首要问题加以强调。让我们一起，主动来一场“学习革命”吧。

（张　俊　执笔）

改进作风必须改进文风

2007年8月，浙江人民出版社出版了《之江新语》一书，辑录了习近平同志在担任浙江省委书记期间，从2003年2月至2007年3月在《浙江日报》“之江新语”专栏发表的232篇短论。

全书鲜明提出推进浙江经济社会科学发展的正确主张，及时回答现实生活中人民群众最关心的问题，观点鲜明清晰，语言简洁明快，形式生动活泼，说理通俗易懂，为我们倡导朴实清新的文风，提供了难得的范本。今天再读《之江新语》，依然被扑面而来的“求短、求实、求新”清新文风深深打动。

那么，作风和文风之间有什么关系？我们又该如何驰而不息改文风？

一

在“快餐式”阅读越来越大行其道的时代，一本理论读物如果没有真正走进公众内心，恐怕也只能是应者寥寥。然而，《之江新语》不仅热销，其中的很多文章还在“朋友圈”热传。

什么是群众喜闻乐见的表达？怎样的文字才能传递力量？其实，读者最有发言权，群众最有判断力。

《之江新语》的文章开门见山、直截了当，要言不烦、讲完即止，300—500字就能讲明一个道理，把话说清、说透。文章观点鲜明、针对性强。比如，谈到少数领导干部“‘官样子’不怎么的，‘官架子’倒不小”，还有

“不要引导领导干部当‘满票干部’”“文化产品也要讲‘票房价值’”等，现在读来依然一语中的、振聋发聩。

书中的语言也让人觉得接地气、有文气，鲜活生动，普通人都能理解。比如，把虚与实的工作比作人体的大脑和心脏，“你说哪个重要，哪个不重要；哪个需要，哪个不需要？大脑和心脏都重要、都需要，缺一不可”。又如，批评一些干部决策前不做充分的调研，“情况不明决心大，心中无数点子多”。朴实又生动的大白话，让普通百姓也能读得懂。

2004年12月9日，习近平同志在省委办公厅综合一处党支部组织生活会上，就改进文风归纳了六个字的要求：求短、求实、求新。求短，就是要用尽可能短的篇幅把问题说清、说深、说透；求实，就是要追求朴实的文风，所用的语言不一定华丽但要准确，要实实在在，直奔主题，言简意赅，实话实说；求新，就是要根据特定的讲话场合写出有特色、有新意的文稿。

《之江新语》中《文风体现作风》一文也鲜明指出，最要反对的是空话连篇、言之无物的八股文，那种“穿靴戴帽”、空泛议论、堆砌材料、空话连篇、套话成串、“大而全”、“小而全”等弊病，都要防止和克服。

二

文风不仅是语言问题、技术问题，更是思想问题、作风问题，鲜明体现了一个领导干部的能力、作风和水平。在《干在实处　走在前列——推进浙江新发展的思考与实践》中，习近平同志指出，有些领导干部讲话“云遮雾绕，玄之又玄，其实是能力不够、水平不高，既弄不明白问题的是非对错，又怕承担责任，所以只能装腔作态，故作高深”。

往大了讲，文风背后有党风、政风，关系党的执政能力，关系党的形象和事业的兴衰成败。2010年5月，习近平同志在中央党校2010年春季学期第二批入学学员开学典礼上的讲话中指出：“人们从文风状况中可以判断党的作风，评价党的形象，进而观察党的宗旨的贯彻落实情况”，还明确要求“讲符合实际的话不讲脱离实际的话，讲管用的话不讲虚话，讲有感而发的话不讲无病呻吟的话，讲反映自己判断的话不讲照本宣科的话，讲明白通俗的话不讲故作高深的话”，可谓发人深省。

目前，我们在文风上还存在一些亟待解决的问题。

有的喜欢写“鸿篇巨制”“大块头”，洋洋洒洒几千字，没多少干货，讲了一堆“正确的废话”。这些话似乎放在哪里都适用，其实放在哪里都不管用。本来三言两语能说清楚，偏要兜圈子、绕弯子，添枝加叶，短话长说。

有的习惯“打官腔”“打空靶子”，空话、套话多，照抄照搬、移花接木，面孔大同小异，语言上下雷同，翻来覆去就是那么几句话。看似特别严谨、稳当，格式规矩、密不透风，实则味同嚼蜡、不知所云。

有的把学术圈那套话语体系照搬过来，自己不好好消化，堆砌辞藻，词语生涩，句式叠床架屋，错综复杂。“每个字都认识，但连在一起完全不知道在说啥。”

凡此种种形式主义、华而不实的不良文风，严重损害党的形象，危害党的事业，影响党群关系，污染社会风气，绝不可等闲视之。

党的十八大以来，习近平总书记在系列重要讲话中，常用打比方、讲故事的方式阐述深刻的道理，用大白话、大实话来释疑解惑。比如，“打铁必需自身硬”“牛栏关猫是不行的”“鞋子合不合脚，自己穿了才知道”等生动论述，语言朴实通俗却极具感染力，为我们改进文风很好地“打了样”。

三

对于宣传思想战线来说，改进文风应当从我做起。

2022年5月30日，“浙江宣传”微信公众号上线。这是一次回应时代、试水变革的尝试，是一艘移动互联网时代媒体改革的“破冰快艇”。其中，一项重要的改革就是文风之变、话语之变。

从上线第一天开始，“浙江宣传”就特别重视改进文风。公众号创刊词《我们来了》一文中写道：“在表现形式和风格上遵循互联网传播规律，不绕弯子、不卖关子。”

“浙江宣传”坚持的话语方式，可以用九个字概括：说人话、切热点、有态度。其中，将“说人话”放在第一位，指的是开门见山，直截了当，讲完即止，不搞长篇大论，不做官样文章，尽量不说“正确的废话”。具体来说有四个方面。

第一，变抽象为具体。用故事、例子来解释观点，避免一篇文章读下来全是讲道理，这样能够帮助普通读者尤其是文章所涉领域以外的读者理解所要表达的内容。

第二，做好话语转化。努力把语言“软化”，把文件语言、专业术语转化为平实务实的“白话”，杜绝“爹味”说教和居高临下的命令口吻，不让“必须”“应该”成为高频词，让文章更有可读性，让受众感受到理论的意义和魅力。

第三，增强对象意识。移动互联网的传播规律可以用八个字概括：用户至上、情绪传播。尊重用户的感受，想网民之所想，设身处地地理解网民的想法和感受，做到平等、真诚地交流，注重引起用户的共鸣，切忌自说自话、孤芳自赏。比如，《历史不会浓缩于一个晚上》一文开篇就写道：“愤怒完全可以理解，因为被点燃的是广大国人最朴素的爱国情绪。”有不少网友跟帖说，感谢“浙江宣传”理解国人最朴素的爱国情绪。

第四，创新语言表达。比如，《嘲讽“小镇做题家”是一个危险信号》一文写道：“出生于‘小镇’没有什么不光彩，中国有无数个‘小镇’；通过‘做题’来追求梦想、实现自我也没什么不好，‘做题’是学习文化知识、检验学习成果的重要手段。不管怎样，没有一种追求更好人生的努力可以被轻视。”通过有温度的语言，让人读起来眼前一亮，而不是毫无营养的“车轱辘话”。

改进文风，是一个没有终点的命题，需要一以贯之、永恒求索。让我们一起努力，用清新文风引领时代新风。

（张诗妤　执笔）

铺路子更要压担子

《管子》中有这么一句话："一年之计，莫如树谷；十年之计，莫如树木；终身之计，莫如树人。"

这句话的大意为，若是为一年谋算，没有比种植庄稼更合适的；若是为十年谋划，没有比栽种树木更合适的；而若是要为一生制订规划，就没有比培养人才更合适的。党和人民事业发展需要一代代中国共产党人接续奋斗，归根结底在于培养造就一代又一代可靠的接班人。

正所谓"育才造士，为国之本"，年轻干部是党和国家事业的生力军，是推进中华民族伟大复兴的力量之源。如何固本浚源、疏渠导流，不断优化年轻干部成长路径，为党的事业发展提供源头活水，是一项极其重要的时代课题。

一

俗话说："井无压力不出油，人无压力轻飘飘。"多压担子，在困难考验中锤炼本领，是我们培养年轻干部的常用方法。

习近平同志高度重视干部的实践锻炼。他在《之江新语》中写道，现在在一些地方，有的干部被列为后备干部、成为培养的"苗子"后，组织上就很愿意为他设好"台阶"，铺好"路子"，而恰恰忽略了把他放到艰苦的岗位上去磨炼……这其实是干部培养工作的一大误区。

实际上，好钢要用在刀刃上，"千里马"要在大风大浪中经受考验，后备干部不能放在“温室”里去刻意培养。“天将降大任于斯人也”，必先以磨难历练他，这样才能“增益其所不能”。

对有潜力的优秀年轻干部，要让他们经受吃劲岗位、重要岗位的磨炼，把重担压到他们身上，有计划地安排他们去经受锻炼。而且这种锻炼不应该是做样子的，而应该是多岗位、长时间的，没有预设晋升路线图的，是要让年轻干部在实践中“大事难事看担当，逆境顺境看襟度”。

越是艰苦的环境，越能磨炼干部的品质、考验干部的毅力。欠发达地区、工作复杂的地方、挑战性强和困难较多的领域是培养干部的重要部位，也是选人用人应关注的地方。

不仅要注重在基层一线和困难艰苦的地方培养锻炼年轻干部，还要源源不断地选拔使用经过实践考验的优秀年轻干部。

最终，还要形成一种风气，令年轻干部都争先恐后地到艰苦岗位、到基层去，并以此为荣。

二

焐热“冷口子”，方显“真本事”。

习近平同志在浙江工作期间，还特别看重有基层经验的干部。为了推动年轻干部多到基层锻炼，他推动一系列的制度设计，为年轻干部成长提供广阔舞台。

2004年，浙江在全国率先有组织、大规模选派机关干部到农村基层担任指导员工作。各地各部门积极选派思想素质好、有吃苦精神、志愿奉献“三农”、有培养潜力的年轻干部到全省3万多个乡村锻炼，使一大批机关干部在农村改革、美丽乡村、脱贫攻坚、乡村振兴等重点工作中熟悉了基层、增长了才干、成就了价值。截至2019年，省、市、县、乡四级共选派了40.9万名农村工作指导员，使这一制度成为浙江培养优秀干部队伍的“墩苗工程”。

此外，习近平同志还注重通过交流为干部提供锻炼平台。2002年1月至

2007年6月，浙江的市、县（市、区）党政领导班子成员异地交流任职共969人次；2007年，县级领导班子换届结束后，各县（市、区）7个重要岗位全部实现异地交流，多批干部被选送到境外参加培训，或到中央机关和其他发达省市挂职学习。

近年来，浙江坚持“年轻干部到一线去、优秀干部从一线来”，通过把东西部扶贫协作和对口支援作为干部砥砺品质的重要载体、每年组织年轻干部集中双向交流任职、实施干部人才助力共同富裕“千名干部交流互派工程”等，为年轻干部创造条件、搭建平台，让他们投身项目建设一线、乡村振兴一线、基层党建一线。

从国家层面看，有一大批年轻干部深入基层、深入实际、深入群众，在改革发展的主战场、维护稳定的第一线、服务群众的最前沿砥砺品质、提高本领。

在脱贫攻坚主战场，党的十八大以来，全国累计选派25.5万个驻村工作队、300多万名第一书记和驻村干部，同近200万名乡镇干部和数百万名村干部一道奋战在扶贫一线。

一批批年轻干部奔赴雄安新区、海南自贸区建设前沿，支援西藏、新疆等西部地区建设，在火热的实践中大展身手。

三

培养选拔优秀年轻干部是一项系统工程。除了在吃劲岗位和艰苦环境磨炼这个重要环节，还要注意三个关键点：

第一，树立“以实干论实绩、凭德才用干部”的鲜明导向。选士用能，不拘长幼。对年轻干部中德才表现和工作实绩突出、实践证明确实优秀的，要敢于大胆破格使用，不能缩手缩脚。要为优秀年轻干部脱颖而出拓宽渠道，为破除论资排辈、平衡照顾提供制度保障，为优化领导班子结构、实现干部队伍新老交替储备人才。

第二，厚爱离不开严管。“早熟的果子长不大，拔苗助长易夭折。”近年来，纪检机关公开的党员干部违纪违法案件中，“35岁现象”“早节不保”的案例频频出现。试想，如果有人对他们身上的苗头性、倾向性问题及时咬咬耳朵、拉拉袖子，早提醒、早纠正，可能就不会有后来的摔跟头了。越是重点选拔的干部越要重点管理，越是有培养潜力的干部越要严格要求，让年轻干部有所敬畏、有所戒惧，避免成长“黄金期”变成干部“危险期”。

第三，压担子的同时也要“卸包袱”。压担子并不是一味地提要求、下任务，还应当边给压力边助推，边定标准边支招，一级带着一级干。年轻干部正处在成长阶段，面临的困惑多、难题多，如果缺少及时帮带指导，很容易被思想上的疙瘩、工作中的难题压得喘不过气，进而影响干事创业的热情动力。所以，在压担子的同时，也要关心关爱年轻干部，帮他们卸包袱，让他们在纠偏正向中变得日益成熟，在干事历练中不断增长本领。

总而言之，建设一支高素质的年轻干部队伍，培养锻炼是基础，选准用好是根本，从严管理是保障。年轻干部保持得了初心，经受得住考验，把“铁肩膀”练得壮壮的，才能肩负起民族复兴的历史重任。

（倪佳凯　执笔）

勤廉并重是党员干部的“原生像”

有人常问：什么样的干部才是百姓心中的好干部？其实，这从人们对电视剧角色的评价中，不难找到答案。

在电视剧《县委大院》中，光明县县委书记梅晓歌勤勉尽责有担当、踏实肯干有作为，令人印象深刻；《人世间》中，一身正气、两袖清风的周秉义在观众心中立起了党员干部的好标杆；还有《春风又绿江南岸》中的主人公严东雷，敢讲真心话，敢啃“硬骨头”……

可见，始终把人民放在心中的干部，就是好干部；实实在在、干干净净的干部，就是好干部。

2023年浙江省政府工作报告提出，切实加强政府自身建设，特别提到了“建设干净干事的廉洁政府”。实际上，勤廉并重是评价各级政府部门和党员干部的一个重要标尺，“勤和廉”更应该是政府部门和党员干部的“原生像”。

一

习近平同志在浙江工作期间曾在“之江新语”栏目发表过一篇题为《要“干事”，更要“干净”》的文章，文中谈到，领导干部更要怀着强烈的责任感认真干事，怀着如临如履的心态保持干净。

他是这么说的，也是这么做的。《习近平在浙江》一书中记录下这样的细节：习近平同志对工作的标准很高，工作上不当“甩手掌柜”，从来都是亲力亲为。他的讲话稿，每次自己先列一个提纲或口头一条条说得很详细。稿子出来后，他还要自己反复修改，几易其稿才最终成型。在作出一个决定、制定一项政策之前，他都要深入基层去调研；政策制定下来后，他还会到基层去督促落实……

除工作勤勉、立说立行之外，习近平同志对自己和家人的要求也十分严格。比如，他在福建工作时，按照福建的传统，春节有给小孩送红包的习俗，每年春节期间，他只要听到门铃声，就会让彭丽媛老师赶快把孩子抱到楼上。这样，既坚守了坚决不收礼的原则，又避免了尴尬局面。

在习近平同志的推动下，浙江还通过机关效能建设，打造“高效、廉洁、勤政、务实”的政府新形象，再创体制机制新优势，以此推动了新一轮的发展。干干净净地做人、踏踏实实地做事，为民、务实、清廉，也塑造了浙江党员干部的“整体面貌”。

二

“勤”体现的是一种作为，“廉”体现的是一种作风，二者相辅相成、互相作用。省委领导在杭州调研时强调，牢记“领导干部勤而不廉要出事，廉而不勤会误事，不廉不勤必坏事”，生动阐明了勤和廉的辩证关系。

“不廉”就是腐败，这是社会公认的，也是老百姓所痛恨的。从无数落马官员的忏悔中，可以看到，一旦廉的底线失守，人生就会踏上不归路，哪怕你有再高的才华、再多的学识、再强的能力都无济于事，就如同一件洁白的袍子，染上了一点墨，就永远也洗不掉。

“不勤”也是一种腐败。有的干部鼓吹所谓的中庸之道，主张“多干事不如少犯错”，沉浸于明哲保身之中；有的干部虽然不吃不拿不卡不要，但也不干事，对群众的诉求视而不见；有的干部高高在上，为民办事能拖则拖，能绕则绕，设置无形障碍；有的干部落实惠民政策搞变通、打折扣，使民生红利“永远在路上”。

好干部不仅要拒做贪官，也要拒做庸官、懒官。占着位子不作为是一种

“权力浪费”，也是一种“变相腐败”。倘若基层党员干部怠政懒政，惠民好事就会变成伤民坏事，不仅伤了群众心，还折损了群众的信任和支持。重要岗位的领导干部如果不作为、不干事，就会耽误一方发展、错失历史机遇，造成的损失更加不可估量。

三

过去一段时间，分析浙江的文章常常刷屏，“浙江现象”格外引人瞩目。“浙江现象”背后的关键密码，或许就藏在浙江干部身上。

如果说浙江干部有哪些本事，那么最大的本事之一就是勤奋不怠。“别人都在干，坐不住”“干得没别人好，抬不起头”“今日事今日毕，再晚都不过夜”，这些话经常挂在浙江干部嘴边。

浙江干部等不起、坐不住的紧迫感本来就很强，再加上各地还会以“赛马比拼”“打擂亮相”的形式让各单位、各部门“赶考”，使得干部时刻保持“满血”的状态，把群众也带动了起来，于是全省上下形成了争先恐后、你追我赶的干事氛围。比如，2022年底，浙江率先启动了“千团万企拓市场抢订单行动”，联动企业赴境外参展、开展商务洽谈，助力企业拓展海外市场，“有为政府”广受好评。

如果说浙江干部有哪些特征，那么廉洁奉公肯定是集体特征之一。

2023年浙江省政府工作报告中提到，2022年浙江新增市场主体74.9万户，增长14.7%。在全国工商联公布的2022年度“万家民营企业评营商环境”排名中，浙江位居第一。正如省外媒体所言：浙江干部在为企业服务的过程中体现的是一种“负责思维”，而不是“避责思维”，更不是“拔毛思维”。他们能站在企业发展的角度，想方设法帮助解决问题，而不是先考虑自己能从中得到什么好处。

习近平同志在《之江新语》中写道：“浙江民营经济比较发达，各级领导干部一方面要支持民营企业发展，要亲商、富商、安商；另一方面，同企业家打交道一定要掌握分寸，公私分明，君子之交淡如水。”正是因为浙江的政商关系“亲而有度”“清而有为”，广大市场主体活力才被充分激发出来。

干部敢为、地方敢闯、企业敢干、群众敢首创。这四个“敢”的底气何在？“干事且干净、干净加干事、干事能成事”的勤廉追求就是最好的注脚和诠释。

四

浙江能不能继续走在前列，取得新成绩，还得看广大党员干部能不能保持勤廉的良好状态，豁得出去、干得出来。

2023年浙江省政府工作报告提出要建设“五个政府”，即建设旗帜鲜明讲政治的政府、为民造福的服务政府、奋发有为的实干政府、依法履职的法治政府、干净干事的廉洁政府。打造人民满意的政府，说到底就是要做到“勤廉”二字。

坚持勤廉追求的一个根本前提就是要做到“总书记有号令、党中央有部署，浙江见行动”。坚定捍卫“两个确立”，坚决做到“两个维护”，特别是要把习近平总书记留给浙江的“八八战略”一以贯之地坚持下去，把党中央决策部署坚定不移地贯彻下去。

勤廉追求有没有融进党员干部的骨子里，关键看有没有“把屁股端端地坐在老百姓的这一面”。俗话说“屁股决定脑袋”，屁股的方向坐对了，自然就能设身处地地为群众着想，决策才不会跑偏，工作也能让群众满意。

坚持勤廉追求，还需要保持“坚持事不避难、义不逃责，脚踏实地、埋头苦干”的工作状态。干部的精气神直接影响着一个地方的发展程度，“拼”也是地方的核心竞争力。迎着“老大难”就上，碰到“硬骨头”敢啃，接到“烫山芋”不甩，保持“想就想明白、做就做极致、干就干出彩”的拼劲，就肯定能够拿出“第一等的工作”。

“善于用法治思维和法治规则想问题、作决策、办事情”是党员干部保持勤廉的一条底线。干事创业也要讲规则，不仅要事出有“因”，还要事出有“据”。头顶始终高悬利剑，才能对哪些“必须为”、哪些“不可为”时刻保持清醒。

坚持勤廉追求，最终要形成“干部清正、政府清廉、政治清明、社会清朗”的良好生态。对于党员干部而言，要勤掸“思想尘”、多思“贪欲害”、常破“心中贼”；对于组织而言，一边要讲严明纪律，纠治“四风”，一边要建立容错纠错机制，允许试错，宽容失败，为改革创新者壮胆撑腰，让勤廉在党员干部中蔚然成风。

总而言之，对于党员干部来说，干事是“敲门砖”，干净是“护身符”，既干事又干净的干部才是组织眼里、群众心中的好干部。

（王人骏　执笔）

重温四副春联

俗话说："贴春联，过大年。"

春联，又叫"春贴""门对"，它以工整、对偶、简洁、精巧的文字描绘时代背景，抒发人文情怀，是我国一种独特的文学形式。每逢春节，家家户户贴上大红的春联，既为节日增添了喜庆气氛，又表达了人民的美好愿望。透过一副副小春联，我们不仅看到了百姓的大生活，还看到了中华民族数千年来的文化积淀和美好期盼。

今天，就让我们一起来重温习近平同志在浙江工作期间写的四副春联。

一

《干在实处　勇立潮头——习近平浙江足迹》一书讲到，2004年1月29日，这天是春节假期后的第一个工作日，也是省委理论学习中心组组织的新年第一次专题学习。

习近平同志一进会议室，就与大家握手拜晚年。他微笑着说："正所谓'爆竹声中一岁除，春风送暖入屠苏。千门万户曈曈日，总把新桃换旧符'，情之所至，忽发奇想，写了四副春联，权且作为我的一点学习心得，与同志们共勉互励。"

先来看看这四副春联：

第一副春联，上联是：求客观实际之真；下联是：务执政为民之实。

第二副春联，上联是：深化理论武装求真谛；下联是：深入调查研究重实际。

第三副春联，上联是：狠抓工作落实动真格；下联是：加快浙江发展务实效。

第四副春联，上联是：高度关注民生系真情；下联是：坚持为民谋利出实招。

四副春联的横批都是“求真务实”，分别讲的是求真务实的深刻内涵、主要途径、基本要求和根本目的，也就是求什么真、务什么实；怎么求真、怎么务实；如何做到求真、做到务实；求真为了谁、务实为了谁的问题。

不难发现，四副春联中出现频率最高的字，一个是“真”，一个是“实”。求真，就要坚持一切从实际出发，遵循事物发展的客观规律；务实，就要以实实在在的作风和行动，推动各项工作不折不扣地落实。

回顾百年党史，中国共产党人就是靠求真务实、实事求是起家的。短短四副春联，既深刻映照出我们党为人民谋幸福的初心使命，也充分彰显了习近平同志朴素的为民情怀和一以贯之的工作作风。

二

求真务实说起来容易，要真正做到却并不简单。

2022年，《干在实处　勇立潮头——习近平浙江足迹》等四部系统记述习近平同志地方工作经历的图书出版发行。通过阅读这些书，我们看到了习近平同志在地方工作期间坚持求真务实的许多鲜活故事。

比如，在河北正定工作期间，习近平同志顶住压力减征购。当时，正定是全国“农业学大寨”先进县。习近平同志通过调查研究深刻洞察到正定“高产穷县”的事实，并实事求是地向相关部门反映问题，冒着风险、顶住压力为老百姓减征购，最终使正定县农民负担大大减轻。

在福建工作期间，习近平同志扎根八闽大地，带领干部群众摆脱贫困。刚到宁德工作时，面对宁德基础设施薄弱、经济发展水平居全省最后位的客观实际，习近平同志没有急于烧“三把火”，而是立足实际，实事求是地分析了宁德必经的发展路径，提出“滴水穿石”“弱鸟先飞”的闽东精神，脚踏实地地带领闽东人民艰苦奋斗，一步一个脚印努力摆脱贫困。

在浙江工作期间，习近平同志以调研开路、用调研促进决策，在全省上下大兴调查研究之风。他每年至少用三分之一的时间深入基层和部门调查研究，用“三个跑遍”跑深跑透了浙江的省情、市情、县情。2015年5月，习近平总书记在浙江考察时指出，“八八战略”不是拍脑瓜的产物，而是经过大量调查研究提出来的发展战略。

在上海工作期间，在担任上海市委书记的7个月零4天里，习近平同志的足迹遍布全市当年的19个区（县）。他着眼全局，扭住关键，抓党建、凝共识，抓发展、聚人气，在短时间内让干部群众精神为之一振，使上海进一步呈现蓬勃向上的昂扬之势。

党的十八大以来，习近平总书记反复强调要求真务实，鲜明提出“求真务实是共产党人的重要思想和工作方法”“做好党和国家各项工作，关键在求真务实、真抓实干”。

可见，求真务实不仅是解决问题的“桥”和“船”，更是一种政治品格、优良作风。求真务实绝不是喊喊口号、轻轻松松就能做到的，它既考验党员干部的能力水平，更考验党员干部的担当精神。

三

对于靠吃改革饭发展起来的浙江来说，求真务实有着更加特殊的含义。

2006年2月5日，习近平同志在《浙江日报》发表了署名文章《与时俱进的浙江精神》，明确提出要与时俱进地培育和弘扬“求真务实、诚信和谐、开放图强”的浙江精神，打头的就是“求真务实”。

自古以来，求真务实精神就体现在浙江人的生产实践中，流淌在浙江人的血脉里，沿着绵长文脉传承至今。

比如，阳明心学主张“知行合一”，以叶适为代表的永嘉学派讲求“务实而不务虚”，以陈亮为代表的永康学派推崇“义利双行”，还有“江南第一家”郑义门以“孝、义、信”传家，胡庆余堂以“戒欺”立堂规，都是求真务实的代表。

浙江人的求真务实精神，也表现为老百姓敢闯敢拼，善于在时代发展中弄潮起舞。

浙江人多地少，资源能源匮乏。有人曾调侃说，“浙江人倒霉，就倒在没有煤”。可是，浙江人没有因此而自怨自艾。改革开放以来，浙江民营企业家们硬是凭着“四千”精神闯出了一片天地。这靠的是他们对市场规律的尊重，对市场机遇的把握，也有赖于政府部门千方百计地为市场主体解真难、真解难。比如，2006年，面对体制机制障碍，浙江对义乌实行史无前例的扩权，总共下放131项经济社会管理权限，“给成长快的孩子换上一件大衣服”。如今，中国义乌国际商贸城已经将“中国制造”卖到全世界。

浙江人的求真务实，还体现在党委、政府部门重实干、务实事的奋斗面貌上。

比如，从2004年起，浙江持续深化为民办实事长效机制。要办哪些实事？提前向群众征求意见。实事办得怎么样？由群众来评说。2023年浙江省政府工作报告列出了2023年要办的十件民生实事，从教育助学到医疗卫生，从养老帮困到婴幼儿托育，“暖心大礼包”涉及群众生活的各个方面。

再如，2023年新年上班第一天，浙江就启动了“大走访大调研大服务大解题”活动，这就是要大兴调查研究之风，深入企业、群众、基层，问基层之需，纾企业之困，解群众之难。千家万户关心的事情，就是党委、政府努力去做好的事情。

因此可以说，求真务实就是浙江不断向前发展的“法宝”，求真务实精神是浙江人的珍贵财富，激励着一代代浙江人干在实处、走在前列、勇立潮头。

如今，随着时代变迁，春联的内容在变、形式在变，但人们对美好生活的向往永不变。兔年能不能“兔”飞猛进、扬眉“兔”气、大展宏“兔”？说一千道一万，都得靠求真务实加油干。

（陈培浩　执笔）

群众工作如何变“杂音”为“和音”

基层治理最难的莫过于做群众工作。

《县委大院》《春风又绿江南岸》等热播的现实题材剧，都是围绕基层的群众纠纷、矛盾治理展开的。比如，《县委大院》里因拆迁、平坟等事件引发群众阻挠、上访等，正是基层治理中最真实的情形。

群众工作真的那么难做吗？群众工作该怎么做？

读《干在实处　走在前列——推进浙江新发展的思考与实践》这本书，笔者注意到，习近平同志在浙江工作期间提出了“跟着群众跳火坑”的理论。他说：“如果群众不听，你就先跟着群众走，群众跳火坑，你也跟着跳下去。群众觉悟了，从火坑里爬出来，最终还是要跟你走。群众跳，你不跳，干群关系就疏远了。你一起跳，感情上拉近了，工作就好做了。”

做群众工作既是一件很难的事情，也是一件很简单的事情，关键看用什么样的工作方法，把“杂音”变成“和音”。

一

笔者在基层挂职期间，经常听到在乡镇工作的同志探讨这样一些问题：为什么群众工作越来越难做？为什么总是有少数群众不够通情达理？为什么政府做了很多事情却未必能全部做到老百姓心坎上？

在基层，“干部委屈、群众抱怨”的现象并不鲜见。

比如，在一些基础设施、公共道路的修建过程中，为照顾绝大多数人的利益，难免要“牺牲”张三家的一棵树、李四家的半厘地、王五家的一根水管。不管是谁，只要利益受损，心里肯定不好受。

还有极少数困难群众“躺平”，等着政府来兜底，有的群众甚至对干部说：“你们不帮我做，我就不做，我不做，你们就交不了差。”面对这样那样的不理解、不配合，干部和群众的情绪难免交织碰撞。

如果这些都还算“小事”，那么因为发展而需要推动的拆迁等工作，则是牵一发而动全身的“大事”。对于很多群众而言，土地是根、房子是命，把每家每户的声音统一到发展的同一个调调上，需要基层干部投入大量时间、精力。应对处理这些事情，对基层治理能力和治理水平提出了更高要求，稍有差池可能就会造成冲突、引发舆情，直至损害党和政府的形象。

事实上，人吃五谷杂粮，想法千差万别，一开始做什么事情就想达成共识，几乎是不切实际的。群众发出的各种声音需要倾听，不同的利益诉求也应当得到尊重。

面对群众的不同声音，有的基层干部只注重结果，缺少超前谋划和正确的工作方法，最终事倍功半，甚至事与愿违；有的基层干部习惯于等上级指令、看群众反应，缺乏主动性和创造性，往往摁下葫芦浮起瓢；有的基层干部视群众为洪水猛兽，对群众工作存在畏难心理，满足于面上不出群体性事件、不出关乎个人切身利益的问题就好；还有的基层干部认为，群众工作无非就是完成上级下达的各项考核指标，在各种考核中拿到名次就行，群众怎么说怎么看不重要。

在这样的工作心态下，群众的声音就会更加此起彼伏，群众工作自然变成了一道难题。

二

据《干在实处　走在前列——推进浙江新发展的思考与实践》记载，习近平同志在浙江工作期间对新形势下群众工作的特点作了总结，其中一个重要特点就是“群众的民主意识、自我维权意识增强了”。在习近平同志看来，做群众工作应遵循两句话：第一句，干部要相信和依靠群众，但又不能做群众的尾巴；第二句，干部要教育和引导群众，但千万不能站到群众的对立面。

《习近平在浙江》中写道，2003年，位于浙江省丽水市的滩坑水电站建设项目开工以后，部分移民由于诉求得不到满足，便挑动一些群众冲击施工现场，这次群体性事件“顶峰”的时候有上万人参与静坐示威。

当时，有的领导认为既然群众有意见且项目投资量大，为了稳定，可以搁置项目。但习近平同志引导大家认真分析事件发生的原因和主要矛盾，统一认识。他提出几条指导意见：一是对症下药，弄清楚群众的诉求是什么，不能给个无关痛痒的意见糊弄群众；二是要相信群众、依靠群众，做好群众的思想政治工作，发挥党组织的作用，派威信高的干部进村入户，把群众关心的问题解释清楚、处理好。

在习近平同志的指导下，各级干部按照实际情况对政策作了调整，一一解决群众反映强烈的问题，使得后期的项目进展非常顺利。如今，这个水电站已经建成，湖区取名为“千峡湖”，成为丽水市的一个旅游景点，5万多移民不仅脱了贫，还获得了较好的经济效益。

《习近平在浙江》中还写到，有一次，浙江金华东阳市一工业园区发生了一起由企业排放污水引发的群体性事件。当地出动警察维稳，没想到反被群众围堵，最后警察控制不了局面，就把警服脱掉，换上老百姓的衣服跑出来。习近平同志得知后很恼火，立即作出批示。他还在一次省委常委会上说，在处理矛盾过程中，动用警力一定要慎重。之所以发生这种事件，关键在于我们的工作没有做好，说明领导干部不会做群众工作。他说，老百姓的本性都是善良的，但思想上对一些事物的判断不一定准确，还不能很快觉醒。这时候，我们不要跟老百姓“硬来”，做不通工作，那就跟着群众一起跳“火坑”。

三

《之江新语》中有这样一句话：“基层既是产生社会矛盾的‘源头’，同时也是疏导各种矛盾的‘茬口’。”其实，破解“群众工作难做、基层干部难当”这个问题，关键看干部和群众能不能将心比心、换取真心。

在笔者看来，基层干部要把群众的“杂音”变成“和音”，不妨试试以下四条。

第一，群众的呼声在哪里，工作的“靶子”就应该立在哪里。人民群众是历史的创造者，再高深的理论、再伟大的实践都是从群众中来的，群众的呼声就是我们想问题、作决策、办事情的“第一信号”，从群众的呼声中可以获取信息、发现问题、找准方向。要清醒地知道，如果干部不听群众呼声，不为群众做事，那就少了用武之地。

第二，把自己当成群众，要理解群众的心声。人都是讲感情的，做好群众工作，功夫在平时，群众在党员干部心里的分量有多重，党员干部在群众心里的分量就有多重。比如，在春节、中秋这样一些特殊的节假日，可以到老百姓家里走走亲、唠唠嗑。笔者在驻村工作中深切地感受到，你温暖了群众，群众同样会感动你，你把群众当亲人，群众也会把你当家人。有了牢固的情感基础，遇到问题才容易同群众说上话，碰到矛盾才能和群众商量得下来。正如《干在实处　走在前列——推进浙江新发展的思考与实践》所写，习近平同志强调，要获得群众的信任，主要靠平时认认真真、仔仔细细地做好群众工作，临时抱佛脚，佛也不会慈悲。

第三，多听听群众的“骂声”，人民满意才是最好的奖章。群众普遍是通情达理的，只有心中有很大怨气时，才会有发泄的冲动。这其实也说明政府的工作还存在不够完善的地方。党员干部面对群众的发泄，应摆正心态，循着“骂声”俯下身子、放下架子，从民意中找到解决问题的办法，因为让人民满意是我们所有工作的终极目标。

第四，公道自在人心，一碗水端平方能赢得掌声。无论基层产生的矛盾多么复杂，表现形式如何多样，说到底都是人民内部矛盾。在解决这些矛盾纠纷时，要以公平、公正为原则，不因亲疏有别、喜恶有别而影响理智的判断，即便不能做到绝对公平，也要尽力做到相对公平。同时，各种规章制度需要公开透明，前后办事也应标准一致、有理有据，越是矛盾的集中点，越要放到“太阳底下”接受监督和评价。

民之所望，政之所向。基层治理中“杂音”多一些不是坏事，至少能够激励和督促广大党员干部把群众的事情办好。对于基层干部来说，只要指挥得好，“杂音”就能变成优美的“和音”。

（王人骏　执笔）

新官就要理“旧账”

民间有句俗话叫“新官不理旧账”。有的“新官”认为，“旧账”管好了是给前任贴金，管不好会给自己添堵，索性不如不管，于是“旧账”变“呆账”、成“坏账”，久拖之下变得越来越难以解决。

但在习近平同志看来：“树立正确的政绩观，其中很重要的一条，就是对那些实践证明行之有效的做法和决策，要一以贯之，决不能朝令夕改，因领导人的改变而改变，而要在前任的基础上添砖加瓦。”

2003年“八八战略”提出后不久，习近平同志在接受中央电视台采访时就提道：我们现任都是站在前任的肩膀上工作的。很多事业，它是一任接着一任干的，它是要锲而不舍、一以贯之才能实现的。你再好的主意也经不起折腾。我们在做前人没有完成的事情，希望后人也接着我们的事业干下去。

“八八战略”就体现了继承和创新的结合。20年来，一棒一棒地接续奋斗，正是“八八战略”这本通关秘籍得以生效的关键因素。

一

“新官不理旧账”时常发生在党委、政府集中换届之时。都说“新官上任三把火”，有的地方官急于展现新气象，选择“另起炉灶”，将“前任”工作抛之脑后，“一届政府一个口号”“换个班子换个规划”时有发生。更有甚者大搞“新旧切割”“一刀两断”，前任谈好的条件作废了、上马的项目叫停了、承诺的优惠不作数了，被老百姓戏称为“城头变幻大王旗”。

而所谓“旧账”，多数是“前任”拍板过但未执行完的政策、规划、项目等；也包括由于前任或前几任持续推进但未完成的工作久拖不决而形成的“呆账”；还有少数历史遗留问题造成的“坏账”“糊涂账”，比如历次巡察整改留下的“尾巴”、长年累月滞留的信访积案等。

任何工作都不可能一蹴而就，“新官不理旧账”就好比是丢下“接力棒”，换了条跑道，把原本的“接力赛”当成“百米冲刺”，只顾冲线的风光，却不愿做幕后英雄。这在本质上还是本位思想、精致利己主义作祟，只管捂着“乌纱帽”为己做“官”，而不愿拎着“乌纱帽”为民干事。

针对这一问题，习近平同志曾开出一剂良方。2007年春，正值各地自下而上集中换届、新的领导班子上任伊始，他在《之江新语》专栏发表文章，提醒广大干部“一定要保持清醒头脑，培养‘接力意识’，既要善于‘瞻前’，也要注意‘顾后’，团结带领本地本部门的干部群众在科学发展的轨道上奋力奔跑”。善于“瞻前”，就要遵照客观规律和群众意愿来对待前任的工作，凡是利于党和人民的，就要多多“添柴”而不胡乱“起灶”；注意“顾后”，就要以长远眼光和全局思维干事业，不急于求成、大干快上，多为“后任”打基础，为“后代”留财富。

“政贵有恒，治须有常”，朝令夕改、脱离实际搞“一刀切”，不仅让政府失了信，也让百姓寒了心。因此，“新官就要理旧账”不仅是领导干部政治成熟、担当作为的使然，也是打造诚信政府、优化营商环境的应然，更是维护最广大人民群众根本利益的必然。

二

如果说愿不愿理“旧账”反映的是领导干部的政绩观，善不善理“旧账”考验的则是处理复杂问题、化解矛盾的水平关。

每个时代都有属于它自己的问题，历史总是在不断解决问题中前进的，要发展就要攻克矛盾，做到事不避难、义不逃责。从全局来看，一些“旧账”的形成有其特殊的历史背景，且很多时候“新账”与“旧账”不仅并不割裂，还往往是一环套一环，“旧账”不算清，“新绩”也难出。

要“干在实处”就必须做到“干在难处”。习近平同志在浙江工作期间，从不回避推诿难题，他高度重视信访工作里潜藏的“旧账”，敢于啃“硬骨头”，下大力气解决“老大难”和历史遗留问题。比如，20世纪90年代中期台州撤地设市、黄岩撤市设区，对当地造成不小影响，此后每逢两会，舆论和信访都有很大反应。2003年恰逢黄岩区召开换届选举的两会，没想到开了2天便无法持续，出现了全国罕见的“留守”政府。习近平同志下决心要解决这个“老大难”问题，组织省里调研组深入黄岩调查问题症结和群众诉求，经过专题研究提出了解决黄岩问题的五条具体意见，妥善解决了这一纷争。

相比台前一呼百应的表面风光，理旧账是“潜绩”，还旧账更是“实绩”。只有在科学把握地方和群众工作规律的基础之上，以钉钉子精神锲而不舍抓落实，以拔钉子精神向顽瘴痼疾开刀，才能搬掉发展中的“路障”，把“接力赛”跑出加速度、跑出喝彩声。

三

新官要理好“旧账”，“认账”是前提，“理账”是关键，“清账”是根本。笔者认为，要防止“旧账”“新账”利滚利，必须从源头治理入手，让“还账就是政绩”成为“接力赛跑”的指向标。

第一，要用好调查研究这一“传家宝”。多到困难多、群众意见集中、工作打不开局面的地方去，通过解剖麻雀、摸清实情快速找出“旧账”里的线头死结，从而防止盲目决策大干快上引发“新账”。习近平同志在浙江工作期间，每年至少用三分之一的时间深入基层和部门调查研究。跑遍山山水水，才能跑出干群真情，才能跑透省情、市情、县情，如今“三个跑遍”已成为浙江“新官们”的必修课。

第二，要拉起追责问责这道“警戒线”。不管“旧账”“新账”，归根结底都是民心账。如果任由“呆账”“坏账”“糊涂账”积压，党委、政府信用迟早“爆雷”。“八八战略”明确提出浙江的环境优势，离不开法治建设、信用建设和机关效能建设组成的发展“软环境”。而要根除“新官不理旧账”的滋生土壤，也要从法治监管、信用监督和效能提升三个方面入手，划出制度的“硬杠杠”，拉起问责的“警戒线”，以问题为靶心精准追责，以事实为依据规范问责，以容错为原则减责免责，让新官得以理直气壮翻“旧账”、公开公正清“旧账”、依法依规还“旧账”。

第三，要用好考核激励这根“指挥棒”。“旧账”难清的根子仍在干部考核任免这一关，科学的领导干部考核体系就要为“潜绩”正名、为实干撑腰。习近平同志曾形象地比喻说：“有的人甘为人梯，长期铺垫，做打基础的工作，收获的时候他却走了。有的‘十月怀胎’时他不在，‘一朝分娩’时他来了。所以对干部要有客观的公认，这个关键在党组织本身。”这些年来，浙江不断创新干部选拔任用方法，开展“千名好支书”“万名好党员”“浙江省担当作为好干部”等评选，让心里装着“人民账”、在任算好“发展账”、离任不留“糊涂账”成为领导干部决策干事的习惯与自觉。

2009年3月全国两会期间，习近平同志在看望浙江代表团时再次殷切嘱托：“八八战略”是浙江省委经过深入调查研究后作出的决策，对浙江今后发展具有重要意义。当前，各地都面临换届，希望新班子上任后，一届接着一届干，一张蓝图绘到底。不要“城头变幻大王旗”，也不要搞所谓的形象工程，要多做埋头苦干的实事，不求急功近利的“显绩”，要创造泽被后人的“潜绩”。

很多人说，浙江的幸运在于20年前就有了“八八战略”的科学指引，但更可贵的是，浙江锤炼出的这支不折腾、敢担当、善作为的队伍，能够坚持把这场马拉松“接力赛”一棒一棒跑下去，不仅少走了很多岔路弯路，更跑出了发展的“加速度”，也必将在创新性发展、创造性执行中跑出更美好的明天。

（沈於婕　执笔）

11

秉持浙江精神，
干在实处、走在前列、
勇立潮头

现代化浙江篇的开局方案

2023年，既是全面贯彻落实党的二十大精神开局之年，又是政府换届之年，因此，被形容为“开局之年逢换届”的全国两会更引得各方竞相关注。至于目光的焦点，有媒体做了“两会热点话题调查”，经过投票，“中国式现代化”力压“烟火气回归”“货币政策精准有力”等关键词，位居榜首，成了网友最关心的话题。

“现代化”，对应英文里的modernization，虽是个外来词，但“中国式现代化”不同于西方语境的“现代化”，不是把“舶来品”简单加工，而是基于中国实践的创新提炼。它源自中国人民百年来在求富求强之路上的艰辛探索，是党的二十大作出的重大理论创新，也是科学社会主义的最新重大成果。

面对这道新考题，大家都想借两会的窗口，仔细瞧瞧中国式现代化到底如何布局、如何落子。考场上，有的人带着问题去，有的人领着考卷回。在这场新的赶考中，浙江已经起笔破题，“创新深化、改革攻坚、开放提升”12个字，列出了现代化浙江篇的作答提纲。

一

李大钊先生曾在《新纪元》一文里写道：“今日是一九一九年的新纪元，现在的时代又是人类生活中的新纪元，所以我们要欢欣庆祝。”

在他看来，如果年年“灯光照旧明，爆竹照旧响，鱼肉照旧吃，春联照旧贴，恭喜的套话照旧说，新衣新裳照旧穿戴”，那么便“毫无意义，毫无趣味，毫无祝贺的价值”，“人类的生活，必须时时刻刻拿最大的努力，向最高的理想扩张传衍，流转无穷……别开一种新局面”。

无论是马克思主义在中国的传播，还是中国共产党领导中国人民开展社会革命、建立社会主义制度、进行社会主义现代化建设，“创新”二字都贯穿其中。推进中国式现代化也是如此，“外甥打灯笼——照旧（舅）”显然是不行的，必须迭代新打法、开辟新局面。

创新在现代化建设全局中占据核心地位。习近平总书记强调，要把创新摆在国家发展全局的突出位置，积极识变应变求变，大力推进改革创新。建设社会主义现代化强国，不能跟在西方国家后面亦步亦趋，而要从中国实际出发，走出一条适合自己的现代化之路。

为了答好中国式现代化这道题，浙江要做的第一件事，就是强力推进创新深化，加快打造高水平创新省份，核心抓手就是实施数字经济创新提质“一号发展工程”。

这项工程名称里面的每一个词都切中了关键处、落在了刀刃上。

先说“数字经济”。党的二十大报告提出，加快发展数字经济，促进数字经济和实体经济深度融合。数字经济无疑是当前经济发展中最活跃的因子，是撬动现代产业能级跃升的“阿基米德支点”，也是浙江确定下来的主攻方向。沿着2003年习近平同志擘画的“数字浙江”建设蓝图，浙江正持续向着数字“蓝海”纵深挺进。数据显示，2022年浙江数字经济核心产业增加值占GDP比重已达11.7%，预计到2027年，数字经济核心产业增加值将超过1.6万亿元，数字经济越来越成为推进中国式现代化的新动能。

再说“创新提质”。推进中国式现代化，邯郸学步、刻舟求剑、守株待兔都不可取。党的十八大以来，经过理论和实践上的创新突破，我们党成功推进和拓展了中国式现代化。面向未来，也唯有依靠大胆探索、守正创新，才能拨开迷雾、杀出血路，推动经济实现质的有效提升和量的合理增长。锚定“创新提质”，彰显的是往“高”攀升、向“新”进军、以“融”提效的态度，就是要用好创新这把“金钥匙”，打开现代化建设的新空间。

最后说说“一号”和“发展”。发展是第一要务，高质量发展是全面建设社会主义现代化国家的首要任务。中国式现代化是人口规模巨大的现代化。当前，全球现代化国家的总人口约为10亿，而中国14亿多人口整体迈入现代化，意味着比现有发达国家人口总和还要多。解决14亿多人的吃穿住行、就业、医疗、教育、养老等，所需资源中的每一项都是天文数字，没有高质量发展是难以为继的。

要想把美好理想变成现实，说到底还得靠发展。实施“一号发展工程”，就是要通过构建新发展格局，用经济社会高质量发展为中国式现代化的浙江篇章夯基赋能。

二

青年毛泽东在《湘江评论》中预言：“他日中华民族的改革，将较任何民族为彻底，中华民族的社会，将较任何民族为光明。”

如果把中国式现代化比作一棵茁壮生长的大树，那么每一次改革，就是为它松动固化的硬土、剪去冗余的枝丫、扯掉束缚的藤条、打破禁锢的藩篱。中国人民追寻现代化之路的发展史，也是一部克难攻坚的改革史。

很多时候，考场作答，答案就藏在题目中。回望走过的路，我们党把改革开放作为关键一招，以巨大勇气全面深化改革，敢啃“硬骨头”、不惧涉“险滩”，为中国式现代化注入了不竭的动力源泉。

浙江是吃“改革饭”发展起来的，对改革制胜有着更深切的认识，改革什么时候都不能停步。置身中国式现代化的大场景，浙江提出要强力推进改革攻坚，加快打造高质效改革先行省，与之相配的抓手就是实施营商环境优化提升“一号改革工程”。

为什么从营商环境处入手？

好的营商环境，就是推进中国式现代化的肥沃之壤，是市场主体蓬勃生长的生命之氧。

浙江作为一个资源小省，“七山一水二分田”，家里没有多少“矿”，却能够在改革开放短短几十年间一跃成为经济大省，这与良好的营商环境密不可分。改革开放前后，这里诞生了全国第一家专业市场、全国第一个合法个体工商户、全国第一份明确专业市场合法的政府文件、全国第一家股份合作制企业……

近年来，“四张清单一张网”、“最多跑一次”、数字化改革等实招频出，浙江在以深化政府改革优化提升营商环境的道路上不断发力。可以说，“浙”里虽然没有与生俱来的金枝银枝，却用对市场主体的尊重、包容与支持，种下了筑巢引凤的“梧桐树”。

哪里的营商环境好，哪里的市场主体就活跃。截至2022年，浙江拥有各类市场主体超900万户，107家企业上榜“2022中国民营企业500强”，入围数量连续24年居全国第一。

优化提升营商环境，就是要对标党的二十大报告提出的“营造市场化、法治化、国际化一流营商环境”，通过打造最优政务环境、最优法治环境、最优市场环境、最优经济生态环境和最优人文环境，让一切创造社会财富的源泉充分涌流。

把改革列入“一号工程”，就是要通过改革手段，破除阻碍现代化进程的体制机制弊端。特别是中国式现代化以全体人民共同富裕为本质特征，决定了中国式现代化是以人民为中心而非以资本为中心。这就需要我们在做大“蛋糕”的同时分好“蛋糕”，探索更好兼顾公平与效率的初次分配、再分配、三次分配协调配套的基础性制度安排，让发展成果更多更公平地惠及人民。

三

曾经的旧中国“闭关锁国”，导致现代化进程陷入停滞。而自从中国人“开眼看世界”的那一刻起，现代化的“闸门”就被拉开了。

中国式现代化是走和平发展道路的现代化，既需要激发内生动力，又需要和平利用外部资源。一方面，当今时代，内、外两方面资源如同“鸟之双翼”，闭门造车不可能实现现代化；另一方面，开放是自信的表现，没有现代化就没有高水平开放的底气。

面对中国式现代化的高水平开放要求，浙江提出要强力推进开放提升，加快打造高能级开放之省，主要抓手就是实施“地瓜经济”提能升级“一号开放工程”，打造更具韧性、活力、竞争力的“地瓜经济”。

习近平同志在浙江工作期间，曾引用“地瓜理论”形象地比喻说：地瓜的藤蔓向四面八方延伸，为的是汲取更多的阳光、雨露和养分，但它的块茎始终是在根基部，藤蔓的延伸扩张最终为的是块茎能长得更加粗壮硕大。可以说，“地瓜经济”就是浙江高水平开放的缩影。

壮大“块茎”是固本之策。当前，总部经济已成为城市综合竞争力和现代化水平的重要标志。比如，2023年杭州就提出目标：到2025年，总部企业数量新增100家以上，百亿元级总部企业突破60家，千亿元级总部企业突破10家。通过总部的“块茎”，把全球的资源集聚起来，进行产业链价值链的重构，“地瓜经济”升级版已经呼之欲出。

延伸“藤蔓”是制胜之道。春节假期刚过，浙江投资促进团又出发了，他们向外资企业宣传投资浙江的优势，也收集对外投资的信息和线索。不论前方等着的是机遇还是挑战，浙江人向来敢闯敢拼。

培植“土壤”是长远之计。推进高水平对外开放，关键还要稳步扩大规则、规制、管理、标准等制度型开放。比如，浙江自由贸易试验区自2017年设立以来，持续为全国制度型开放“探新路”，2022年新增制度创新成果143项，其中全国首创36项。在制度型开放的道路上，还需要我们勇探新路、勇开新局。

创新深化、改革攻坚、开放提升，中国式现代化浙江篇章一开局就打出了“组合拳”，让人信心满满。

同时也要看到，前路漫漫，中国式现代化的康庄大道并不意味着一马平川。唯有保持干在实处、走在前列、勇立潮头的奋斗姿态，秉持敢为、敢闯、敢干、敢首创的精神状态，才能不断巩固优势、放大优势，让明日之浙江更美好。

（何诗航　徐　毅　谢滨同　执笔）

着眼“常”与“长”　为民办事不打烊

“发展是为了人民”，2023年，浙江十件民生实事“大礼包”如约而至。从“县中崛起”一对一结对帮扶学校58所，到建成养老机构“阳光厨房”800家，浙江继续围绕实施公共服务“七优享”工程，精准列出十方面民生清单，一桩桩老百姓的身边事、心头事得到解决。

身在浙江，为什么感到幸福？原因之一就在于，浙江有一项已经坚持了19年的为民办实事长效机制。

一

在浙江，“为民办实事”不是一句口号，不是一条标语，而是一项项实实在在的民生工程。

21世纪初，浙江作为改革开放先行地，面临着不小的“成长的烦恼”。一方面，浙江在GDP连续多年高速增长的同时，也面临发展不平衡不协调的问题，城乡之间、地区之间与收入之间的“三大差距”比较明显；另一方面，教育、医疗、文化、环保等民生事业发展滞后的软肋日益凸显，政府基本公共服务供给无法满足群众日益增长的需要。

在这样的背景下，如何补上民生发展短板，回应群众过上更好生活的期待？一系列调查研究给出了答案。

2004年初，在浙江工作的习近平同志亲自主持调研“建立健全为民办实事长效机制”，问计于干部群众，走访于田间地头，深入基层一线，开展系统研究。随后，在2004年5月召开的省委十一届六次全会上，习近平同志正式明确提出“努力形成为民办实事的长效机制”。

同年10月，浙江在全国率先出台《关于建立健全为民办实事长效机制的若干意见》，不仅给当前和今后一个时期为民办实事圈出了重点，还给为民办实事落地见效划出了制度的“硬杠杠”，既明确了就业再就业、社会保障、医疗卫生、基础设施、城乡住房、生态环境、扶贫开发、科教文化、权益保障、社会稳定等为民办实事十大重点工作领域，还就建立健全民情反映、民主决策、责任落实、投入保障、督查考评各项机制作出了安排。

2005年2月，浙江省政府工作报告首次提出“突出抓好十个方面实事”。自此，浙江正式开启每年为民办十方面实事的暖心工程，并且成绩一年更比一年“靓”。截至2022年底，浙江省政府十方面民生实事完成率达130.39%，群众总体满意度达99.47%。

二

为民办实事，不是一天两天，也不在一年两年，而在于年年有新意、岁岁恒笃行。

19年来，浙江持续深化内容、“翻新”手段、升级打法，把为民办实事纳入了规范化、制度化、法治化轨道。

内容上，集思广益、与时俱进，跟着群众的需求走。根据新发展新形势，浙江每年涉及十大领域的具体实事内容也在不断变化。比如在2022年，浙江着眼于高质量发展建设共同富裕示范区，形成“浙有善育”等十方面38项民生实事，并首次在省政府工作报告之外，单独列出“十方面民生实事落地落细清单”。

手段上，通过数字化改革解“民生之盼”，构建起全省民生实事数字化应用体系。“一图一码一指数”清晰呈现民生实事“提、定、办、评、赛”全流程闭环，形成民生实事项目立体画像，有力促进民生实事高质高效落地。如今，老百姓动动手指，就能对实事项目一键给予“好差评”。

打法上，巧用“+”法，推动民生实事依法决定，从源头上防止“形象工程”“政绩工程”。2018年，浙江实现市、县、乡三级民生实事项目人大代表票决制工作全覆盖。2022年10月1日，《浙江省民生实事项目人大代表票决制规定》正式施行，让民生实事项目真正变为“由民作主”。

当然，民生实事项目的完成，还得靠源源不断的“真金白银”来支撑。早在2006年，浙江就在全国率先提出公共财政向“民生财政”转变的思路，全省财政支出用于民生的比例连续18年保持在三分之二以上。这也保证了浙江“每年办好十方面民生实事”的金字招牌不被费用牵绊，越擦越亮。

三

民生实事怎么越办越好、越办越到位？对此，习近平同志早已谋划在胸。

2007年1月，他在《浙江日报》“之江新语”专栏连续三天发文三篇，标题分别为“为民办实事旨在为民”“为民办实事重在办事”“为民办实事成于务实”，既对浙江建立健全为民办实事长效机制实践经验进行了深刻总结，又为把实事办好办到位提供了重要遵循。

当前，随着社会主要矛盾的变化，民生关切和诉求也在水涨船高。老百姓除了关心柴米油盐，还追求“诗和远方”，其需要正由数量向质量转变、由传统向新型转变、由物质向精神转变。

民心所向，忧之念之；民康物阜，盼之行之。新时代，如何选好选准群众感受强烈、需求迫切的民生实事？如何统筹好群众的“急难愁盼”与政府的“尽力而为、量力而行”？如何调适好群众实际需求与民生实事效果之间的偏差？

面对这一道道难题，浙江谨记为民办实事旨在为民、重在办事、成于务实是颠扑不破的“黄金法则”，用摸得着的实惠来回应，以看得见的举措来作答。比如，面对电子商务新需求，有“电商物流村村通”项目为快递进村全覆盖安上“加速器”；面对精神文化新需求，有“15分钟品质文化生活圈”

来“圈”出美好生活；面对养老服务新需求，有智慧公办养老院共绘幸福养老“共富图”……

四

人民对美好生活的向往，始终是我们党的奋斗目标。无论为民办实事的外在“套餐”如何升级，为民服务的如炬初心永远不会变。为民办实事没有“休止符”，只有连续不断的“进行曲”。

党的十八大以来，以习近平同志为核心的党中央始终坚持以人民为中心的发展思想，把推动高质量发展与创造高品质生活有机结合，用“民生之暖”丈量发展高度。医疗改革、教育减压、政务便民、环境改善……一件件民生实事，铸就了党和人民的鱼水情深。

“千头万绪的事，说到底是千家万户的事。”从2013年开始，每年的最后一天，习近平总书记都会向全国人民发表新年贺词。10年新年贺词，虽然具体内容每年不同，但“人民”二字始终突出。从年头到岁尾，人民群众的安危冷暖，一直是大国领袖心中沉甸甸的牵挂。

2021年2月，习近平总书记在党史学习教育动员大会上指出，办实事不是简单帮钱帮物、搞花架子、堆几个盆景。既要立足眼前、解决群众“急难愁盼”的具体问题，又要着眼长远、完善解决民生问题的体制机制，增强人民群众获得感、幸福感、安全感。

未来，浙江也会继续顺应人民对高品质生活的期待，着眼“常”与“长”，把实事办到群众的心坎上、工作的急难点、发展的关键处，让为民服务不打烊。

（苏　畅　执笔）

从“困难新解”谈起

小到个人的工作与生活，大到国家的改革与发展，困难无处不在、如影随形。

“增强全党全国各族人民的志气、骨气、底气，不信邪、不怕鬼、不怕压，知难而进、迎难而上，统筹发展和安全，全力战胜前进道路上各种困难和挑战，依靠顽强斗争打开事业发展新天地”，这是党的二十大报告中铿锵有力的一段论述，从认识论和方法论上为我们把握和战胜困难把了方向、定了调子。

笔者注意到，关于如何面对困难，《干在实处　走在前列——推进浙江新发展的思考与实践》一书记载，习近平同志在浙江工作时，曾对“困难”二字作了新解：困难之“困”，围住的是失去生命的“木”而不是充满活力的“树”；困难之“难”，动动“点”子、用用脑子就可能迎来“又”一“佳”境。这番话以“说文解字”法阐明了一个大道理，既通俗易懂又启人思考。

任何时代进步，都是在解决困难中实现的。面向未来，发展道路还有哪些“惊涛骇浪”？我们不得而知。该怎样认识和战胜困难？我们不妨从习近平总书记的“困难新解”中找找答案。

一

提起“困难”，大多数人大抵会眉头一皱。确实，我们经常会近乎本能地抵触“困难”。困难来临，平静的生活被打破，压力骤增，害怕面对陌生，害怕失败，害怕把事情搞砸……

但没有困难，哪来进步？《道德经》云：“祸兮福之所倚，福兮祸之所伏。”《庄子》曰：“安危相易，祸福相生。”正是秉持这样的认知，我们这个民族一次次在危难中站起来，将困难转变为前行动力，在绝境处逢生，于逆境中重生。

困难当前，自我逼迫、直面难题、消除畏难情绪是第一步。俗话说得好：畏难不知难，临难而退，难者更难；知难不避难，迎难而上，难也不难。从浙江的发展看，在克服困难中发展壮大、在应对挑战中超越自我的故事不胜枚举。

40多年来，浙江人艰苦创业、走南闯北，在市场竞争中不断成长；漂洋过海、百折不挠，在国际市场上发展壮大；面对亚洲金融危机、全球金融危机，硬是直着身板蹚过来了。

关关难过关关过。21世纪初，浙江“先天的不足”与“成长的烦恼”交织，浙江人发扬那股子敢闯敢试、敢为天下先的拼劲和闯劲，直面挑战、勇于变革。2003年，浙江省委创新提出“八八战略”，这不是“拍脑袋的产物”，从某种角度来看，这就是在调查研究基础上认识困难、研究困难、解决困难的根本之策。20年来，在“八八战略”的指引下，历届省委、省政府一任接着一任干，浙江改革发展各项事业不断“打怪升级”。

惟其艰难，方显勇毅。一个省份如此，一个国家更是如此。反贫困、建小康，稳经济、促发展，战疫情、斗洪峰，化危机、应变局……党的十八大以来，全国人民在党中央的坚强领导下，攻克了许多长期没有解决的难题，办成了许多事关长远的大事要事，经受住了来自政治、经济、意识形态、自然界等方面的风险挑战考验，最终取得了新时代以来的伟大变革。

二

勇闯不是莽撞，先行不等于冒进。怎么解决困难，还考验着智慧。

《矛盾论》里写道：“一切矛盾着的东西，互相联系着，不但在一定条件之下共处于一个统一体中，而且在一定条件之下互相转化，这就是矛盾的同一性的全部意义。”

如何动动“点”子、用用脑子，做活力之“树”，不做被困之“木”，全在于能否透析其中的“危”“机”辩证法。

《习近平在浙江》一书中提到，习近平同志初到浙江，在回答媒体提问时就非常明了地说：“新世纪新阶段浙江经济进一步发展的天地在哪里？在海上！”

虽然那时舟山有这样那样的困难，但习近平同志鼓励说：“要看到舟山的潜力，看到舟山是一大优势，一大财富，不把舟山看作包袱……”在这样的鼓励和支持之下，2005年，宁波舟山港一体化进程拉开序幕；2009年，舟山跨海大桥全线通车，舟山逐渐打开了发展的新格局。

《干在实处　勇立潮头——习近平浙江足迹》中记录了“腾笼换鸟、凤凰涅槃”的来源。2004年，浙江成为全国第四个GDP超万亿元的省份，同时，也成了全国最缺电的省份。能源紧张，土地供给也紧张。耕地面积锐减，一大批重点项目无法落地。

而在这一年的全省经济工作会议上，习近平同志强调，要痛下决心，以“腾笼换鸟”的思路和“凤凰涅槃”“浴火重生”的勇气，加快经济增长方式的转变，让吃得少、产蛋多、飞得高的“俊鸟”引领浙江经济。

困难意味着问题和瓶颈，也孕育着调整与改变。带着革命乐观主义的心态来看，“绊脚石”也可以是撬动更大能量的“支点”，短板也可以是发展的增量。

2020年，习近平总书记在浙江考察时，进一步点透了坏事变好事的辩证法和方法论：“危和机总是同生并存的，克服了危即是机。”因此，要深入分析，全面权衡，准确识变、科学应变、主动求变，善于从眼前的危机、眼前的困难中捕捉和创造机遇。

发展如逆水行舟，不进则退。困难当前，拥有捕捉机遇的慧眼，拿出独具匠心的招数，才能克难制胜，努力形成非对称优势，从而在新的起点上不仅昂首阔步走在前，更独领风骚立潮头。

三

党和国家事业取得了历史性成就、发生了历史性变革。面向未来，全面建设社会主义现代化国家是一项伟大而艰巨的事业，前途光明，任重道远。

眺望前方，有风有雨是常态，风雨无阻是心态，风雨兼程是状态。“困难”将是我们前行道路上的“陪伴”，但我们不怕苦、不畏难。

面对新情况新问题新挑战，在“山重水复疑无路”时不怨天尤人、乱了方寸，而要能保持清醒、打开思路，提高抗压能力，以昂扬姿态开辟“柳暗花明又一村”的新境界。

李书福四次创业一波三折，一步步从“放牛娃”变成“汽车大王”；出身贫苦人家的徐文荣，放弃“铁饭碗”，带领横店老百姓走出一条富裕之路……每一位浙商都有一部艰苦创业史，他们的成功都是在“摸爬滚打”中锤炼出来的。

面对乱云飞渡、风吹浪打，不妨走得坚定，积小胜为大胜。对于日常工作缺乏热情、安于现状，或者不顾条件、违背规律大干快上，都是不可取的。结合实际，步步为营、年年有成，事业才能可持续发展。

回望过去，我们党在风雨飘摇中成立，经历了艰苦卓绝的革命与战争，走过了百年风雨，克服了长期艰难困苦，才领航这艘巍巍巨轮乘风破浪，殊为不易。

有时，你可能觉得风平浪静，但暗礁就藏在看不到的地方。所以说，居安思危、未雨绸缪尤为必要。根据瞬息万变的形势，及时调整战略策略，捕捉转瞬即逝的发展先机，主动看一看与先进一流的差距在哪里，想一想创新突破的契机在哪里，才能赢得主动权。

在一些关键核心技术上，中国仍面临被西方国家“卡脖子”的被动局面。正是在这样的困境鞭策下，中国人始终在科技自立自强的高峰上攀登，不懈推动科技创新、培养科技人才，“上九天揽月，下五洋捉鳖”，努力将科技的命脉掌握在自己手中。

经历风雨才能见到彩虹，闯过隘口才能一马平川，这是我们一贯的“行动哲学”。对个人来说，人生路漫漫，一个坎接着一个坎过，再回首，才是充实的一辈子；对社会来说，历史的车轮正是在解决问题中前进，时代的进步总是在攻克难题中实现。

你见或者不见，困难都在那里。唯有坚毅沉着地应对困难，抖擞精神，狠狠“杀出一条血路”。

（王云长　执笔）

浙江“东风快车”的“数字”密码

在《万历十五年》一书中，历史学家黄仁宇提出了一个概念——“数目字管理”，指以事实为基础、以数据为核心的精确管理。学界普遍认为现代化治理的重要标志是实现“数目字管理”。

由于种种制约，古代社会难以实现“数目字管理”。20世纪中叶起，以互联网为代表的信息技术革命席卷而来，影响经济、社会、政治方方面面，大数据、云计算、物联网、人工智能，更是让“数目字管理”从理论加速走向现实。

作为中国改革发展的热土，活力浙江一直不缺“目光”，以至于网络文章《什么是浙江?》给出这样的答案：“浙江就是无敌生产力”。省域治理现代化方面，浙江何以成为跑在前列的“东风快车”？今天，我们主要从“数字”视角解密。

一

2022年召开的浙江省第十五次党代会，总结过去，谋划未来。党代会报告中，提出了这样一组数字“5.11”，即“5大战略指引、11方面重要遵循”。

战略问题是根本性的问题。战略上判断得准确、谋划得科学、赢得主动，事业就大有希望。从“5大战略指引”，我们可以抽出这些关键词——“红色根脉”“八八战略”“重要窗口”“共同富裕”“现代化”，以及“干在实处”“走在前列”“勇立潮头”。

习近平同志在浙江工作期间，从省域层面对坚持和发展中国特色社会主义进行了理论探索和实践创新，形成了“八八战略”。党的十八大以来，习近平总书记五次到浙江，对浙江工作作出一系列重要指示。

在“5大战略指引”中，“八八战略”是管总的，作为全面系统开放的体系，可以说是引领浙江共同富裕和现代化的总纲领，一直以来确保浙江发展“走在大路上”，奔跑于“新时代”。

再看“11方面重要遵循”，包括“牢牢把握实施创新驱动发展战略的要求”“牢牢把握为全国改革探路的要求”“牢牢把握立足浙江发展浙江、跳出浙江发展浙江的要求”“牢牢把握办实每件事、赢得万人心的要求”等。这些内容多数源于“八八战略”，既契合中央“四个全面”战略布局、“五位一体”总体布局，又突出浙江特色、浙江方位、浙江目标，可以看作是实际工作的行动指南。

从“八八战略”到“5.11”，数字见思想力量，也见战略方向。

二

一直以来，习近平总书记就非常重视发展数字技术、数字经济。2003年4月28日在浙江考察科技工作时，习近平同志就提出了“三个效应”的对比：“如果说在蒸汽机时代，科学技术对生产力发展产生的是‘加数效应’，电气化时代，科学技术对生产力发展产生的是‘乘数效应’，那么，在当今信息时代，科学技术对生产力发展产生的就是‘幂数效应’。”

同样在这一年，习近平同志作出建设“数字浙江”的决策部署，并将此作为“八八战略”的重要内容，为浙江推开“数字”之门。

历届省委、省政府持续推进“数字浙江”建设，走出了一条具有鲜明特色的“数字”之路。2014年以“四张清单一张网”推动政务服务平台建设，做到“清单之外无权力”。2017年启动“最多跑一次”改革，政务服务实现“一窗受理”“一证通办”“一网办理”，“让数据多跑路、群众少跑腿”。2018年实施政府数字化转型，致力于打造整体智治的现代政府。在应对新冠肺炎疫情中，2020年2月，浙江开发了“健康码”并首次用于疫情防控，取得明显成效并推广至全国。

2021年2月，浙江正式启动数字化改革，对“数字浙江”建设进行全方位拓展升级，推动生产、生活和治理领域数字变革重塑，形成全社会共享“数字红利”的局面。比如，疫情防控精密智控综合集成应用，在疫情遭遇战中经受住了考验，筑起了数字防疫的“铜墙铁壁”；“浙里办”手机端，集成1500多个便民惠企应用，群众办事像“网购”一样方便；“产业大脑+未来工厂”，探路打造高品质、高效能、绿色化的中国制造新生态；在吉利极氪未来工厂，生产线上的每一辆车都可以根据用户的不同需求来定制……

根据国家网信办发布的《数字中国发展报告（2022年）》，浙江的数字化综合发展水平位列全国第一。中共中央党校所作的《省级政府和重点城市一体化政务服务能力（政务服务“好差评”）调查评估报告（2021）》显示，省级政府一体化政务服务能力，浙江位列全国第一。这些成绩的取得，离不开“数字浙江”的久久为功。数字世界日新月异，更需要与时俱进。过去，“数字经济”主战场集中在消费互联网领域，如今，云计算、大数据、物联网、AI和区块链等新技术迅猛发展。从ChatGPT的爆火，我们强烈感受到，一个以算力为基础，万物感知、万物互联、万物智能的数字时代正扑面而来。

2023年2月，中共中央、国务院印发《数字中国建设整体布局规划》，描绘了数字中国建设到2025年和到2035年的阶段性目标，为数字中国建设指明了前进方向和方法路径。

2023年全省“新春第一会”提出，以更大力度实施数字经济创新提质“一号发展工程”，目标是到2027年，全省数字经济增加值和核心产业增加值突破7万亿元和1.6万亿元。比如，超前布局未来网络、第三代半导体、人工智能、元宇宙等未来产业群。又如，牵头推进数字长三角建设，建设长三角新型算力中心。同时，通过数据大规模集中、高维度应用，推动提升社会运行效率。

三

观天下、通世界，浙江有一扇特别的“数字”之窗，就是世界互联网大会·乌镇峰会。从一枕临流水，到一网通天下，世界互联网大会永久落户乌镇已经第十个年头。每年的金秋时节，江南水乡乌镇都会迎来年度互联网国际盛会——世界互联网大会·乌镇峰会。每一届大会，都牵动着习近平总书记的心。他先后七次致贺信贺词；2015年，出席大会开幕式并发表主旨演讲；2016年，通过视频发表重要讲话。

世界互联网大会·乌镇峰会的精彩实践，成为浙江主动拥抱数字新时代的生动印证，也为网络强国、数字中国实践提供了丰富的浙江样本。在这里，诞生了“构建网络空间命运共同体”的新理念，让世界看见了互联网治理的中国智慧、中国方案；见证了纵深推进数字化改革的新变革，让数字文明造福人民的美好愿景成为现实；汇聚了互联网科技创新的新成果，让科技革命和产业变革插上数字的翅膀。

得益于世界互联网大会·乌镇峰会的“加持”，“数字浙江”建设更是如虎添翼，浙江成为数字智慧、数字技术的试验田，成为数字产业化和产业数字化的试炼场：出台首个数字经济促进条例地方性法规；2022年数字经济核心产业增加值达8977亿元，增速超GDP增速一倍；城乡“双管齐下”，扎实推进国家数字经济创新发展试验区，同时全力打造全国数字乡村引领区。

数字之光就像遍布江南水乡的河网。浙江率先实现5G基站所有行政村全覆盖，农村电商发展势头强劲，2022年农村网络零售额达11681.8亿元，占全省的43.2%；互联网人才净流入率、公共数据应用指数等多项指标居全国前列；被誉为“中国互联网之都”的杭州，融合江南写意与都市活力，成为中国新一线城市中颇具竞争力的角色。

从过去到现在，从现在到未来，“数字”展现浙江因何而起的基因，更蕴藏着浙江如何制胜的秘诀。可以说，数字与浙江，双向奔赴、相互成就。“数”动浙江，这列“东风快车”正加速驶向未来。

（徐伟伟　执笔）

“八八战略”里的“共富观”

要说这两年提到“浙江”，人们想到最多的是哪个词，“共同富裕”一定会高票当选。自2021年6月，中共中央、国务院发布意见，支持浙江高质量发展建设共同富裕示范区以来，两年时间，浙江“摸着石头过河”，敢闯敢试，已初步取得一些经验成果。

“共同富裕”在许多人的字典里，还是一个比较遥远的词汇。古往今来，一代代中国人为之奋斗的历史，也充分证明想要实现共同富裕绝非易事。这不由让人好奇，为共同富裕先行探路，中央为何选择浙江？浙江又有何凭仗？

一

什么是共同富裕？字面理解，就是让社会的全体成员都过上富足的生活，这是人类自古以来的向往。从“大道之行也，天下为公”的“大同”设想，到今天的“中国式现代化”，共同富裕也是中华民族不变的追求。

实现共同富裕是我们党一以贯之的奋斗目标。1953年，党中央通过的《中共中央关于发展农业生产合作社的决议》指出：“逐步实行农业的社会主义改造……并使农民能够逐步完全摆脱贫困的状况而取得共同富裕和普遍繁荣的生活。”这是“共同富裕”这一概念首次在党的正规文献中出现。

改革开放初期，邓小平同志提出，“社会主义的本质，是解放生产力，发展生产力，消灭剥削，消除两极分化，最终达到共同富裕”，认为共同富裕是“社会主义的目的”“社会主义的原则”和“社会主义最大的优越性”。

党的十六大提出全面建设小康社会的目标，深化了社会主义现代化建设的“三步走”战略，为实现共同富裕铺路。

党的十八大以来，习近平总书记反复强调：“共同富裕是中国特色社会主义的根本原则”，“消除贫困、改善民生、实现共同富裕，是社会主义的本质要求，是我们党的重要使命”。

随着中国特色社会主义进入新时代，我国社会主要矛盾已经转化为人民日益增长的美好生活需要和不平衡不充分的发展之间的矛盾。实现全体人民共同富裕，不仅要物质富裕，还要精神富有，而且要让全体人民共享改革发展成果。

2021年5月，中共中央、国务院正式印发《关于支持浙江高质量发展建设共同富裕示范区的意见》，赋予浙江为全国推动共同富裕提供省域范例的重任。

二

示范区为什么落子浙江？

共同富裕的理念贯穿于习近平同志在浙江工作的始终。2003年，省委提出“八八战略”，通过科学分析浙江的独特优势和发展重点，为浙江谋划了一条走向全面协调可持续发展、促进人的全面发展的道路，为浙江的共同富裕先行奠定了坚实基础。

2004年，习近平同志在浙江省部级主要领导干部专题研究班上强调：“进一步发挥‘八个优势’，推进‘八项举措’的决策和部署，致力于在统筹指导下加快发展，在加快发展中实现统筹，着力推进数量、质量和速度、效益同步提升的稳步发展，城市和农村互促共进的一体化发展，发达地区和欠发达地区携手联动的协调发展，物质文明、政治文明和精神文明相辅相成的全面发展，经济社会和人口资源环境和谐统一的可持续发展，以及经济发展基础上的社会全面进步和人的全面发展。”这段发言，清楚地勾勒了“八八战略”下浙江为共同富裕探路的实践架构。

具体来讲，“八八战略”的“共富观”主要体现在加快发展“做大蛋糕”、协调发展“分好蛋糕”、坚持可持续发展促进人与自然和谐共生以及加强精神文明建设促进人的全面发展等方面。

比如，“八八战略”提出进一步发挥浙江的“体制机制优势”和“环境优势”，为浙江打造最优营商环境、吸引和发展经济提供了强大支撑。再加上“块状特色产业优势”的加成，浙江逐渐成为创新创业的沃土，越来越多的中小微企业参与社会分工体系，共享社会总剩余，实现了“富民强省”。

又如，着眼区域协调发展，浙江部署实施了“山海协作工程”、欠发达乡镇奔小康工程和百亿帮扶致富工程，推动工商资本、科技、人才“上山下乡”，助力欠发达地区实现跨越式发展、缩小与发达地区的差距，让木桶上的短板不断生长，努力使海洋经济和欠发达地区的发展成为浙江经济新的增长点。

再如，着眼城乡协同，浙江从经济、社会、文化角度解决“三农”问题，部署实施“千村示范、万村整治”工程，改善农村生产生活条件，提高农民生活质量，促进农民生活方式转变和文明素质提高，成为推进新农村建设的龙头牵引，在全国率先进入以工促农、以城带乡、城乡互动、协调发展的阶段。

习近平同志2003年在磐安考察调研时，就提出“生态是可以富县的，生态好不仅可以富县，而且可以让老百姓很富，是很高境界的富”。2005年他在安吉余村调研时，又首次提出“绿水青山就是金山银山”理念，促进了人与自然的和谐，形成了经济生态化、生态经济化的良性循环，为实现共同富裕打下生态环境基础。

“八八战略”的“共富观”不局限于浙江一省，而是站在全国的大局上，既“跳出浙江发展浙江”，也“立足浙江辐射全国”，在推动长三角一体化、加强对中西部地区的对口帮扶等方面，都提供了思路、积累了经验。

三

浙江在推进共同富裕方面具有的特色和优势，说到底，源于背后千千万万奋斗不息的人。正是得益于充分调动、激发、尊重千百万人的积极性、创造力，浙江才催生出“大众创业、万众创新”的“老百姓”经济，并由此奠定了活力之源，创造了波澜壮阔的成就。

20年来，历届浙江省委带领全省干部群众接续奋斗，坚定不移实施和深化“八八战略”，交出了一张亮眼的成绩单。2022年，浙江GDP达7.77万亿元，城乡居民人均可支配收入首次跨过6万元门槛，仅次于上海和北京，是全国平均水平的1.63倍。城乡居民收入水平分别连续22年和38年居全国各省区第一位。“三大差距”主要体现指标之一——城乡居民收入倍差值，浙江为1.90，比2022年再次缩小0.04，更大大低于全国的2.45。

当然，实现共同富裕不仅是量的增长，更是质的提升，这不但体现在实打实的“硬”数字上，还体现在人民幸福感、获得感等真实体验上。而这些目标，都在“八八战略”的指引下，一步一个脚印地逐渐照进现实。浙江也将继续深入实施“八八战略”，持续放大“八八战略”对共同富裕的价值观和方法论指引，努力在推进共同富裕上取得更大成就。

（朱昱炫　张诗妤　执笔）

“浙江精神”的来龙去脉

任何一种精神都不是凭空产生的，其形成也不是一蹴而就的，而是要经历孕育、发展、升华的历史过程。

党的十六大之后，时任浙江省委书记习近平提出要“深入研究浙江现象、充实完善浙江经验、丰富发展浙江精神”，并组织进行了广泛深入的调查研究和理论研讨。2006年初，习近平同志在《浙江日报》发表了题为“与时俱进的浙江精神”的署名文章，明确提出浙江精神的基础是“自强不息、坚韧不拔、勇于创新、讲求实效”，要在这一基础上，与时俱进地培育和弘扬“求真务实、诚信和谐、开放图强”的精神。

浙江山水秀美，人文荟萃。千百年来，浙江特有的地理环境、生产生活方式、历史上的多次人口迁徙和文化交融，造就了浙江人民兼具农耕文明和海洋文明的文化特质，锤炼了浙江人民兼容并蓄、励志图强的生活气度，砥砺了浙江人民厚德崇文、创业创新的精神品格。

一

浙江是中国古代文明的发祥地之一，远在数万年前，浙江大地就已经出现了“建德人”的足迹。跨湖桥、河姆渡、马家浜、良渚文化，更是进一步展现出文明的曙光。从魏晋南北朝开始，随着北方移民的南迁，先进的学术文化和技术文明推动了浙江地区的快速发展。尤其是南宋定都杭州以后，风云际会，政治调整、经济更新、文化重建等各种要素的合力，使两浙地区的社会整体发展跃升到全国最高水平，并在此基础上造就了各领域的人才精英群体。到了明、清两朝以及民国时期，浙江已经成了全国无可争议的财富命脉和文化重镇。

在浙江独特灿烂的文明史背后，始终跳动、支撑、推进和引领着一股力量，那正是浙江人的精神。在漫长的历史实践中，从大禹的因势利导、敬业治水，到勾践的卧薪尝胆、励精图治；从钱氏的保境安民、纳土归宋，到胡则的为官一任、造福一方；从岳飞、于谦的精忠报国、清白一生，到方孝孺、张苍水的刚正不阿、以身殉国；从沈括的博学多识、精研深究，到竺可桢的科学救国、求是一生；无论是陈亮、叶适的经世致用，还是黄宗羲的工商皆本；无论是王充、王阳明的批判、自觉，还是龚自珍、蔡元培的开明、开放；无论是百年老店胡庆余堂的戒欺、诚信，还是宁波、湖州商人的勤勉、善举……都给浙江精神奠定了深厚的文化底蕴，使浙江精神得以凝练成以人为本、注重民生的观念，求真务实、主体自觉的理性，兼容并蓄、创业创新的胸襟，人我共生、天人合一的情怀，讲义守信、义利并举的品行，刚健正直、坚贞不屈的气节和卧薪尝胆、发愤图强的志向。

为此，从20世纪末开始，浙江省委提出要研究浙江现象、总结浙江经验、提炼浙江精神，并总结出了民营企业创业“走遍千山万水、说尽千言万语、想尽千方百计、吃尽千辛万苦”的“四千”精神，之后又概括出了“自强不息、坚韧不拔、勇于创新、讲求实效”的浙江精神。进入21世纪，习近平同志以总结历史、关照现在、展望未来的历史担当和使命自觉，科学提炼浙江人民所展现出的生活气度和精神品格，对浙江精神作了全面系统、深刻生动、科学严谨的阐释。

二

源远流长的浙江精神，始终流淌在浙江人民的血脉里，构成了代代相传的文化基因。建设中国特色社会主义伟大实践的阳光雨露，全面激活了浙江人的这种“文化基因”。

这12个字，放大了浙江精神的视野和格局，是对伟大民族精神、"红船精神"的生动诠释。就传承民族精神而言，无论是求真务实、经世致用的科学态度，知行合一、事上磨炼的哲学思维，还是义利并举、达观通变的价值体系，扬长避短、创新开拓的理性智慧，浙江精神都为民族精神的形成作出了自己的贡献。就传承"红船精神"而言，浙江精神本身也包含着红色基因，特别是"红船精神"包含的首创精神、奋斗精神和奉献精神都在浙江精神中得到了很好的体现。

这12个字，回答了浙江破除"成长的烦恼"的时代之问，是浙江人民高度文化自省、文化自觉、文化自信的集中体现。世纪之交的浙江，收获了丰厚的改革开放先发红利，但在当时的盛名之下，隐忧和困局也暗潮涌动，生态环境压力、资源要素制约、内外市场竞争加大等"成长的烦恼"如影随形、逐步显现。当时的浙江，"有项目无地建设、有订单缺电生产"成为普遍现象，依赖成本优势的"浙江制造"遭遇产品质量差、生态环境恶化、内销压价和外部反倾销的多重挤压，受到了"浙江制造怎么了"的质疑。浙江今后怎么办？资源匮乏的瓶颈如何突破？低端制造怎样提质升级？能不能走出"污染—发展—再污染—再治理"的怪圈？这些问题都亟待回答。正是在这样的背景下，习近平同志透过现象看本质，认为从精神文化层面来解决这些问题，既迫在眉睫又水到渠成。

这12个字，体现了"干在实处、走在前列、勇立潮头"的内在要求，是浙江践行习近平总书记赋予新期望的动力源泉。2015年5月，习近平总书记亲临浙江视察指导，赋予浙江"干在实处永无止境，走在前列要谋新篇"的新使命。2016年9月G20杭州峰会期间，习近平总书记对浙江工作提出"秉持浙江精神，干在实处、走在前列、勇立潮头"的新要求。2018年7月，习近平总书记又赋予浙江"干在实处永无止境，走在前列要谋新篇，勇立潮头方显担当"的新期望。习近平总书记赋予浙江的新使命新要求新期望，既是对浙江工作一以贯之的全面要求，也包含着秉持浙江精神的具体要求。

三

世界在变化，时代在进步，形势在发展。浙江作为中国革命红船起航地、改革开放先行地、习近平新时代中国特色社会主义思想重要萌发地，有责任在新时代大力弘扬“求真务实、诚信和谐、开放图强”的浙江精神，为推进“八八战略”再深化、改革开放再出发，加快“两个高水平”建设提供强大精神力量。

弘扬“求真”精神，就要遵循规律干事创业、尊重实际谋划发展。经济社会的发展有其自然规律，只有做到“求真”，干事创业才不会超越现实、无视变化、脱离实际、违背逻辑。无论是干工作还是作决策，都要问计于基层、问计于实践、问计于群众，把情况搞准、搞清、搞明了，让思想跟上不断变化的形势，并考虑不同利益群体的承受能力、受益程度，真正立足实际、不拍脑袋。只有这样，我们的决策才能精准、干的工作才能到位。

弘扬“务实”精神，就要始终把重实干、办实事、求实效作为座右铭。务实，就是要“实”字打头、“干”字当头。浙江经济社会发展能够走在前列，靠的是全省党员干部群众真抓实干、讲求实效。无论什么时候，苦干实干都是事业成功的制胜法宝，永远不会过时。

弘扬“诚信”精神，就要推动诚实守信成为浙江最美的风景线、最强的竞争力。信用浙江要花大心思、出硬招实招，让守信更有价值、更有力量，让诚信成为浙江新的生产力、竞争力。如果开出来的是“空头支票”，如果对外公开的承诺不落实，长此以往就要被群众所唾骂、所抛弃。

弘扬“和谐”精神，就要培育和美与共的情怀、和谐创业的氛围、和悦自适的情操。当前，“和谐”的范围越来越广、内涵越来越丰富、要求越来越高。要着力让浙江的山更绿、水更清、天更蓝，要让浙江社会充满正气、充满温暖、充满平安，要下力气解决好群众的操心事、烦心事、揪心事，不断提升人民群众获得感、幸福感、安全感。

弘扬“开放”精神，就要以全局视野抢抓机遇、以世界胸襟推进发展。

大开放、大合作、大交流带给浙江理念观念、发展方式等的改变是前所未有的。当前，长三角一体化发展、“一带一路”建设、长江经济带发展等国家战略在浙江交汇叠加，浙江迎来了新一轮大开放的最佳机遇。浙江资源少、要素制约严重，只有做好“立足浙江发展浙江，跳出浙江发展浙江”这篇大文章，才能获得发展空间、创新要素、高端人才的强有力支撑。

弘扬“图强”精神，就要保持敢为人先、破难攻坚的气魄。要把创新的大旗举得更高，继续弘扬先人一步、高人一招的创新精神，主动创新求变、勇于打破常规，变路径依赖为模式创新，变事事找惯例为大胆创先例，变不可能为可能，不断化挑战为机遇，转潜力为实力。

“求真务实、诚信和谐、开放图强”的浙江精神是浙江的“根”和“魂”，过去是、现在是、将来仍然是推动浙江发展和应对各种挑战的根本动力。

（王云长　执笔）

“干在实处　走在前列”　为何还要“勇立潮头”

“干在实处、走在前列、勇立潮头”，是让6500多万浙江人既有自豪感又有压力感的一句话。

有人说，它是“浙江奇迹”背后的精神密码；也有人说，它是新时代续写“浙江奇迹”的战略打法。

“干在实处”很好理解，就是指浙江人比较务实、办事踏实、工作扎实。但有人表示疑惑，“走在前列”与“勇立潮头”都指向先行示范，都意味着跟最优者比、向最高处攀，比别人更快一步、更进一步，那么，“走在前列”与“勇立潮头”又是什么关系？“干在实处、走在前列”，为何还要“勇立潮头”？

一

党的十六大以后，党中央期望浙江在全面建设小康社会、加快推进社会主义现代化的进程中继续走在前列，并且明确指出浙江在“树立和落实科学发展观、构建社会主义和谐社会、加强党的先进性建设”等方面要走在全国前列。

有要求是因为有基础、有条件。那个时候，经过改革开放20多年的奋斗，浙江的小康和现代化的进度条已经领先全国，成为靠自身努力跻身前列的“优等生”。

2005年4月29日，时任浙江省委书记习近平在省委专题学习会上深刻分析了浙江如何把握“走在前列”的内涵要求，并指出“走在前列”是发展的、具体的、实践的，既是对浙江过去的充分肯定，也是对浙江未来的明确要求，要辩证理解、全面把握。

他还强调，“过去发展得好不等于以后也发展得好，过去领先不等于今后就能够走在前列”，“做到‘走在前列’，就要干在实处”。几句话把“走在前列”的实践观和方法论点透。甩开膀子、撸起袖子，浙江这一干，又开拓一片新天地。

2016年9月，G20杭州峰会上，二十国集团领导人亮相杭州。当时正值钱塘江大潮，习近平总书记对浙江提出了“秉持浙江精神，干在实处、走在前列、勇立潮头”的新要求。

“勇立潮头”四字一出，极具画面感的表达，为浙江发展平添了“弄潮儿向涛头立，手把红旗旗不湿”的奋进力量。

可以说，干在实处、走在前列、勇立潮头，浓缩了改革开放以来，特别是21世纪以来，浙江创造一个个“无中生有”“有中生奇”“又好又快”发展奇迹的内在动力，是具有鲜明辨识度的浙江名片。

二

从“干在实处、走在前列”到“干在实处、走在前列、勇立潮头”，既体现了一贯性、一致性，也突出了与时俱进、加压奋进。

走在前列，就是在全国统一跑道上，在朝着同样的目标跑步前进时，浙江因为效率高一点、思路活一点、办法多一点，善于自加压力，所以跑在了前面。

比如，在全面建成小康社会的跑道上，我们跑出了高水平全面建成小康社会的高分。

再比如，在改革开放中，我们先行进行市场化改革，创造了多个“全国第一”：第一个合法个体工商户、第一批私营企业、第一家股份合作企业、第一批专业市场、第一座农民城、第一批网络市场、第一座特色小镇、第一条民营控股铁路等，在中国改革开放史上写下浓墨重彩的一笔。

说白了，走在前列，是有路可走的，别人也在走，我们走得快、走得稳、走得好，一路小跑，还会弯道超车，就能暂时取得领先。

而勇立潮头，则意味着面对的是一条新的赛道、一片新的“蓝海”、一项前所未有的开创性工作，没有成型的经验可循、没有固定的模式可鉴，甚至有时候连可依赖的条件也没有。正是在这种情况下，我们没有条件也要创造条件，要做别人做不了、不敢做、不想做甚至做了一半没有做下去的事情，狠狠“闯”出一片新天地、“干”出一番新事业。就好比在冲浪，潮头水急凶险、变幻莫测，要想一直立在潮头“手把红旗”，其难度可想而知。

乘风破浪、披荆斩棘是难免的，更重要的是主动走出舒适区，冲破因循守旧的条条、破除惯性思维的框框、挣脱墨守成规的牢笼，在谋划上先人一步、在创新上快人一步、在举措上高人一筹，捕捉转瞬即逝的发展先机，始终掌握工作的主动权、主导权。

改革开放以来，浙江涉了不少深水区、踏了不少无人区。

比如，我们率先树立起“绿水青山就是金山银山”理念，部署实施山海协作、“千村示范、万村整治”等重大工程，深入推进“平安浙江”“法治浙江”“数字浙江”建设，等等，结出丰硕成果。就拿深化“数字浙江”建设来说，这些年来，浙江从2014年推进“四张清单一张网”改革、2017年推进“最多跑一次”改革、2018年系统推进政府数字化转型，再到2021年全面推进数字化改革，对“数字浙江”建设进行了全方位拓展升级。

如今，浙江以“两个先行”打造“重要窗口”，奋力谱写中国式现代化浙江篇章，努力在新征程上展现更大担当作为。

可以说，我们过去干成了一些不敢想或者认为干不成的事，我们还要继续干一些“跳一跳、够得着”的事，持续自我逼迫、拉升标杆。

我们深知，习近平总书记赋予浙江“干在实处、走在前列、勇立潮头”新要求，更多是指向浙江今后的发展，而不是简单对过去的总结肯定。

三

无论“走在前列”还是“勇立潮头”，“干在实处”是共同的根基所在。

只有干在实处，才能走在前列，方能勇立潮头。这已为浙江人民改革发展的伟大实践所证明。

一个“干”字，力顶千钧。

发展如逆水行舟，不进则退。辩证地谈，先发地区必然遭遇先发问题，某些方面走在前列、立于潮头了，并不意味着所有问题都能迎刃而解。躺在过去的功劳簿上没有出路，唯有正视矛盾问题，苦干实干拼命干，才能始终以昂扬向上的姿态开辟“柳暗花明又一村”的新境界。

一个“实”字，拨云散雾。

唯实惟先、求真务实，讲实效、谋实事、出实招，是刻在浙江人骨子里的。20年来，浙江一以贯之贯彻落实“八八战略”，紧紧抓住发展机遇，充分利用发展优势，积极挖掘发展潜力，才得以在新的起点上昂首阔步地走在前列，在新的浪潮来临时继续勇立潮头。

很多人说，浙江是个好地方，是个能干事业的地方，是个能干大事业的地方，是个能干成大事业的地方，这正是因为从东海之滨到钱江之源，从太湖南岸到瓯江之畔，浙江大地处处涌动着“干在实处、走在前列、勇立潮头”的热潮。

（王云长　执笔）

后　记

浙江是习近平总书记工作过的地方，“八八战略”是习近平新时代中国特色社会主义思想在浙江萌发与实践的集中体现。如何阐明“八八战略”的精髓要义，怎样讲好“八八战略”的精彩故事，让“八八战略”更好地飞入寻常百姓家，是我们一直在思考的问题。

在“八八战略”实施20周年之际，中共浙江省委宣传部组织编写了这本通俗理论读物。全书采用“浙江宣传”公众号的笔法，以82篇“之江轩”文章对“八八战略”的丰富内涵和生动实践进行全方位解码，系统展示了“八八战略”跨越时空的思想魅力和时代价值。时任浙江省委常委、宣传部部长王纲同志策划本书的编写工作，浙江省委常委、宣传部部长赵承同志指导本书的编写工作，浙江省委宣传部常务副部长来颖杰同志负责统筹本书的编写和修改工作。

本书的编写凝结了省委宣传部机关及宣传文化系统40多位青年干部的智慧和力量。王人骏、王云长、云新宇、朱昱炫、朱越岭、刘雨升、苏畅、李攀、李戈辉、杨昕、吴洋、何诗航、沈於婕、张俊、张诗妤、陈培浩、郑思舒、洪敏、倪佳凯、徐毅、徐伟伟、桑隽漾、谢滨同（按姓氏笔画排序）等同志参与了本书的集中写作、修改工作。郑毅同志负责本书的具体组织、修改与核稿工作。

由于时间仓促、水平有限，书中难免存在疏漏和不足，敬请广大读者不吝赐教、批评指正。

本书编写组

2023年6月